갈등을 넘는 목회

갈등을 넘는 목회

Copyright ⓒ 현유광 2007

초판 | 2001년 6월 10일
개정판 1쇄 | 2007년 5월 25일
지은이 | 현유광
펴낸이 | 나삼진
펴낸곳 | 도서출판 생명의 양식
등록 | 1998년 11월 3일. 서울시 제22-1443호
주소 | 137-803 서울특별시 서초구 반포동 58-10
전화 | (02) 533-2182
팩스 | (02) 533-2185
총판 | 생명의 말씀사
전화 | (02) 3159-7979
팩스 | (080) 022-8585
북디자인 | 이성희
ISBN 978-89-88618-02-8 93230

이 책은 저작권법에 의해 보호를 받는 출판물입니다.
기록된 형태의 저자의 허락이 없이는 무단 전재와
무단 복제를 금합니다.
www.edpck.org

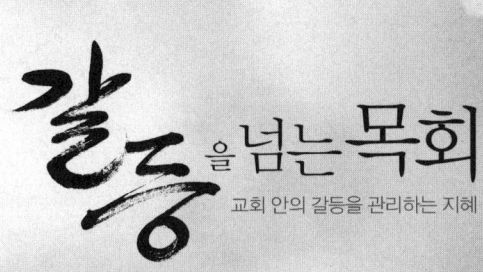

갈등을 넘는 목회
교회 안의 갈등을 관리하는 지혜

| 현유광 지음 |

"이 책을 하나님 나라의 구현과 확장을 위해 연구비를 지원해 주신
서울시민교회 성도들에게 드립니다"

야고보의 권면

내 형제들아,
너희가 여러 가지 시험을 만나거든
온전히 기쁘게 여기라.
이는 너희 믿음의 시련이
인내를 만들어 내는 줄 너희가 앎이라.
인내를 온전히 이루라.
이는 너희로 온전하고 구비하여
조금도 부족함이 없게 하려 함이라.
너희 중에 누구든지 지혜가 부족하거든
모든 사람에게 후히 주시고
꾸짖지 아니하시는 하나님께 구하라,
그리하면 주시리라.

(야고보서 1:2-5)

아씨시의 프란시스의 기도

God,	하나님
grant me the serenity	나에게 평온함을 주소서
to accept the things	내가 노력해도 바꿀 수 없는
I cannot change;	일들을 받아들일 수 있도록
the courage	용기를 주소서
to change	내가 할 수 있는 일이라면
the things I can;	변화를 일으킬 수 있도록
and the wisdom	그리고 지혜를 주소서
to know	그 둘의 차이를 분변할 수
the difference.	있도록.

　위 그림은 노파의 모습과 젊은 여인의 모습이 함께 어울려 그려져 있다. 이 그림을 처음으로 대하여 노파의 모습만을 본 사람과 젊은 여인의 모습만을 본 두 사람이 이 그림에 대해서 이야기를 한다고 상상해 보라. 그들은 자신이 본 것을 토대로 해서 열띤 주장을 할 것이다. 그러나 사실은 그 두 가지 중 어느 하나가 틀린 것이 아니라 어떤 관점에서 그것을 보았느냐에 따라 생긴 차이일 뿐이지 두 사람의 생각은 모두 부분적으로는 옳은 것이다.

　갈등상황이란 대체로 하나의 사건이나 문제를 보는 관점을 달리함으로써 생기는 경우가 많다. 이러한 갈등을 극복하는 길은 자신의 생각만이 옳다는 편견을 버리고 상대방의 의견을 적극적으로 수용해야 한다. 또 자신의 의견을 진실하고 겸손하게 밝혀야 한다. 그리할 때에 사건과 문제에 대해 종합적인 이해가 가능하고 모두가 만족할 수 있는 해결책을 찾을 수 있다.

Centents
차례

추천사 10
머리말 12

제1장 갈등과 목회현장
1 갈등의 확산 17
2 성경의 주제 : 관계성 19
3 갈등관리의 방편 24
4 갈등에 대한 목회자의 자세 25
5 갈등관리의 목적 : 하나님 나라의 구현 27
6 갈등관리 연구의 유익과 한계 29

제2장 목사와 목회사역
1 사람 돌보기 31
2 공동체 돌보기 45

제3장 갈등의 속성과 원인
1 갈등의 속성 68
2 갈등의 원인 75

제4장 갈등의 구조와 영향
1 갈등의 종류 97
2 갈등의 구조 114
3 갈등의 영향과 기능 120
4 갈등의 진행방향 128
5 갈등의 발전단계 132

제5장 목사가 겪는 갈등 1
1. 교회 안에 갈등이 심한 까닭 145
2. 목회자의 개인적 갈등 165
3. 가족과의 관계에서 177

제6장 목사가 겪는 갈등 2
1. 장로 또는 중직자와의 관계 187
2. 부교역자와의 관계에서 195
3. 교인과의 관계에서 206
4. 지역주민과의 관계에서 215

제7장 갈등관리 스타일
1. 갈등관리 스타일 확인설문 220
2. 갈등관리 스타일 226
3. 합력 스타일을 위한 자기 점검 249

제8장 갈등관리의 과정
1. 갈등관리 단계 252
2. 합력을 위한 의사소통 265

맺음말 276
주석 280
참고문헌 287
부록 290
색인 298

추천사

목회 현장에서 피하고 싶지만 피할 수 없는 문제가 갈등이다. 《갈등을 넘는 목회》는 갈등 문제를 다룰 가장 적합한 분에 의해 집필되었다. 현유광 원장님은 학자로 신학대학원에서 오랜 시간 동안 목사 후보생들을 양육했을 뿐만 아니라 국내외 다양한 목회 현장을 두루 접해 오신 분이다. 그는 온유한 성품을 소유한 분으로 이론적인 강의뿐만 아니라 실제 삶 속에서 갈등의 문제를 해결하는 모습을 보여주고 있다. 그의 역작이 한국의 많은 목회자들과 목회 후보생들, 그리고 갈등으로 어려움을 겪는 많은 한국교회에 큰 도움이 될 것으로 믿어 의심치 않는다.

박은조 목사_샘물교회 담임목사

본서는 목사가 목회 중에 겪게 되는 다양한 갈등의 구조를 잘 밝혀주고 있으며, 그 갈등을 효과적으로 극복할 수 있는 방안을 모색하는데 지침을 제공해 준다. 이 책은 바른 목회, 건강한 목회, 성경적 목회, 성장하는 목회를 구상하는 모든 한국교회 목회자들이 반드시 읽어야 하는 책이며, 장차 목회일선에서 갈등과 맞닥뜨리게 될 목회자 후보생들이 숙지해야 할 필독서라고 사료된다. 금번 고려신학대학원 원장으로 봉직하시는 현유광 박사님의 저서 《갈등을 넘는 목회》는 목회를 더욱 효과적으로 하고자 하는 모든 목회자에게 바른 지침서가 될 것이 틀림없다.

전요섭 박사_한국복음주의 실천신학회장, 성결대학교 교수 일반 사회 여러 영역에서 주요한 관심으로 다루어져왔던 갈등의 문제는 실천신학의 영역에서 간과되어 왔으나 가장 절실하게 신학교육현장에서 다루어져야만 했던 영역이었다. 모든 살아있는 유기체가 그렇듯이 교회 역시 살아있는 구원받은 영적 유기체로서 끊임없이 갈등과 긴장의 어려움에 노출되어 있다. 특히 목회자로 준비되는 신학생들이 교문을 나서자마자 경험하는 피할 수 없는 목회현장에서의 갈등에 대해 가르치는 입장에서 늘 아쉬웠던 것은 학문성과 현장성이 균형 있게 다루어진 마땅한 교재가 없었다는 점이다. 하지만《갈등을 넘는 목회》는 이러한 학문성과 현장성이 요구되는 실천신학의 교재로서 매우 가치 있고 유용한 저술이며 학생들을 가르치는데 큰 도움이 되었다. 이제 다시 현유광 박사님의 노력에 힘입어 새로이 개정되어 신학교육 현장에서 학생들이 더 큰 도움을 입게 되어 감사드린다. 나아가서 본 저서가 지닌 학문성과 현장성의 탁월함은 현장 목회에서 목회갈등과 씨름하시는 목회자들에게 또한 큰 도움이 되리라 여겨진다. 개정되어 출판되는《갈등을 넘는 목회》가 신학생과 현장 목회자들 모두에게 피할 수 없는 갈등을 지혜롭게 해결하여 하나님의 교회를 더욱 발전시키는데 더 큰 기여를 할 수 있으리라 확신한다.

양병모 박사_침례신학대학교 교수, 상담심리

한국교회 목회자들이나 성도들 대부분은 갈등을 부끄럽게만 여기고, 기도하고 싸워 없애야만 하는 것으로 여긴다. 이런 상황에서 한국 교회 목회 현장에 갈등을 긍정적으로 생각하고 잘 '관리' 할 수 있도록 소개하는 목회 지침서가 있어 매우 반갑다. 모든 목회자와 교회 지도자들이 이 책을 숙지하여 청지기적인 심정으로 갈등을 관리하여 하나님께서 주시는 또 다른 기회로 삼을 수 있기를 바란다.

이철 목사_남서울교회 담임목사, 한국피스메이커 이사장

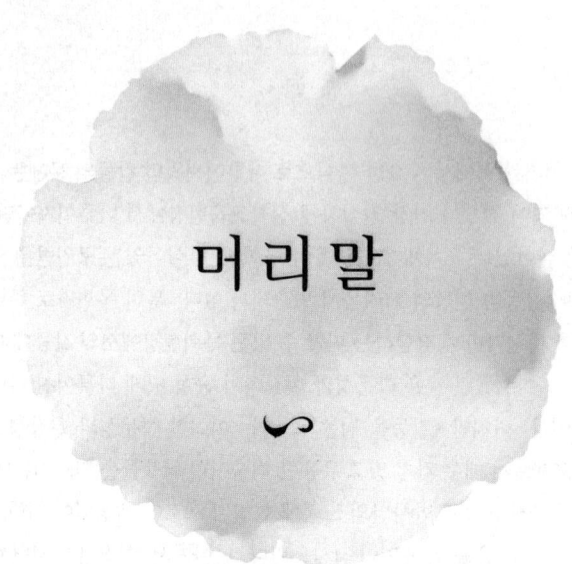

머리말

 교회 안에 갈등이 일어나는 까닭은 무엇인가? 목회자와 직분자, 그리고 교인들은 어떤 자세로 갈등을 대해야 하는가? 갈등을 어떻게 해결할 것인가?

 교회 안의 갈등 문제로 고심해 보지 않은 목회자와 성도들은 드물 것이다. 필자가 이 주제를 처음으로 접하게 된 것은 1981년에 휘튼대학원(Wheaton Graduate School)에서 공부를 할 때이다. 교회 안에서 일어나는 갈등에 대해 답답함을 느끼던 터에 마침 "갈등관리"라는 과목을 접하게 되었다. 이 공부를 통해 필자는 교회 안의 갈등에 대해 적극적인 자세를 갖게 되고, 갈등을 관리하는 많은 지식을 얻었다.

 고려신학대학원(고신대학교) 교수로 임용되어 일한 지 7년 반만에 연구년을 얻게 되었다. 미국 텍사스 주 포트워스 시에 있는 사우스웨스턴침례교신학교(Southwestern Baptist Theological Seminary)에서 강의도 듣고 독자적으로 연구를 하면서 이 책 초판을 준비하였다. 그리고 서울시민교회의 연구비 지원에 힘입어 《목사와갈등》을 출간하였다. 이제 나삼진 총회교육원장과 연구원들의 도움을 받아 몇 가지를 보완하여 제목을 《갈등을 넘는 목회》로 바꾸어 개정판을 내게 되었다. 감사를 드린다.

갈등 관리를 공부하면서 나는 개인적으로 아내와의 관계나 교우들과의 관계를 발전시켜 나아가는 데 많은 도움을 얻었다. 교회 안에서 일어나는 갈등을 적지 않게 보면서 살아왔고 또 갈등의 상황에 부닥치면 대개 회피하는 자세를 가졌던 나는 갈등을 관리하는 지식을 얻고, 적극적인 자세를 갖게 되었다. 그러면서 이 분야에 대한 연구 결과를 한국교회에 소개해야 하겠다는 마음을 품었다. 1992년 8월에 귀국하여 "교회갈등관리"라는 강좌를 개설하여 지금까지 가르치고 있다.

교회 안의 갈등에 대한 번역서가 몇 권 출간되었으나 우리 형편에 적합하지 않은 부분들이 많은 듯하다. 우리의 상황에 맞게 쓰여진 책은 찾아보기 어려웠다. 그래서 갈등 관리에 대한 많은 정보를 제공하면서도 쉽게 이해할 수 있고, 또 목회에 직접적인 도움을 주는 지침서를 쓰려고 했다. 그 결과로 나온 것이 이 책이다.

여러 가지 면에서 부족한 점이 많지만, 이 책을 통하여 일선 목회자들과 성도들이 교회 안팎에서 발생하는 갈등에 대해 하나님 중심, 성경 중심, 교회 중심의 원리에 따라 더욱 적극적인 자세를 가지게 되길 바란다. 이 책이 제시하는 갈등 관리의 기본 지식을 가지고, 성경의 가르침과 성령님의 인도하심에 민감하게 따르기 바란다. 그리하면 하나님께서 그의 나라에서 누리게 되는 의와 평강과 희락으로 우리 교회를 풍성케 하실 것을 확신한다.

2007년 가정의 달에
천안 선지동산에서

| 제 1 장 |

갈등과 목회현장

사람은 갈등과 더불어 살아간다. 목사는 다른 어떤 사람들보다도 갈등을 많이 경험한다. 한국교회사의 대표적 인물인 길선주 목사는 이런 말을 남기고 있다.

성경만 가르치면 교인들은 말하기를 완고하다고 한다.
예화를 많이 하면 교인들은 말하기를 만담과 같다고 한다.
신학적으로 설교하면 교인들은 말하기를 신령치 못하다고 한다.
학설을 소개하면 교인들은 말하기를 아는 체한다고 한다.
설교를 되는대로 하면 교인들은 말하기를 무식하다고 한다.

목사가 인자하면 교인들은 말하기를 무골호인이라고 한다.
목사가 엄격하면 교인들은 말하기를 압제자라고 한다.
일을 잘하면 교인들은 말하기를 수단꾼이라고 한다.
교제에 둔하면 교인들은 말하기를 멍텅구리라고 한다.
고대사를 말하면 교인들은 말하기를 시대에 뒤떨어졌다고 한다.
현대사를 말하면 교인들은 말하기를 속화되었다고 한다.
큰소리로 설교하면 교인들은 말하기를 점잖지 못하다고 한다.
설교소리가 나지막하면 교인들은 말하기를 자장가를 부른다고 한다.
의논이 없으면 교인들은 말하기를 독재자라고 한다.
의논하여 시끄러워지면 교인들은 말하기를 무능하다고 한다.
냉철하면 교인들은 사랑이 없다고 한다.
좋게 좋게 하면 물에 물탄 듯 술에 술 탄 듯 하다고 한다.[1]

목사의 어려움은 단지 우리 한국에만 국한된 것이 아니다. 미국의 어느 목사는 이런 글을 남겼다.

목사가 젊으면 교인들은 말하기를 경솔하다고 한다.
목사가 노숙하면 교인들은 말하기를 폐물이라고 한다.
목사가 젊으면 경험이 없다하고,
머리가 희어지면 발전성이 없다고 한다.
목사 가정에 아이가 네, 다섯이면 너무 많다고 하고,
아이가 없으면 복이 없다고 한다.

원고에 의존해서 설교하면 박력이 없다고 하고,
원고를 보지 않고 하면 준비없이 한다고 불평한다.
예화를 많이 쓰면 성경에 충실치 못하다고 하고,
예화를 안 쓰면 너무 딱딱하다고 한다.
잘못을 꾸짖으면 사랑이 없다고 하고,
위로하는 말을 많이 하면 타협한다고 매도한다.
설교를 혼자 도맡아 하면 지겹다고 하고,
초청강사를 자주 세우면 밑천이 털어졌나 보다고 하던가
충성스럽지 못하다고 한다.
다른 교회에 강사로 안가면 실력이 없는 목사라고 하고,
자주 출타하면 담임한 교회에 무책임하다고 본다.
고물차를 몰고 다니면 교회를 망신시킨다고 하고,
새 차를 사면 사치한다고 비난한다.
가난한 자를 열심히 찾아보면 교회재정에 관심이 없다고 하고,
부자를 찾아보면 목사가 너무 정치적이라고 한다.
사모가 교회 일에 적극적이면 너무 설친다고 하고,
소극적이면 평신도들의 귀감이 되지 못한다고 한다.
목사의 자녀들이 조용하면 기를 죽였다고 하고,
활발하면 버릇없게 키웠다고 한다.
목사가 중용을 지키면 목사가 개성이 없다고 한다.[2]

위 인용문의 대부분의 내용은 목사와 교인(장로와 집사를 포함)과의

관계에서 나타나는 갈등의 실체를 보여준다. 목사가 겪는 갈등은 여기에 국한되지 않는다. 목사는 아내나 자녀 또는 부모 같은 가족과의 관계에서 갈등을 겪으며 부교역자나 다른 목사와도 불화를 경험한다. 교회 주변의 주민들 또는 지역이나 국가와의 관계에서도 어려움을 겪기도 한다. 목사는 자신이 갈등의 당사자가 되어 고통을 겪기도 하고, 교인들 사이에 일어나는 갈등을 관리하는 역할을 하면서도 괴로움을 당한다.

1. 갈등의 확산

한국 사회에서는 예로부터 유교와 군사문화의 영향이 매우 컸었고, 지금도 매우 그러하다. 그래서 위계질서가 강조되고, 윗사람과 아랫사람을 구별하여 아랫사람은 윗사람의 권위에 대해 거의 무조건적으로 복종한다. 그러나 서구문명의 유입과 함께 민주주의가 자리를 잡으면서 개인의 권리가 신장되고 자신의 의견을 주장하는 것이 보편화되면서 각양 계층과 그룹 사이의 갈등은 더욱 확산되고 있다.

이러한 현상은 일반 사회에서만 나타나는 것은 아니다. 사랑과 진리로 사회를 밝고 따뜻하게 만들어야 할 교회들이 갈등으로 말미암아 고통을 겪고 있다. 목사가 도덕적으로나 윤리적으로 잘못을 범하므로 교인들이 고통을 당하기도 한다. 또 카리스마를 빙자하여 성도들의 의견을 무시하고 독선적으로 일들을 결정하고 추진해 나아감으로 말미암아 교회 안에 분열을 조장하는 경우도 많다. 하나님의 의(義)와 인애(仁愛)를 드러내야 할 교회당에 경찰이 들어와 질서를 바로 잡지 않으면 안 되는 불행한 일도 있다.

교회가 조용하다는 것이 반드시 건강하다는 것을 의미하지는 않는다. 어떤 목사는 교회가 시끄러워지는 것을 원치 않아서 장로도 뽑지 않고 제직회도 3개월에 한 번씩 모이고, 그나마 제직회가 모이면 준비한 유인물을 돌린 후 가부를 묻고는 10분도 채 되지 않아서 마무리하는 것을 자랑삼아 이야기하기도 한다. 목사의 권위로 성도들의 입을 막고, 모든 것을 목사 한 사람의 뜻대로 움직여 가는 것이 진정한 목회라고 할 수는 없을 것이다.

힘을 가진 소수의 사람은 갈등의 싹부터 일찌감치 억누르는 것이 일시적으로 편하고 좋을 수 있다. 그러나 불만을 가진 사람들은 문제가 해결될 전망이 보이지 않을 때에 분노를 드러내고 대결구도로 상황을 몰아간다. 이렇게 되면 쌍방이 더 큰 어려움에 부닥치게 된다. 그러나 서로 자리를 같이 하여 불만과 해결방안을 표현할 수 있는 기회를 갖고, 문제를 해결해 나아가는 방법은 일시적으로는 피차 부담스럽고 힘들 수가 있다.[3] 그러나 장기적으로는 이러한 만남과 대화가 갈등과 적대적인 관계를 우호적이며 더 협조적인 관계로 발전시켜 나아갈 수 있는 계기가 될 수 있다.

교회 안에 갈등이 있다는 것은 결코 유쾌한 일이 아니다. 그러나 갈등이라고 하는 것은 마치 몸에 열이 나는 것과 비슷하다. 체온이 40도 가까이 올라갈 때에 사람들은 건강에 이상이 생겼음을 알아채고 의사를 찾아가 치료를 받게 된다. 이와 같이 갈등현상은 그리스도의 몸이 건강하지 못한 상태에 있음을 알려주고 잘못된 것을 고치고 성장할 수 있는 기회를 제공한다. 따라서 목사는 갈등을 성령과 말씀 안에서 진실과 겸손의 자세로 풀어나가야 한다.

2. 성경의 주제 : 관계성

성경의 주제는 무엇인가? '사랑, 구원, 십자가, 의(義), 예수님, 하나님…' 등 여러가지 단어를 말할 수 있다. 이러한 말들을 다 포함하는 하나의 단어가 있다면 그것은 '관계' 라는 단어일 것이다. '사랑' 은 관계를 풍성하게 만드는 데 필수적인 요소이다. '구원' 은 죄로 말미암아 하나님의 원수노릇 하고 있는 인생을 죄와 죽음과 심판에서 건져내어 당신의 자녀로 삼는 하나님의 행동을 가리킨다. '십자가' 는 예수님이 우리의 죄를 대속(代贖)하여 하나님과 우리 사이에 막힌 담을 허물고 화목한 관계로 만들기 위해 사용하신 방편이다. 의(義)는 하나님과 사귐을 가지려는 사람이 반드시 지녀야 할 올바른 상태이다. 한자(漢字)에는 성경적인 의미를 가진 글자가 많다. 그중에 '의(義)' 자는 특별히 그러하다. 양(羊)자와 아(我)자가 위아래로 놓여 있다. 하나님의 어린양, 예수 그리스도를 통해 하나님께 당당히 나아갈 수 있는 의를 얻게 됨을 시사한다. 성경은 관계의 시작과 파괴와 회복을 그 주제로 하고 있다.

창세기는 이 관계를 잘 보여준다. 창세기 1장과 2장은 하나님이 창조 시에 세우신 질서의 관계를 제시한다. 〈표-1〉에서 보는 것과 같은 수직

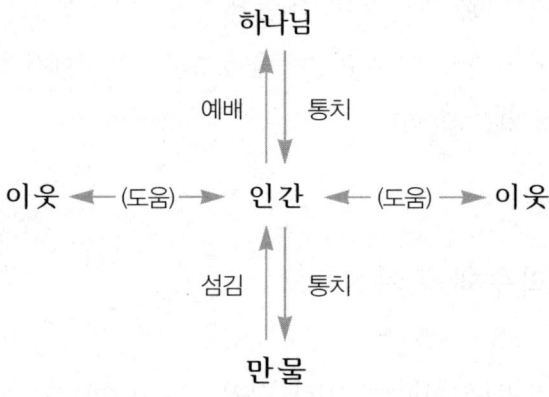

표-1 창조질서에 나타난 수직관계

관계를 보여준다. 하나님은 자기 영광을 위하여 인간을 지으셨다. 하나님은 창조주와 피조물의 관계를 분명히 하여 창조 질서를 유지할 필요를 느끼셨다. 그래서 하나님은 선악을 알게 하는 나무를 동산 중앙에 두시고 첫 사람 아담과 언약을 맺으신다. 사람은 하나님의 은혜를 누리면서 그에게만 예배하고 하나님만을 마음과 뜻과 정성을 다하여 사랑할 책임을 받았다.

아담은 하나님이 만드신 동물들에게 이름을 지어주었는데 이것은 그가 만물을 다스리는 권위를 하나님으로부터 받았음을 보여준다. 인간은 하나님의 형상대로 지음을 받았다. 생육하고 번성하여 땅에 충만하면서 하나님이 맡기신 만물을 정복하고 다스릴 책임을 받았다.

하나님은 아담이 독처(獨處)하는 것이 좋지 못하므로 여자를 돕는 배필로 만드셨다. 여기에서 사람과 사람사이에 돕고 돌보고, 사랑하고 교제하는 사회관계가 시작되었다.

이러한 창조 질서는 하와와 아담이 사단의 유혹에 넘어가 선악과를 먹음으로써 붕괴되었다. 인간은 하나님의 자리를 탐하였고, 하나님의 사랑과 신실하심을 의심하였다. 하나님께서 금하신 열매를 따먹음으로써 하나님의 진노와 저주 가운데 놓이게 되었다. 땅도 역시 저주를 받았다. 사람은 이마에 땀을 흘려야 먹고살 수 있게 되었다. 여자의 후손이 오셔서 사단의 머리를 상하게 하시기까지 사람은 죄의 유혹과 죽음의 공포와 사단의 노예로서 살아가게 되었다.

사람들은 하나님을 대적하거나 하나님이 없다고 한다. 남을 미워하거나 무관심하거나 사랑을 하지만 자기중심적으로 한다. 성경이 계시한 참 하나님을 모르고, 또 감사하지 않는 사람들은 다른 사람, 특히 부모나 조상이나 자기 자신, 또는 짐승이나 물질(돈을 포함해서)을 하나님 자리에 놓고 경배한다. 하나님께서 의도하신 창조질서가 붕괴되고 뒤죽박죽이 된 것이다. 타락한 인간은 하나님을 예배하는 대신에 돈이나 물질의 노예로 살아간다. 하나님과 이웃을 이용하거나 무시하며 살아간다. 하나님의 자리에 자기를 앉혀 놓고, "세상에 믿을 것이라고는 아무 것도 없어"하며 모든 일을 자기중심적으로 처리하며 살아간다. 하나님과 원수가 되고, 먹고 먹히는 정글의 법칙이 작용하는 사회가 되었다(〈표-2〉 참고).

죄로 말미암아 타락한 인생은 저주와 비참함 가운데 살아가게 되었다. 사람은 스스로를 구원할 능력이 없다. 자력구원(自力救援)은 맨손으로 달나라를 가고자 하는 것보다 더 불가능한 일이다. 긍휼과 자비가 풍

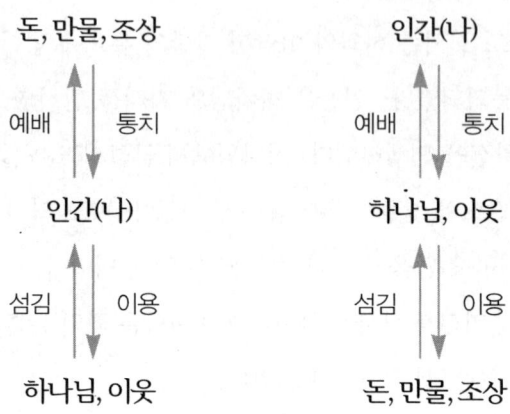

표-2 붕괴된 창조질서의 수직관계

성하신 하나님은 이러한 죄인들을 사랑하시어 직접 찾아오셨다. 그리고 당신의 공의를 만족시키기 위해 십자가에서 화목제물이 되셨다. 거룩하신 하나님과 죄인 사이에 가로막힌 휘장을 걷어 내셨다. 창조주와 피조물의 관계를 아버지와 아들의 관계로 발전시켰다. 예수 그리스도가 다시 오시는 날까지 그의 백성들은 하나님의 돌보심 가운데서 의와 평강과 희락을 누리며 살게 되었다. 또 이웃과 화목하게 살아갈 수 있게 되었다.

성경의 주제는 관계이다. 성경은 하나님과 사람의 관계, 사람과 사람 사이의 관계, 사람과 만물과의 관계를 보여준다. 성경은 이 관계에서 발생하는 여러 가지 갈등과 주님의 교훈을 담고 있다.

윌리엄 힐(William C. Hill)의 조사에 의하면 요한계시록을 제외한 신약성경 총 7,546절 중 1,906절은 인간관계에 나타나는 갈등사건을 서술하고 있다(약25%). 1,063절은 이러한 갈등에 대한 가르침과 연관되어 있다(약15%). 요한계시록을 제외한 신약성경의 약 40%가 인간관계의 갈등을 다루고 있는 것이다. 성경은 갈등에 대한 많은 지혜를 제공한다.4)

신약(요한계시록 제외) (총 7546절)에 기록된 대인관계 갈등의 구절과 차지하는 비중5)		
갈등의 역사적 사실	225 구절	
	1,906 절	25.26 %
갈등에 대해 신자들에게 주는 교훈	204 구절	
	1,063 절	14.09 %
갈등 예측	8 구절	
	72 절	0.95 %
갈등과 관련된 용어	2 구절	
	2 절	0.03 %
갈등과 관련된 구절 총계	438 구절	
	3,043 절	40.33 %

표-3 성경에 나타나는 갈등의 빈도

교회생활을 하다가 실망을 하거나 상처를 받은 사람들이 교회와 관계를 끊고, 혼자서 신앙생활을 하는 것을 볼 수 있다. 그들의 괴로움을 이해할 수는 있다. 그러나 신앙생활은 하나님과 이웃과 세상 만물과의 모든 관계를 총망라한다. 사람들을 싫어하고 교회를 떠나서 혼자서 잘 믿어 보겠다고 하는 것은 올바른 신앙의 태도가 아니다. 하나님은 가정과 교회 안에서 다른 사람들과의 부대낌을 통하여 우리의 믿음이 자라게 하시며 성령의 열매를 맺어가게 하신다. 또 그의 백성들이 성령의 은사를 활용하여 교회(성도)를 섬기게 하시고, 신앙인격이 예수 그리스도를 닮아가게 하신다.

교회 안에서 일어나는 갈등은 하나님 앞에서 우리 자신을 점검하게 하고, 우리와 이웃 사이의 관계를 돌아보게 한다. 갈등은 상호관계를 발전시키며 개인적인 성숙과 공동체의 성장을 가져오는 촉매 역할을 한다. 교회 안팎에서의 인간관계로 말미암는 갈등은 회피할 것이 아니라 하나님께 더 가까이 나아가며 갈등에 관련된 이웃을 섬기는 기회로, 그리스도의 형상을 닮아 가는 계기로 삼아야 한다.

3. 갈등관리의 방편

성경은 하나님이 사람에게 주신 믿음과 생활의 유일한 표준이다. 따라서 갈등관리의 원리와 방법은 성경으로부터 나와야 한다. 성경은 관계의 시작을, 죄로 말미암아 파괴된 관계를, 그리고 예수 그리스도 안에서 회복되는 관계를 증거한다. 따라서 성경에는 갈등과 관련된 다양한 예가 나와 있으며 갈등을 관리하며 해결해 나아가는 방법이 담겨있다.

목사의 가장 중요한 임무는 성경을 가르치는 것이다. 하나님과의 화목, 이웃과의 평화, 그리고 만물의 청지기로서의 바른 관계를 갖고 살아가도록 성경을 부지런히 가르쳐야 한다. 이를 위해 목사는 성경의 가르침을 먼저 잘 알고 있어야 한다. 성부 성자 성령 하나님의 은혜 안에서

"화목케 하는 직분"(고후 5:18-19)을 효과적으로 수행해야 한다.

"모든 진리는 하나님의 진리"이다. 따라서 심리학, 사회학, 문화인류학, 교육학이 발견한 것들을 갈등관리를 위해 사용해야 한다. 그러나 이러한 연구의 결과가 성경보다 더 높은 권위를 가질 수 없다. 이러한 자료들을 성경보다 더 의존하지 않아야 한다. 일반 학문이 발견한 것들(성경에 비추어 잘못이 없는 경우)을 통해 현실을 구체적으로 이해하고 성경의 원리를 보다 더 실제적으로 상황에 적용하는 데 많은 도움을 얻을 수 있다. 목사는 성경에 정통할 뿐 아니라 책을 읽는 등 여러 가지 방법으로 일반은총에 속한 지혜를 얻어야 한다.

하나님의 말씀인 성경은 인간의 속성과 신앙과 생활의 근본원리를 가르쳐 준다. 성경의 원리에 배치되지 않는 일반 학문은 갈등을 이해하고 각 상황에 적합한 해결책을 찾는데 도움을 준다. 성령님의 도우심과 사람의 지난날의 경험은 성경의 원리와 일반학문의 이론들을 보다 효과적으로 현실에 적용할 수 있게 한다.

4. 갈등에 대한 목사의 자세

갈등현상은 반드시 부정적인 것만은 아니다. 갈등이 없다는 것은 발전에 대한 욕구가 없다는 뜻일 수 있기 때문이다. 영국이나 미국의 공동묘지에 가면 알 아이 피(R.I.P)라는 글자를 비석에 새겨놓은

것을 볼 수 있다. 이것은 "평화롭게 쉬고 있다"(Rest In Peace)라는 의미이다. 이 세상에서 갈등이 없는 곳은 무덤뿐이다.

갈등은 대개 인간의 죄성으로 말미암아 발생하지만 갈등이 있다는 것은 생명력이 있고 발전하고자 하는 욕구가 있음을 의미한다. 갈등자체는 선하거나 악한 것이 아니다. 다만 그것을 사람들이 어떻게 받아들이고 대처하느냐에 따라 선한 것이 될 수도 있고, 악한 것이 될 수도 있다. 목사는 갈등을 만날 때에 믿음 안에서 긍정적이고 적극적인 자세를 가지므로 선한 결과를 창출해 낼 수 있어야 한다.

야고보서 1:2은 "내 형제들아 너희가 여러 가지 시험을 만나거든 온전히 기쁘게 여기라"고 말한다. 시험을 만나고 갈등상황에 부닥칠 때에 사람들은 답답해하고 원망하고 낙심한다. 그러나 성령의 감동하심을 입은 야고보는 그리스도인들이 시험(갈등)을 만날 때에 오히려 온전히 기쁘게 여겨야 한다고 가르친다. 그리고 1:3 이하에서 그 까닭을 설명한다. 어려움 중에서도 기뻐해야 할 첫 번째 이유는 우리에게 부닥치는 시험이나 갈등이 우리를 인내하게 만들고, 온전한 예수 그리스도의 형상으로 빚어가기 때문이다. 둘째로 우리에게 지혜를 후히 주시고 꾸짖지 아니하시는 하나님 아버지가 계시기 때문이다(1:5). 사람들이 낙심하는 것은 해결책이 없거나 보이지 않기 때문이다. 하나님은 우리가 부닥치는 갈등상황을 해결할 수 있는 또는 피할 수 있는 지혜를 허락하신다. 따라서 어려움을 만나는 하나님의 자녀들은 기뻐할 수 있다. 셋째로 시험을 이긴 자는 생명의 면류관을 얻기 때문이다(1:12). 갈등상황에서 자신의 마음을 잘 다스리고, 말씀과 성령의 지혜로 갈등을 관리하므로 덕을 세우는 목사에게 예수 그리스도는 칭찬과 함께 생명의 면류관을 주신다. 따라서 하나님의 사람은 갈등에 부닥칠 때에 온전히 기쁘게 여겨야 한다.

5. 갈등관리의 목적 : 하나님의 나라의 구현

목사가 갈등을 관리하는 목적은 교회의 하나됨(unity)과 효과적 사역(effectiveness)을 도모하여 하나님의 나라를 이 땅에 구현(具現)하는 것이다. 하나님의 나라는 성령께서 하나되게 하신 것을 교회가 힘써 지키는 가운데 세상에 나타난다. 성경은 교회를 몸으로 비유한다. 곧 교회가 머리되신 예수 그리스도를 중심으로 한 유기체이므로 그리스도 안에서 하나된 것을 지켜야 한다는 것을 강조한다. 교회 안에서 일어나는 갈등은 그리스도의 지체 사이에 불화와 미움을 가져온다. 자원과 에너지를 서로를 공격하는 데 허비하게 만든다. 교회를 세상 사람들의 조롱거리가 되게 한다. 그러나 목사가 갈등을 지혜롭게 관리할 때에 교회는 성령께서 하나되게 하신 것을 잘 지키게 된다(엡 4:3). 세상은 교회가 예수 그리스도의 제자임을 알게 된다(요 13:35).

목사가 갈등을 잘 관리할 때에 교회는 예수 그리스도의 뜻을 효과적으로 수행하게 되고, 이로써 세상에서 하나님의 나라를 확장해 나아가게 된다. 교회가 갈등상황에 처하게 되면 제 기능(예배, 교제, 교육, 전도-선교, 봉사)을 할 수 없게 된다. 상호불신과 미움을 가지고 드리는 예배는 하나님이 받지 않으신다. 그리스도께서는 예배를 드릴 때에 형제에게 원망들을 만한 일이 있으면 먼저 가서 그 형제와 화목하고 그 후에 예배를 하라(마 5:23-24)고 하셨다. 갈등 가운데서 어떻게 아름다운 교제가 이루어질 수 있겠는가? 겸손히 배우려고 해야 교육이 가능하다. 말보다 행동이 더 큰 영향력을 끼친다. 갈등이 있으면 "너나 잘하세요" 하는 마음을 갖게 되고, 서로의 약점과 허물을 찾는 데 급급하게 된다. 성도들이 서로 미워하고 싸우는데 누가 전도를 받아들이겠는가? 성도가 싸우면 전도의 문이 막힌다. 사회봉사도 마찬가지이다. 갈등이 있으면 성도들의 관심이 안으로 쏠리게 되고, 교회 밖의 어려운 사람들을 돌아볼 수 없게 된다.

목사는 갈등의 소지를 없애고, 갈등이 일어날 초기에 이를 잘 관리해야 한다. 잠언 18:19은 "노엽게 한 형제와 화목하기가 견고한 성을 취하기보다 어려운즉 이러한 다툼은 산성 문빗장 같으니라"고 했다. 한번 갈등을 겪고 나면, 더 사이가 좋아지는 경우가 없지는 않다. 그러나 많은 경우 화해를 했다 하더라도 상대방에 대한 마음이 멀어진다. 대체로 다시 가까워지기가 어려운 것이 현실이다. 따라서 목사는 성도들이 성령 안에서 서로를 섬기며, 힘을 합하며, 갈등이 표출되기 전에 문제를 해결할 수 있도록 도와야 한다. 그리하여 하나님의 사람들로서 서로를 사랑하며 하나님의 일을 보다 더 효과적으로 이루어 가도록 지도해야 한다.

목사의 갈등관리의 목표는 하나됨을 지키게 하여 서로 사랑하고 섬기도록 하며(unity), 교회에 맡기신 하나님의 사명을 효과적으로 이루게 함으로써(effectiveness) 하나님의 나라를 세상에 나타내 보이며, 그의 나라를 확장하는 것이다. 목사가 갈등을 올바로 관리하면 하나님 나라의 관문6)인 교회는 이 세상에 하나님의 나라의 속성인 의와 평강과 희락을 성령 안에서 밝히 드러내게 된다(롬 14:17). 교회가 하나님의 나라를 세상 가운데서 구현해 나아갈 때에 하나님의 이름이 거룩히 여김을 받게 되며, 하나님께서 영광을 받으신다.

6. 갈등관리 연구의 유익과 한계

    갈등관리를 공부하는 것은 많은 유익이 있다. 학교를 졸업하고 곧 결혼하여 음식을 잘 만들 줄 모르는 새댁이 있다고 하자. 음식을 만들어 본 경험이 없어서 무엇을 어떻게 해야 좋을지 막막할 것이다. 그러나 요리책을 사서 그 책이 가르치는 대로 따라한다면, 두부찌개, 탕수육을 비롯해서 각종 요리를 만들 수 있다. 요리책을 보아도 잘 안 되는 부분이 있으면 새댁은 친정어머니께 전화를 걸어 코치를 받을 것이다. 이렇게 음식을 계속 만들어 가다 보면 요리책이 없어도 음식을 만들 수 있게 된다. 또 요리책대로 하지 않고, 자기의 입맛에 맞는 변형된 요리를 개발할 수도 있게 된다.

    갈등관리도 마찬가지이다. 책을 통해서 갈등의 실체를 분석하고 대처하면 문제해결의 도움을 얻을 수 있다. 이 책의 내용들은 일반적인 원리를 제시하는 것이므로 각 교회의 특수한 상황에 그대로 적용할 수 없는 부분들도 있을 것이다. 이러한 정보들을 근거로 현재의 갈등 상황에서 성령님을 의지하므로 의기소침하거나 두려워하지 아니하고 갈등을 직접 관리해 보는 것이 중요하다. 시행착오는 불가피할 것이다. 그러나 이러한 경험을 통하여 자신에게 맞는 갈등관리의 지혜와 능력을 쌓아가게 될 것이다.

갈등관리의 정보와 연구결과 그리고 실제 경험은 목회에 긴요한 도움을 제공할 것이다. 그러나 이런 것들이 성령님의 인도하심보다 더 앞설 수는 없음을 기억해야 한다. 이런 것들을 사용은 하되, 성령님을 항상 의지하고 그의 인도하심에 민감하게 순종할 수 있어야 한다. 그리하면 하나님의 교회의 일치와 성장을 통해 하나님께 영광을 돌리게 될 것이다.

| 제 2 장 |

목사와 목회사역

목사는 하나님의 양무리(회중, 교회)를 목자처럼 돌보는 사람이다. 에베소서 4:11의 '목사'는 헬라어 '포이멘'(목자: shepherd)을 번역한 것이다. 하나님의 양무리를 목자로서 돌보는 책임은 크게 두 가지로 나누어 볼 수 있다. 하나는 각 개인을 돌보는 일이고, 다른 하나는 공동체인 교회를 돌보는 일이다.

1. 사람 돌보기

목사가 사람을 돌보는 일에는 두 가지 책임이 따른다. 하나는 불신자를 교회의 모임에 불러들여 그리스도의 신실한 일군으로 만드는 것과, 다른 하나는 이런 과정에서 부닥치는 위기를 성장의 기회로 삼도록 가르치고, 곁에 있어주고, 지도하는 일이다.

양육(養育)

종교개혁에 앞장섰던 존 칼빈(John Calvin)을 비롯한 많은 개혁자들이 주장한 바처럼, 목회는 한 영혼을 돌보는(Seelsorge, 제엘조르게) 일이다.[1] 사람은 대체로 다음과 같은 단계를 따라 성장한다. 불신자가 교회의 모임에 참석하므로 교인이 되고, 교인이 예수님을 믿게 되므로 신자가 되고, 예수님을 닮아가는 제자로 성장하고, 나아가 교회의 일에 수종드는 사역자(재생산하는 제자)의 역할을 수행하게 된다.[2]

목사는 불신자가 단계적으로 성장하여 궁극적으로는 재생산하는 제자가 되도록 양육하는 책임을 갖고 있다. 목사는 한 영혼이 각 단계를 거치는 동안 성장에 필요한 말씀을 제공해야 한다. 또 함께 기도하며, 전도해야 하고, 그들의 은사를 계발할 수 있도록 도와야 한다. 이러한 과정들이 순탄하게 이루어지는 경우도 있겠지만, 대체로 다양한 갈등을 경험하면서 진행된다.

각 단계별로 한 영혼을 돌보는 목사의 책임과 역할을 살펴보자.

불신자 → 교인

목회는 하나님과 아무런 관계없이 살아가고 있는 한 영혼을 교회의 모임으로 이끌어 들이는 사역에서 출발한다. 이미 조직된 교회에서는 기존의 신자를 중심으로 목회가 이루어진다. 그러나 선교지나 개척교회는 불

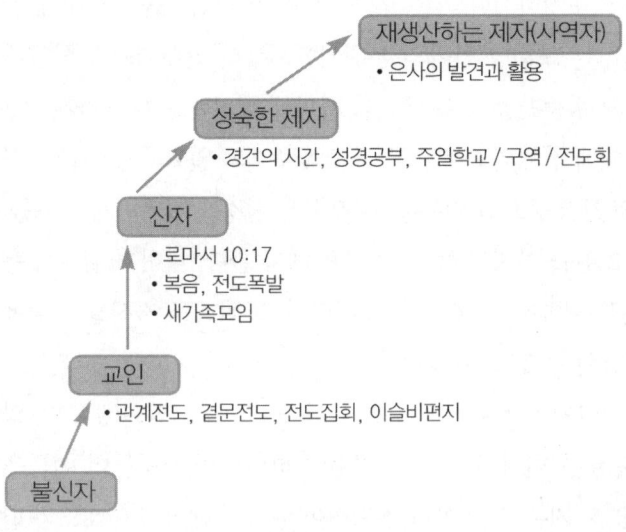

표-4 양육의 단계

신자에게 전도하고, 교회의 모임으로 이끄는 사역이 가장 먼저 있게 된다. 불신자를 교회로 이끌어 들이는 일은 교회가 아무리 크게 성장하였다 할지라도 목사가 항상 관심을 가지고 해야 할 일이다. 이 사역을 소홀히 하는 교회는 수적(數的) 성장이 멈추게 되고, 유기체로서의 역동성과 성숙이 중단되며 심각한 내분을 초래한다. 또 하나님의 흩으시는 채찍을 경험할 수도 있다.

목회의 출발점은 전도하여 불신자들을 교회로 끌어들이는 일이다. 이를 위해 목사는 불신자를 접촉할 수 있는 다양한 방법을 모색해야 한다. 교회가 위치한 지역의 특성을 살피고, 주민들의 필요를 파악하여 그들의 필요를 채워줄 수 있는 전략과 구체적인 프로그램을 개발해야 한다. 예배는 불신자가 교회가 어떤 곳인가를 알고 계속 교회의 모임에 출석할 것인가 아니면 포기하거나 다른 교회를 방문할 것인가를 결정하게 만든다. 따라서 목사는 교회당 안팎의 분위기에서부터 안내위원과 찬양대와 기도 담당자와 회중찬송 등 순서 하나 하나에 세심한 관심을 가져야 한다.

목사는 예배 전체의 분위기를 설교의 주제와 일관되게 이끌어 가야 한다. 목사의 가장 중요한 임무는 설교이다. 성경에 철저하게 기초를 두고, 청중들이 호감을 가지고 들을 수 있게 해야 한다. 나아가 설교를 통해 하나님의 뜻을 이해하고, 감동을 느끼면서 그 말씀을 자신들의 삶에 구체적으로 적용할 수 있게 해야 한다.

교인이 많아지는 것은 바람직한 일이다. 그러나 "악화(惡貨)가 양화(良貨)를 구축(驅逐)한다"[2]는 말이 있듯이 하나님의 사람들이 이들을 성경적으로 변화시키는 것이 아니라 도리어 이들의 세상적인 태도와 말과 행동이 교회 분위기를 바꾼다면 목사는 경계하지 않으면 안 된다. 새로운 교인들이 없거나 기존의 교인들이 교회를 이탈하는 현상들은 목사에게 갈등을 가져다준다. 또한 새로운 교인들에 대해 기존의 교인들이 무관심하거나 배척할 때에 갈등현상이 일어나게 된다.

교인 → 신자

영혼을 돌보는 목회의 두 번째 단계는 예배나 교회의 다른 모임(주일학교, 청년회 등)에 참석하는 사람들이 신자가 되도록 돕는 일이다. 신자는 다음의 핵심적인 세 가지 사실을 알고 믿고 고백하는 사람이다.

- 예수 그리스도는 하나님의 아들로서 육신을 입고 이 땅에 오신 분이시다(요 20:28).
- 예수님은 나의 죄를 대속 하기 위해 나를 대신하여 십자가에서 죽어 주신 나의 구주시다. 나는 예수 그리스도를 나의 구주로 믿음으로써

죄 용서함을 받고, 하나님의 자녀가 된다(요 1:12).
- 예수님은 죽음의 권세를 깨뜨리시고 사흘만에 부활하셨고, 하늘과 땅의 모든 권세를 가지신 분으로서 나의 주가 되신다(마 28:18). 예수 그리스도는 나의 주이시므로 나는 그에게 절대적으로 복종한다. 예수님은 나의 주이심으로 나를 책임져 주신다. 따라서 나는 그의 주권과 진리 안에서 자유하며 그가 공급하시는 은혜 가운데 모든 일을 사랑과 능력으로 행한다.

　교인이 신자가 되는 것은 성경말씀(복음) 안에서 성령의 은혜로 이루어지는 단회적(單回的)인 사건이다. 중생의 사건은 사람의 눈으로 확인되지는 않는다. 단지 거듭난 사람이 예수 그리스도를 자신의 구주와 주로 고백하고, 하나님을 아바 아버지로 인정하게 될 때에 교회는 이를 근거로 그의 거듭남을 인정할 뿐이다(롬 8:15-16 ; 고전 12:3). 이러한 사실이 확인될 경우, 교회는 그로 하여금 다른 성도들 앞에서 신앙고백을 하게 한 후 세례를 베풀게 된다.

　목사는 한 교인이 신자가 될 수 있도록 예수 그리스도의 구원의 복음을 부지런히 전하고 가르쳐야 한다. 또 그가 성령으로 거듭나서 신앙을 고백할 수 있는 기회를 주어야 한다. 문답교육을 통하여 신앙이 확인될 경우 교회법이 허용하는 범위 안에서 빠른 시일 내에 세례를 받아 교회의 일원으로서 권리와 의무를 다 하도록 격려해야 한다.

　목사는 개인의 신앙고백을 근거로 세례를 주고 교회의 정회원으로 받아들인다. 목사가 힘써 가르치지만 예수 그리스도를 영접하지 않고 신앙을 고백하기를 주저하는 사람들이 있다. 성경공부를 열심히 하지만 믿지 않는 사람들로 말미암아 목사가 자신의 한계를 느끼고 낙심할 때도 있다. 이와 반면에 신앙고백은 쉽게 하지만 다른 목적(사업상 또는 결혼 등)

으로 세례를 받는 사람도 있다. 목사는 그들의 신앙고백이 진실하지 않다는 느낌을 받으면서도 이를 부인할 객관적인 증거가 없으므로 세례를 주지 않을 수 없는 상황에서 갈등을 겪기도 한다. 그러나 대부분의 경우 교회의 모임에 참석하던 사람들이 전도를 통해 거듭나서 신앙을 고백하고 세례를 받는다. 이때에 목사가 누리는 기쁨은 무엇으로도 비교할 수 없는 것이다.

신자 → 성숙한 제자

제자란 배우는 자이며, 스승을 닮아 가는 자요, 스승의 일을 더 발전시켜 나아가는 자이다. 사도행전은 신자와 제자를 동일시한다. 신자가 된다는 것은 예수님을 구주와 주로 받아들인 것이므로, 동시에 제자가 되는 것이다. 그러나 명목상의 제자가 아닌 참 제자가 되는 것은 예수님을 믿음과 더불어 출발하는 지속적인 과정이라고 할 수 있다.

예수님은 부활하신 후 그를 따르는 사람들에게 지상명령(至上命令)을 내리신다. "너희는 가서 모든 족속으로 제자를 삼아 아버지와 아들과 성령의 이름으로 세례를 주고 내가 너희에게 분부한 모든 것을 가르쳐 지키게 하라"(마 28:18-20). 제자를 삼는 과정을 예수님은 두 부분으로 말씀하셨다. 첫째, 구원의 복음을 전파하여 사람들로 하여금 예수 그리스도를 믿어 구원을 얻도록 도우라. 예수님을 믿고 고백하는 자들에게 물로 세례를 줌으로써 그가 하나님의 자녀가 되었음을 교회적으로 확증하라. 둘째, 이제 믿음으로 하나님의 자녀가 되었으므로 하나님의 자녀다운 삶을 이루어 갈 수 있도록 그리스도께서 분부한 모든 것을 배우며 지키게 하라.

신자로 하여금 성숙한 제자가 되게 하는 일(신자 → 제자)은 예수님의 지상명령 중 두 번째 부분인 예수님이 분부하신 일들을 배우고 지키는 일과 직접적으로 연관되어 있다. 목회는 믿음으로 말미암아 단번에(once for all) 그리스도인이 된 사람들을 예수님의 성숙한 제자가 되도록 돕는 사역을 포함한다. 이를 위해 목사는 신자들이 경건의 시간을 갖도록 도와야 한다. 또 예배에 참석하며 교회의 여러 가지 활동에 참여하여 그리스도를 닮아가도록 가르친다. 나아가 가정과 직장과 사회에서 화평케 하는 자로 살고, 소금과 빛의 역할을 하도록 가르친다.

목회자는 이 과정에서 예수 그리스도의 형상을 닮아 가는 사람을 인해 큰 기쁨을 맛본다. 그러나 많은 사람들은 옛 습관을 벗어버리지 못하고 하나님과 세상에 양다리를 걸치고 살아간다. 이러한 사람들을 그리스도의 제자로 양육하는 일은 많은 수고를 요구한다. 목사가 때로 말씀을 거역하는 자들을 책망하려 하면 강하게 반발하고, 다른 교회로 옮기거나, 아예 신앙생활을 포기하는 경우도 있다. 이런 과정에서 목사는 많은 아픔을 겪게 된다.

성숙한 제자 → 재생산하는 제자(사역자)

골로새서 1:6은 이렇게 말씀하고 있다. "이 복음이 이미 너희에게 이르매 너희가 듣고 참으로 하나님의 은혜를 깨달은 날부터 너희 중에서와 같이 또한 온 천하에서도 열매를 맺어 자라는도다." 예수 그리스도를 믿는 사람은 그 믿음의 날부터 바로 제자가 되고 또 열매를 맺으며 성장하게 된다. 그러나 보다 효과적인 사역자가 되기 위해서는 지속적인 훈련이 요구된다. 이를 위해 목사가 존재한다. 에베소서 4:12은 목사를 세우신 목적이 "이는 성도를 온전케 하며 봉사의 일을 하게 하며 그리스도의 몸을 세우려 하심이라"고 밝히고 있다. 목사는 성도들로 하여금 봉사의 일을 할 수 있도록 양육할 책임이 있다.

　제자훈련을 강조하여 성경공부를 하는 교회들이 많다. 처음 1-2년은 소그룹으로 모여 성경공부를 하는데 모두들 열심히 참석한다. 그래서 교회가 조금 뜨거워지는 듯하여 사람들이 좋아하고 수적으로도 조금 성장하는 것을 본다. 그러나 3년째쯤 되면 열기가 식고 성경공부도 시들해지고 전체적인 분위기도 옛날로 돌아가는 경우를 본다.

　제자훈련이 실패하는 몇 가지 이유가 있는데 그 하나는 성경공부를 할 때에 적용이 없이 지식적으로만 가르치거나 적용이 있어도 피상적인 경우이다. 제자훈련은 자신의 마음을 개방하여 "형제보다 친밀"한 관계를 형성시켜 한 마음이 되어 삶을 나누게 해야 결실을 맺을 수 있다. 기도를 할 때에도 자신의 내면에 있는 문제들을 허심탄회하게 나누고, 하나님의 응답을 경험할 때에 삶의 변화가 있는 제자훈련이 이루어진다. 이를 위해 무엇보다도 제자훈련을 인도하는 목사나 리더는 자신을 지혜롭게 개방하고 삶을 나누면서 참여자들도 마음을 열도록 지도할 필요가 있다.

　이 일에는 목사에게 위험부담이 따른다. 자신의 마음속에 간직해 두었던 일들이나 가정의 문제를 솔직하게 나누면 그것이 많은 사람들에게 알려져서 곤경에 빠질 수 있다. 목사는 제자훈련에 참여하는 사람들이 건덕(健德)에 도움이 되지 않는 일들은 밖에 나가서 이야기하지 않도록 주지시키고 경계해야 한다.

　제자훈련에 참여하는 사람들이 성경공부는 하고 기도는 하는데, 전도를 하지 않으면 그 훈련은 실패하게 된다. 대부분의 사람들은 낯선 사람을 두려워한다(xenophobia). 더욱이 세상적인 사람들은 자신의 영적인 상태에 대해 무관심하다. 물건값이 싸고 질이 좋은 상점, 맛이 있는 음식점에 대해 사람들은 관심이 많다. 그러나 죄, 죽음, 십자가, 구원에 대한 이야기는 그렇지 않다. 그렇기 때문에 제자훈련은 전도를 소홀히 하기가 쉽다. 그렇게 될 때에 제자훈련반은 "가서 모든 족속으로 제자를 삼으라"는 주님의 명령을 따르지 않는, 폐쇄된 집단으로 변질될 수 있다. 따라서 목사는 제자훈련 초기부터 전체 훈련시간이나 내용의 50 퍼센트 내외를 전도훈련에 할애해야 한다.

책상 앞에서 공부하는 것만으로는 전도훈련의 성과가 나타나지 않는다. 직접 전도를 해야 조금씩 열매가 생기게 된다. 그러자면 목사는 많은 시간을 전도훈련생들과 함께 보내야 하고 전도하는 모범을 보여야만 한다.

제자훈련이 좋은 결과를 내지 못하는 또 다른 경우는 배우기만 하고 배운 지식을 활용할 기회가 주어지지 않을 때이다. 예수 그리스도의 제자는 섬기는 자이다. 따라서 전도해야 하고, 교회 안에서나 밖에서 이웃을 섬기므로 하나님께 영광을 돌려야 한다. 목사가 교인들이 자신의 은사를 발견하도록 도와주고, 봉사의 기회를 주어 은사를 계발해 나아가도록 돕고 격려하고 지도할 때에 재생산하는 제자들이 많이 나타나게 되고 교회가 성장하게 된다.

재생산하는 제자는 단순히 교회의 울타리 안에서만 아니라 가정과 직장과 사회에서도 그리스도의 빛을 발하는 사람이다. 그는 첫째로 하나님의 자녀(요 1:12, 16)로서 그의 사랑을 누리며 기쁘고 담대하게 세상을 살아간다. 둘째로 그는 예수 그리스도의 제자(마 28:19-20)로서 날마다 주님과 동행하며 그를 닮아간다. 셋째로 그는 예수님의 증인(행 1:8)으로서 말과 행동으로 예수님을 증거한다. 마지막으로 그는 소금과 빛(마 5:13-16)으로서 이 세상에 하나님의 공의를 드러내며 어렵고 소외된 이웃을 돌아보며, 사회를 개혁하는 일에 앞장선다. 재생산하는 제자는 자신이 힘써 예수 그리스도를 본받는 동시에 다른 이들이 또한 예수님을 본받아 살아가도록 돕는 자이다.

제자훈련이 성공하려면 무엇보다도 좋은 모델이 있어야 한다. 예수 그리스도의 향기를 발산하는 선배, 교회를 위해 헌신적으로 일하는 일군들이 있으면, 따로 모여 공부하는 시간이 많지 않아도 제자훈련은 성공할 수 있다. 모델을 제시하고 모방할 수 있도록 기회를 주는 것이 가장 효과적인 교육방법 중에 하나이다. 그러한 사람들이 없다고 목사가 한탄만 해서는 안 된다. 목사가 먼저 그러한 모델이 되어야 한다.

목회는 이렇게 불신자가 교인이 되고, 신자가 되고, 제자가 되고, 나아가 재생산하는 제자가 되도록 영혼을 돌보는 과정이다. 목사는 교회의 구성원들 한사람 한사람이 어느 단계에 있는가를 파악하고 다음 단계로 성장할 수 있도록 돌보아야 한다. 이를 위해 목사는 해산하는 수고를 해야 하고, 아버지의 마음과 어머니의 정성으로 제자들을 돌보아야 한다.

목사가 성도들의 형편을 고려하지 않고 지나치게 요구를 하면 반발이 일어난다. 또 성도들을 무작정 내버려두면 질서가 파괴되고 열매를 맺기 어렵다. 따라서 목사는 한 영혼을 돌보며 양육하는 과정에서 그 영혼이 성장하는 것을 보는 기쁨을 누리는 동시에 계속적으로 갈등을 경험하게 된다.

위기관리

인생의 모든 일이 원하는 바대로 되는 것은 아니다. 예상하던 문제가 발생할 때도 있고, 전혀 예기치 못했던 일이 생겨 사람의 마음을 상하게 하고 절망에 빠지게도 만든다. 목사가 불신자를 교회의 모임에 이끌어

들여 재생산하는 제자로 양육하는 과정에서도 많은 일들이 생긴다. 그 일들이 성도들이나 목사로 하여금 갈등에 처하게 만든다. 목회는 바로 이러한 위기에서 비롯된 갈등을 하나님의 안목으로 살피고, 예수 그리스도의 은혜와 진리를 따라서, 성령님이 주시는 능력으로 극복하며 성장의 기회로 삼도록 돕는 일이다.

사람들은 대체로 세 가지 종류의 위기를 경험하게 된다.[3] 발달적 위기, 사회문화적 위기, 상황적 위기가 곧 그것이다.

발달과정에서 겪는 위기(Developmental crisis)

발달적 위기는 사람이 출생에서부터 시작하여 죽음에 이르기까지 성장의 과정에서 부닥치는 위기이다. 발달심리학자 헤빙허스트(Robert J. Havighurst)는 발달단계마다의 과제들(Developmental tasks)을 각 연령층마다 제시하고 있다. 이러한 발달과업을 성취해 나아가는 과정에서 사람들은 위기를 겪게 된다. 청소년들은 이성관계로 말미암아 많은 갈등을 겪는다. 성적인 호기심을 해결하는 데서 죄책감과 괴로움을 겪는다. 청년들은 직업선택의 문제, 배우자 선택의 문제로 씨름을 한다. 중년기는 인생의 전환점에서 자신을 돌아보며 평가하는 시기이다. 이 때에 많은 사람들이 자신의 인생을 무의미하게 여김으로써 위기를 맞게 된다. 자녀들이 대학으로 가거나 결혼하여 떠나게 될 때에 특히 중년 여성은 남편과의 새로운 관계를 구축하는 일에서 갈등을 경험할 수 있다. 더욱이 50세를 전후해서 여성들은 갱년기를 맞이한다. 이때를 사추기(思秋期)라고도 한다. 노인들은 은퇴문제, 경제적인 문제, 노쇠에 따른 건강문제, 배우자의 별세, 혼자 사는 문제를 잘 해결하지 못할 때에 발달적 위기를 경험한다.

이러한 발달과정에서 겪는 위기는 사람마다 정도의 차이가 있다. 어떤 사람에게는 심각한 문제가 되고 또 어떤 사람은 쉽게 넘어간다. 이러한 위기는 대체로 예상을 할 수 있다.

목사는 사전에 이러한 위기에 대비하는 교육을 성경적 관점에서 시켜야 한다. 예방을 위해 1그램의 약을 투여하는 것은 병이 든 후 1킬로그램의 치료제를 쓰는 것보다도 더 효과적일 수 있다. 목사가 아무리 노력을 해도 발달과정에서 겪는 위기에 빠져드는 사람이 있다. 이런 사람들은 무기력해 지고, 삶의 의욕을 잃어버리기도 하고, 교회생활을 소홀히 하며 심지어는 신앙을 버리고 스스로 목숨을 끊는 경우도 생긴다. 목회는 이런 위기상황에 있는 성도들을 목자의 심정으로 돌보는 일이다.

사회문화적 요인에서 비롯된 위기(Socio-cultural crisis)

사람은 살아가는 동안 사회문화적 위기를 경험한다. 아이가 학교에 처음 입학하면 불안해한다. 자기 집을 중심으로 생활하다가 낯선 학교를 다니면 사회적 환경의 변화를 경험하게 된다. 입시경쟁이 치열한 우리의 상황에서 중학생이 되고, 고등학생이 되는 것은 심리적으로 많은 부담을 갖게 한다. 대한민국 남성으로서 군에 입대하는 일은 기대에 부푼 일인 동시에 불안한 일이다. 취직을 하여 직장생활을 시작하거나, 전근을 하여 새로운 직장 동료와 환경에 적응하는 과정에서 사회문화적 위기를 경험한다.

사회문화적 위기 중 대표적인 것은 결혼을 하여 새로운 가정을 이루는 일이다. 결혼은 가정환경과 교육배경과 가치관과 습관이 다른 남녀가 만나서 함께 살고, 한 이불을 덥고 자는 일을 포함한다. 신혼부부가 책임을 분담해서 화목하게 살아가기까지에는 많은 시간과 시행착오를 거치게 된다. 많은 부부들이 가정이라는 새로운 사회문화적 틀 가운데서 위기를 겪는다. 정년퇴직을 하거나 그 전에 명예퇴직을 하거나 황당하게 퇴직을 당하는 경우에도 지나친 자의식(self-consciousness)이 위기를 불러온다. 다른 사람들은 그것을 관대하게 이해를 해 주는데도 불구하고, 본인 스스로가 남들이 자기를 비웃는다고 생각하고, 또 무능한 자로 단정한다. 그리하여 우울증에 빠지고 자살충동에 사로잡히는 경우가 있다.

목사는 사회문화적 변화를 예상하여 성도들을 말씀과 기도로 준비시켜야 한다. 위기를 당한 사람들을 찾아가 상담하고, 그들을 격려하고 위로하고, 지혜롭게 위기를 극복하도록 도와야 한다.

돌발적 상황에서 겪는 위기(Situational crisis)

사람들은 살아가는 동안 상황적 위기를 만난다. 앞에서 언급한 두 가지 위기는 비교적 예측이 가능한 것이고, 대부분의 사람들이 공통적으로 겪는 일이다. 그러나 교통사고를 당하고, 갑자기 병에 걸리고, 자녀가 가출해 버리고 화재가 나고 사기를 당하는 일은 갑작스럽게 부닥치는 일들이다. 이러한 상황에서 사람들은 이웃을 원망하던가 하나님을 부인하기도 한다. 목회는 이런 사람들의 곁에서 그들을 붙들어 주며 하나님의 주권을 인정하도록 격려하는 일이다. 슬픔이 변하여 춤이 되게 하시며, 베옷을 벗기시고 기쁨으로 띠 띠우시는 하나님을 앙망(仰望) 하도록 돕는 사역이다.

목사는 이러한 위기를 자신이 겪을 뿐 아니라 교회 구성원들이 당하는 것을 보게 된다. 그래서 그는 자신이 처한 위기를 성령충만한 가운데서 이겨 나아가야 할 뿐 아니라, 성도들이 당하는 위기에 지혜롭게 관여하여 말씀으로 지도하고, 교회의 모든 지체가 우는 자들과 함께 울고, 즐거워하는 자들과 함께 즐거워하도록 가르쳐야 한다(롬 12:15).
에스겔 선지자는 이스라엘의 목자들에게, 이 시대의 목사들에게 하나님의 경고를 이렇게 전하고 있다(겔 34:2-5).

> 주 여호와의 말씀에 자기만 먹이는 이스라엘 목자들은 화 있을진저 목자들이 양의 무리를 먹이는 것이 마땅치 아니하냐? 너희가 살진 양을 잡아 그 기름을 먹으며 그 털을 입되 양의 무리는 먹이지 아니 하는도다. 너희가 그 연약한 자를 강하게 아니 하며 병든 자를 고치지 아니 하며 쫓긴 자를 돌아오게 아니 하며 잃어버린 자를 찾지 아니 하고 다만 강포로 그것들을 다스렸도다. 목자가 없으므로 그것들이 흩어지며 흩어져서 모든 들짐승의 밥이 되었도다.

목회는 계속적으로 다가오는 위기 속에서 갈등하는 하나님의 백성을 돌보는 사역이다. 위기에 직면한 성도들은 목사의 돌봄을 기대한다. 그러나 때로 어떤 이들은 목사들에게 자신들의 형편을 알리며 도움을 청하기보다는 목사가 스스로 알아서 심방해 주며 위로해 주며 격려해 주기를 원한다. 이러한 그들의 목사에 대한 바램이 채워지지 않을 때에, 그들은 목사에 대해 실망한다. 그리고 심지어 분노를 품고 목사에 대항하기도 한다.

목사는 이들이 갈등의 상황을 극복할 수 있도록 도우며 나아가 구원의 기쁨을 누리며 더욱 성숙한 그리스도인이 되도록 지도해야 한다. 이러한 과정에서 목사는 자신의 유한함과 무능함을 뼈저리게 느끼며 갈등상황에 빠져들 수 있다. 그러나 하나님의 부름을 받은 목사는 능력주시는 하나님을 의지하므로 이 모든 일을 능히 감당할 수 있음을 믿어야 한다. 갈등을 성장과 성숙의 기회로 삼아야 한다.

2. 공동체 돌보기

목회의 중심은 개개인을 돌보는 사역이다. 사도의 전통을 따라 말씀과 기도 그리고 성례를 중심으로 이루어진다.[4] 그러나 오늘날의 목회는 여기에만 국한되지 않는다. 목회는 유기체이며 조직체인 교회 전체를 돌아보는 사역이다. 또한 교회라는 공동체의 화평을 도모하고 성장을 이루기 위해 행정과 경영의 업무도 수행해야 한다.

교회의 기능

신앙공동체인 교회는 다섯 가지의 중요한 기능을 가지고 있다: 예배, 교제, 교육, 전도-선교, 봉사

예배
예수 그리스도를 믿음으로 말미암아 구원을 얻은 성도들은 무엇보다도 먼저 성삼위 하나님을 예배하게 된다. 예배는 성도의 가장 기본적 권리와 의무이며 하나님이 은혜를 주시는 통로이다. 예배의 구조나 순서는 교회의 신학적 기준과 그 교회가 위치한 사회와 문화의 영향을 받는다. 로마 카톨릭교회나 성공회는 성례 중심의 예배형식을 갖고 있다. 기타 개신 교회는 설교 중심의 예배를 드리고 있다.

대부분의 개신교회의 성찬상은 목사와 성도들 사이에 위치해 있다. 개

신교회는 이를 통해 우리 가운데 임재하시는 예수 그리스도를 드러낸다. 목사는 하나의 집례자로서 역할을 할 뿐이요, 다른 성도들과 구별되는 중보자 같은 제사장은 아님을 보여준다. 그러나 로마 카톨릭교회의 성찬상은 회중을 바라보고 있는 신부의 뒤편에 위치한다. 신부는 '지성소'와 같은 곳에 둔 떡을 가져다가 신도들에게 분배한다. 신부는 일반 신도들과 구별되는 예수 그리스도와 회중 사이의 중보자 역할을 한다는 것을 상징적으로 나타낸다.

개신 교회도 교파에 따라 예배형식이 조금씩 다르다. 같은 교단 안에서도 담임목사의 목회철학을 따라 예배순서와 내용이 다른 것을 볼 수 있다. 이러한 차이는 성례를 일년에 몇 차례 시행하는가에서 분명하게 나타난다. 매 주일 성찬예식을 거행하는 교회가 있는가 하면 1년에 한번 할 때도 있고 하지 않는 교회도 있다.

예배 중에 부르는 찬송가도 교회마다 특색이 있다. 예배시 전통적인 통일찬송가에 수록된 곡만을 고집하는 교회가 있는가 하면, 현대적인 복음송을 주로 부르는 교회도 있다. 악기를 전혀 사용하지 않는 교회도 있고 기타와 드럼을 자유롭게 사용하는 교회도 있다. 사도신경과 주기도문을 매 주일 전체 회중이 음송하는 교회도 있고, 그것들을 예배에 전혀 포함시키지 않는 교회도 있다. 한국교회는 전통적으로 묵상기도로 예배를 시작하지만 미국교회는 그런 경우를 보기 어렵다. 미국교회는 대개 오르간 전주(prelude)에 이어 예배에로의 부름(invocation)과 하나님께 영광을 돌리는 찬송으로 시작한다.

대표기도 할 때에 원고를 써서 읽는 사람이 있는가 하면 그렇게 하지 않아야 한다고 주장하는 사람도 있다. 대표기도를 몇 분 동안 해야 하는가와 설교의 길이가 어느 정도여야 하는가에 대한 의견도 다양하다.

이러한 각양각색의 견해들 중 어떤 주장은 성경과 신학에 근거하여 옳은 것도 있으나 설교나 대표기도의 길이, 또는 기도할 때에 미리 써온 원고를 읽는 문제나 찬송가의 선택 등은 교회나 개인이 처한 형편과 회중의 성격에 따라 자유롭게 할 수 있다. 이런 일들에 자기 주장을 지나치게 강조하고, 다른 사람들도 자기 의견을 꼭 따르도록 강요하는 것은 옳지 않다. 옳고 그름에 관련된 진리의 문제가 아니라 어느 것이 더 나은가 하는 방법에 관련된 문제이므로 관용과 양보의 미덕을 보이는 것이 바람직하다. 그러나 유감스럽게도 이러한 것들이 교회에 갈등을 일으키는 경우가 종종 있다. 미국의 어떤 교회는 오르간을 강대상 오른쪽에 두는가 아니면 왼쪽에 두는가 하는 문제로 다투다가 결국 분열되었다고 한다.

목사가 공중예배를 인도하면서 꼭 기억해야 할 것이 있다. 예배 형식이 어떠하든지 다음의 네 가지는 예배에 포함되어야 한다. 첫째, 하나님의 구원과 돌보심과 인도하심에 대한 감사와 감격의 마음이 예배를 통해 표현되어야 한다. 예배로의 부름 이후 예배시간의 첫 찬송은 반드시 하나님의 위대하심을 선포하고 그의 전능하심과 무한하신 사랑으로 인한 그의 거룩하심(다른 피조물과의 구별되심)을 찬양하는 내용의 것이어야 한다.

둘째, 예배는 산제사를 의미하므로 회개의 순서가 포함되어야 한다. 하나님은 점과 흠이 있는 제물을 받으시지 않으신다. 어떤 사람은 지은 죄를 모두 회개하지 않으면 천국에 들어갈 수 없다고 가르친다. 그러나 그것은 성경을 오해하고 하나님의 은혜를 무시하는 일이다. 구원의 은혜는 예수 그리스도를 믿음으로 주어지며 그 결과로 하나님의 자녀의 권세를 얻게 된다. 예수님을 믿는 자에게 주어진 이 신분은 그가 죄를 짓고 회개하지 않는다고 하여 박탈되는 것은 아니다. 그러나 믿음으로 이미 하나님의 자녀가 된 성도는 회개의 생활을 해야 한다. 왜냐하면 죄가 있으면 하나님 아버지의 얼굴을 피하게 되고 하나님과 교제하는 기쁨을 잃어버리게 되기 때문이다. 회개하지 않으면 죄에 대해 둔감해지고 더 악한 죄에 빠지게 된다. 따라서 예배는 하나님이 받으시기에 합당한 산제물이 되며 하나님과의 교제를 온전히 회복케 하기 위해 죄를 고백하는 시간과 사죄의 은총을 선포하는 순서를 포함해야 한다.

셋째, 예배는 산제사를 의미하므로 헌신의 순서가 포함되어야 한다. 죄로 말미암아 죽었던 자를 용서해 주시고, 새생명을 주시며 하나님의 자녀의 권세를 주신 하나님께 자신의 모든 것을 온전히 드리는 행위가 바로 예배이다. 따라서 성경(특히 설교)과 모든 예배순서와 성도의 교제를 통하여 일 하시는 성령님을 통해 말씀하시고 인도하시는 성삼위 하나님께 온전히 순종하겠다는 결단과 헌신의 내용이 예배에 포함되어야 한다.

넷째, 예배를 통해 하나님은 예배하는 자에게 당신을 나타내시며 말씀과 성령충만의 은혜를 베푸신다. 하나님 나라의 의와 평강과 기쁨을 허락하신다. 따라서 목사는 교인들이 공동체적으로 또 개인적으로 하나님의 임재 하심을 경험하고 그의 영광을 누릴 수 있도록 예배를 준비하고 인도해야 한다.

목사가 전통적인 예배순서와 형식을 바꾸려고 할 때에 신중을 기할 필요가 있다. 성경적으로나 신학적으로 또 역사적으로나 문화적으로 예배순서나 형식에 꼭 변경이 필요하다고 목사가 확신해도 교인들과의 대화와 교육을 통해 공감대를 형성한 후에 시도하는 것이 바람직하다. 담임목사로 새로 부임한 경우 교인들은 전임목사가 정한 예배순서에 수년간 익숙해 있어서 신임목사가 변화를 시도하고자 할 때에 저항을 하기 쉽다. 교인들은 무조건 변화에 저항할 것이 아니라 신임목사의 리더쉽

(leadership)을 인정하고, 진리를 벗어나지 않는 일이면 그의 인도에 따라야(followership) 한다. 그리할 때에 갈등은 극복이 되고, 하나님이 영광 받으시며, 그의 임재를 누리는 예배가 이루어진다.

교제

율법과 선지자의 가르침의 골자는 하나님을 사랑하고 이웃을 사랑하는 것이다. 교회는 하나님을 사랑하는 자들의 모임으로서 예배하는 공동체이다. 그리스도의 피로 하나님의 자녀가 된 형제 자매는 육신의 형제보다 더 서로 사랑하는 사람들이 되어야 한다. "피는 물보다 진하다"는 말이 있지만 성경은 "피보다 약속(언약)이 더 진하다"고 가르친다. 하나님은 예수 그리스도와의 언약을 통해 유대인의 혈통에서 나지 않은 이방인들을 그의 자녀로 삼으신다. 예수 그리스도의 피의 언약을 통해 유대인이나 헬라인이나 종이나 자유인이나 남자나 여자 사이에 막힌 담을 허시고 서로 사랑하며 교제하게 하셨다 (엡 2:11-22 ; 골 3:11).

사람들은 낯선 사람에 대해 공포증을 가진다. 낯선 사람에 대해 호기심을 가지고 접근하는 사람도 없지는 않으나 대부분의 사람들은 새로운 얼굴을 가까이 하는 데 심리적인 부담을 느낀다. 자기 자신의 삶의 영역, 이른바 프라이버시(privacy)를 다른 사람이 건드리는 것에 대해 싫어하고 그것을 보호하려는 본능을, 사람들은 가지고 있다. 그래서 사람들은 자기의 생각이나 마음을 쉽게 나누거나 열지 않는다. 사람은 다른 사람에게서 자기와 비슷한 점을 찾고 공통점을 발견할 때에 비로소 조금씩 마음을 열게 된다. 사람들이 처음 만나서 고향을 물어보고 출신학교를 알려고 하는 이유가 여기에 있다. 사람들이 고향이나 출신학교, 학력이나 사회적 지위와 경제적 형편이 비슷한 사람끼리 더 편하게 여기는 것은 자연스러운 현상이다. 사람들은 사랑을 표현하고 나누어주기보다는 다른 사람이 자기를 알아주고 사랑해 주기를 바라는 성향이 강하다.

이러한 심리적 경향은 거듭난 그리스도인들에게도 남아 있다. 그래서 직분을 맡고 있는 사람이 교회에 처음 나온 사람을 보아도 인사를 하지 않고 못 본 척하고 지나친다. "안녕하십니까?" 하는 질문형 인사를 하지만 서로가 "예"라는 대답 이외의 반응을 기대하지 않는다. 성경공부나 기도회를 가져도 자신의 속마음과 속사정을 내어놓고 성경의 가르침을 따라 적용을 하고 함께 기도하는 경지에 도달하기가 쉽지 않다.

교회 안에서 갈등이 발생하는 이유 중의 대표적인 것은 '섭섭함'이다. 목사가 자기가 한 일을 인정해 주지 않을 때, 직분자가 자기를 무시하는 말을 했다는 오해로 자기 집안에 병자가 있거나 상(喪)을 당했을 때에 심방을 자주 오지 않았다는 이유로 문제를 일으키는 사람들이 의외로 많다. 사람들은 이런 일로 말미암아 생긴 섭섭함을 교회에 나오지 않는 방법으로 표출한다. 때로는 상처를 마음에 품고 있다가 좀 더 공적으로 이슈가 될 만한 일이 있을 때에 공격하기도 한다.

목사는 이러한 심리를 잘 이해하고 서로를 섬기는 공동체를 이루기 위해 가르치며 모범을 보여야 한다. 무엇보다도 교회에서 가장 중요한 사람(VIP: Very Important Person)이 누구인가에 대해 성도들을 교육시켜야 한다. 교회에서 가장 중요한 사람은 교회를 처음 나왔거나 나온지 얼마 되지 않은 사람이라는 인식을 모든 교회 구성원들이 가져야 한다. 누가복음 15장에 보면 100마리 양, 열 드라크마, 그리고 두 아들의 비유가 나온다. 이 세 가지 비유가 강조하는 것은 죄인 하나가 회개하고 주께로 돌아오는 것을 하나님은 의인 아흔 아홉을 인하여 기뻐하는 것보다 더 기뻐하신다는 것이다. 기존의 교회 구성원 모두가 새 교인을 귀중하게 여기고 그들이 신앙을 고백하고 성장할 수 있도록 한마음이 되어 도울 때에 교회 안의 많은 알력과 갈등들이 해소될 것이다.

　교회성장학자들은 1: 7의 원리를 제시한다. 교회에 새로 나온 사람이 6개월 안에 그 교회에서 친구를 일곱 명 이상 사귀게 되면 그 사람은 그 교회에 정착할 확률이 95% 이상 된다는 것이다. 목사는 주일학교, 구역, 남,녀전도회 등의 다양한 경로를 통해 새가족들이, 교회 안의 여러 사람들과 관계를 발전시키도록 도와야 한다.[5]

　교회성장학자들은 동질성의 원리(Homogeneous Unit Principle)를 말한다.[6] 교회는 사회경제적인 형편(Socio-economic status)이나 개인이나 가정이 처한 문화가 비슷한 사람이 모일 때에 갈등을 적게 겪고 성장을 빨리 하게 된다는 것이다. 이 주장에 대해 예수님이 하나님과 사람 사이에 막힌 담을 허셨을 뿐 아니라 사람과 사람 사이에 있던 차별도 폐하셨다는 이유로 동질성의 원리를 비판하는 사람들도 있다. 그러한 비판은 정당한 것이다. 교회가 어느 특정 지방사람, 또는 특수계층의 사람에게만 멤버십을 제한한다면 하나님의 교회라고 할 수 없다. 그러나 의도적으로 문호를 제한하지 않음에도 불구하고 교회는 동질성을 가진 사람들이 지역교회를 이루는 것이 현실이다. 이런 경우에 목사는 교회의 동질성을 가진 다수가 이질적인 소수를 배척하거나 무시하지 않도록 특별한 주의를 기울여야 한다.

　대부분의 교회는 모든 사람에게 문호를 개방하면서도 동질성의 원리를 적용하고 있다. 그 구체적인 예를 연령을 따라 구성되는 남전도회나 여전도회, 주일학교의 각 부서, 그리고 구역이나 성인들의 성경공부 모임의 구성에서 찾아볼 수 있다. 성경공부 모임에서 남녀를 구별하여 소그룹을 편성하는 것이 유익할 때가 많은 데 그 이유는 성경공부의 적용에서 보다 깊이 있는 이야기를 나눌 수 있기 때문이다.

　성도의 교제에 있어서 오락, 게임, 회식, 여행 등의 방법들이 포함될 수 있다. 그러나 성도의 교제의 출발점은 성경공부와 기도모임을 통해서 이루어져야 한다. 말씀과 기도는 세상에서 경험할 수 없는 성령 안에서의 교제를 성도들에게 가져다준다. 말씀과 기도는 성도들로 하여금 죄를 떠나 의로운 삶을 살게 하며 하나님의 능력과 사랑을 경험하는 가운데 평강과 희락을 누리게 한다. 말씀과 기도 안에서 교제하므로 성도들은 하나님의 나라(롬 14:17)를 맛보게 된다.

　목사는 구역조직이나 소그룹 모임을 통해 말씀과 기도 안에서 교제하는 공동체로 만들어 가야 한다. 나아가 이런 구역과 소그룹을 통해 즐거워하는 자들로 함께 즐거워하고, 우는 자들로 함께 우는(롬 12:15) 교회가 되도록 지도해야 한다. 그리하여 반목과 질시, 투기와 갈등의 쓴뿌리가 교회 안에 나지 않도록 해야 한다. 도리어 "형제가 연합하여 동거함이 어찌 그리 선하고 아름다운고"(시 133:1)라 하는 고백이 모든 성도들에게서 나올 수 있도록 해야 한다.

　예수님은 "너희 속에 소금을 두고 서로 화목하라"(막 9:50)고 말씀하셨다. 교제는 쉽게 부패하는 경향이 있다. 목사가 여성도와 상담을 하다가 유혹에 빠지는 경우가 있다. 교회 안의 남녀 사이에 불미스런 사건이 생기기도 한다. 성도의 교제를 위해 시작한 모임이 오해와 불신으로 반목과 비방의 전쟁터로 변하기도 한다. 따라서 목사와 성도들은 그리스도의 사랑으로 시작한 성도의 교제가 부패하지 않도록 경각심을 가져야 한다. 항상 말씀의 거울에 자신을 비추고 서로를 돌아보므로 진리 안에서 거룩한 교제를 이루도록 해야 한다.

교육

　교회는 예수 그리스도를 믿음으로 단번에 구원을 얻은 성도들로 이루어진다. 성경은 거듭난 성도의 상태를 영적인 갓난아이(벧전 2:2)에 비유하고 있다. 성경은 또한 교회생활을 오래 한 성도들은 단단한 음식을 먹는 장성한 사람이 되어야 하며, 궁극적으로는 말씀을 가르치는 자가 되어야 한다고 권한다(히 5:12-14).

　목회는 영혼을 돌보는 일이다. 불신자가 교인이 되고, 신자가 되고 성숙한 제자가 되며, 재생산하는 제자로 성장하도록 돕는 일이다. 이 일을 위해서 목사는 교육을 주도해야 한다. 모든 목회사역은 교육과 직접 간접으로 연관되어 있다. 그래서 교육목회라는 이야기도 한다. 예배, 설교, 심방, 부흥회, 찬양, 전도, 구제, 봉사… 모든 것이 하나님의 뜻을 가르치고, 그 뜻을 이루어 드리려는 활동이다. 특히 교회교육은 지식을 전달하는 것을 포함하지만 태도, 가치관, 생활의 변화를 목표로 한다. 따라서 교회교육은 교실이나 책상 앞에서만 이루어져서는 안된다. 신앙교육은 공동체를 통하여 효과적으로 이루어진다.

　우리말을 쓰는 부모 밑에서 자란 아이는 특별한 언어교육을 시키지 않아도 한국어를 유창하게 한다. 영어를 쓰는 미국인 부모를 둔 아이는 영어가 모국어가 된다. 일본어를 쓰는 가정에서 성장한 아이는 일본어를 자연스럽게 배우게 된다. 이것은 단순히 언어의 종류에만 국한되는 것이 아니다. 부모가 거칠고 무례하고 모욕적인 언어를 쓰면 그 아이는 입이 거칠고 욕을 잘 하게 된다. 교양이 있고 예의 바른 언어를 사용하는 부모 아래서 성장한 아이는 교양과 예의를 갖춘 사람으로 자란다. 교육환경은 암암리에 강한 영향력을 끼친다.

　한 사람의 삶은 대체로 그가 접촉하는 사람들의 모습을 알게 모르게 닮아가게 되어 있다. 따라서 목사는 한 사람에 대한 교육과 더불어 공동체 전체의 분위기에 대해 관심을 가지고 변화를 시도해야 한다. 이를 위해 목사는 목회철학을 분명히 하고, 비전과 목표를 제시하면서 교회원들의 의견을 수렴하여 공감대를 형성해야 한다. 그 목표를 근거로 구체적인 청사진을 제시하며 장기적으로 변화를 추구해야 한다. 목사가 상황에 따라 우왕좌왕 하다보면 효과적인 교육이 이루어질 수 없다.

사람들은 자신이 성장하기 원하지만 성장을 위해 요구되는 대가(代價)는 지불하지 않으려는 경향이 있다. 목사가 교육 프로그램을 만들고 가르치려고 하면 소수의 사람들만이 참여할 때가 많다. 목사는 성경공부나 기도모임에 있어서, 각 프로그램이 어떤 계층의 성도들을 타겟(target)으로 하는가를 파악할 필요가 있다. 그리하여 각 프로그램을 통해 유익을 얻을 수 있는 계층의 사람들에게 집중적으로 홍보하고 개인적으로 만나 참석할 것을 권유해야 한다.

목사가 제자훈련을 시작하면 공부하는 데 취미가 있거나 적성에 맞는 소수의 사람들만이 반응을 보인다. 이들이 제자훈련을 통해 성장하게 되면 목사는 자연스럽게 이들을 중심으로 목회를 하게 된다. 이럴 때에 자의든 타의든 제자훈련에 참여하지 못한 사람들은 소외감을 느끼게 되고, 목사와 제자훈련에 참여하는 자들에 대해 반감을 가질 수 있다. 목사는 제자훈련에서 소외된 계층의 사람들을 파악하여 그들에게 맞는 모임을 제공해야 한다. 많은 숫자가 모일 수 있고, 숙제가 없는 강의식 성경공부 모임을 제자훈련과 병행하면 이런 갈등을 미연에 방지할 수 있다.

교회교육은 영아에서부터 시작하여 노년에 이르기까지 다양한 연령층을 포함한다. 신앙교육은 성경에 대해 전혀 들어보지 못한 사람으로부터 교회생활을 수 십년 하고 성경과 목회에 대해 목사보다 더 잘 아는 사람들을 포함한다. 따라서 목사는 혼자서 가르치는 일을 다하려고 하지 말아야 한다. 오히려 목사는 교사를 양성하고, 성경을 잘 알고 가르치는 은사가 있고 신앙인격이 훌륭한 사람들이 교사가 되도록 기회를 주고 감독해야 한다. 그렇게 하면 교회가 유기적인 관계 속에서 함께 성장하는 것을 경험하게 된다.

전도-선교

전도는 모든 그리스도인이 해야 할 예수님의 지상명령(至上命令)이다. 전도-선교는 물론 개인적으로 해야 할 일이지만, 혼자의 힘으로는 지속적으로 또 효과적으로 해 나가기 어려운 일이다. 성도들은 힘을 합해서 교회를 중심으로 전도-선교의 사명을 수행해야 한다. 일반적으로 '전도'라는 단어는 같은 문화권의 사람들에게 복음을 전할 때에 사용하고, '선교'는 타문화권의 사람들에게 구원의 소식을 전하고 교회를 개척할 때에 사용되는 단어이다.

교회는 전도-선교 공동체이다. 교회는 세상에서 불러냄을 받은 사람들의 거룩한 공동체(에클레시아)이다. 또한 교회는 세상에 흩어져 예수 그리스도의 증인으로 살아가야 하는 사람들(디아스포라)의 모임이다. 성도들은 천국의 시민권을 가진 자일 뿐 아니라 이 세상에 발을 붙이고 살아가는 사람들이다. 이중시민권(dual citizenship)을 가진 사람은 자신의 정체성(identity)에 대해 혼돈을 일으키기가 쉽다. 생활환경이 편할 때에는 문제가 적으나, 그렇지 않을 때에는 자신의 유익을 좇아 믿음을 배반하는 경우가 생긴다. 곧 교회에서는 믿음이 좋은 것처럼 생활하나 가정이나 직장, 학교나 사회에서는 믿음을 따라 행동하지 않고 세상방식을 좇아 살아가는 것이다. 목사는 이러한 이중구조 가운데 살아가는 성도들로 하여금 예수 그리스도의 증인이 되도록 가르치고 훈련시킬 책임이 있다.

전도는 사람들로 하여금 예수 그리스도를 믿어 하나님의 자녀가 되는 권세를 얻도록 하기 위해 우리에게 주시는 하나님의 구원의 기쁜 소식을 전하는 일이다. 사람이 거듭나는 것은 성령님의 주권적인 사역이다. 그러나 하나님은 전도의 미련한 것을 통해 사람들에게 구원을 주시기를 기뻐하신다. 전도는 사람들이 믿음을 갖도록 돕는 데 목적이 있다. 복음, 곧 예수 그리스도의 고난과 죽으심과 부활을 증거 하는 일이다. 한 사람이 믿고 안 믿고는 결코 전도하는 사람에게 달려 있지 않다. 그것은 전적으로 성령님의 권한에 속한 일이다. 그런데도 많은 그리스도인들은 예수님을 믿고 영접하는 것까지도 자기의 책임으로 생각하여 전도에 대해 부담스러워 한다.

그리스도인은 이 세상에서 세 가지 방법으로 전도하게 된다.[7]

첫째, 현존전도(Presence evangelism)이다. 예수님의 인격이나 구속 사역에 대해 말은 하지 않으나 그리스도인의 구별된 삶, 곧 현존을 통해 주위 사람들에게 예수 그리스도를 증거하는 것이다. 둘째, 선포전도(Proclamation evangelism)이다. 자신이 믿는 구원의 복음을 일방적으로 전하는 것이다. 지나가는 사람들에게 전도지를 나누어주고, 사영리(四靈理)를 읽어 주고, 이웃사람에게 교회에 나오라고 초청하고, 몇 사람이 함께 찬양을 하며 노방전도를 하고, 대규모의 전도집회를 열어 복음을 전하는 것이 이에 속한다. 선포전도자들이 즐겨 쓰는 표어는 "그리스도를 전하고 그 결과는 하나님께 맡기자"이다. 셋째, 설득전도(Persuasion evangelism)이다. 이것은 신자가 복음을 전하고 불신자가 이에 대해 질문하고 자신의 의견을 이야기하고, 전도자가 이에 대해 대답을 하는 대화를 통하여 복음을 전하고 진리를 가르치는 방법이다. 설득전도는 단순히 복음을 전하는 데 머물지 않고 제자로 세우는 것까지 목표로 삼는다.

이 세 가지의 전도방법은 모든 그리스도인이 터득을 하고 활용을 해야 할 전도방법이다.8)

좋은 전도자는 전도의 이론만을 가르친다고 양성되는 것이 아니다. 전도폭발(Evangelism Explosion) 훈련에서 볼 수 있는 것처럼, 이론을 가르칠 뿐 아니라 전도를 실제로 하게 함으로써 좋은 전도자가 생겨난다. 따라서 목사 자신이 먼저 전도자로서 모범을 보이며 성도들과 함께 전도하며 훈련시켜야 한다. 성도들이 시행착오를 거듭하고 결과가 빨리 나타나지 않으므로 목사나 전도자들이 낙심하며 갈등상황이 발생할 수도 있다. 그러나 인내하며 씨를 뿌리면, 하나님께서 오래지 않아 기쁨으로 단을 거두게 하실 것이다(시 126:5-6).

목사는 지역전도 뿐만 아니라 타문화권 선교에 대해서도 성도들이 관심을 갖고 힘을 쓰도록 지도해야 한다. 예수님은 그의 제자들이 "땅끝까지" 가서 "모든 족속"에게 복음을 전하기를 원하셨다(행 1:8 ; 마 28:19). 현재의 형편이 어떠하던지 교회가 위치한 지역 전도와 타문화권 선교의 사명을 성실하게 수행하고자 하는 목사와 교회는 하나님의 영광을 보며 기뻐하게 된다.

봉사

예수님은 제자들을 이 세상의 소금과 빛으로 세우셨다(마 5:13-14). 그들의 착한 행실을 세상 사람들이 보고 하늘에 계신 아버지께서 영광 받으시길 원하셨다(마 5:16). 교회가 교회 밖의 사람들을 돕는 방법에는 두 가지 종류가 있다. 하나는 사회에서 소외를 당하고 있는 사람들-병자, 가난한 자, 죄수, 외국인, 정치범 등-과 그 가족들에게 경제적으로나 영적으로 도움을 베푸는 일이다. 이것은 구약의 제사장적인 봉사와 연결된다(Social service). 다른 하나는 사회의 잘못된 구조나 제도를 개혁함으로써 사회의 문제를 근본적으로 해결해 보려는 것으로 선지자적인 봉사이다(Social action). 교회마다 신학적인 노선을 따라 봉사에 대한 강조가 다르다. 한 교회 내에서도 사람들의 시각에 따라 사회봉사(Social service)에 국한되어야 한다는 주장과 사회행동(Social action)까지도 포함되어야 한다는 주장으로 나뉘어진다. 이 문제로 교회가 논쟁에 휩싸일 수 있다.

  교회의 재원은 유한한데 비해 교회 밖에서 도움을 필요로 하는 사람들은 많다. 이 때에 누구를 먼저 도울 것이며, 얼마큼 도울 것인가에 대해 논쟁을 하게 된다. 우선순위(優先順位)의 문제는 사람들이 쉽사리 양보하지 않는 탓으로 분열을 가져올 수 있다. 목사는 이런 문제와 논쟁에 대해 신학적으로 분명한 이해를 가지고 이런 논쟁이 있기 전에 가르쳐야 한다. 또한 이런 문제에 대해 제직회 안의 봉사위원회로 하여금 자체적으로 충분히 논의하고 결정을 내리도록 지도해야 한다. 성도들이 대립되어 있는 상황에서 목사가 어느 한 편을 지지하는 결정을 내리는 것은 때로 다른 편의 반발을 불러일으킬 수 있다. 이 때는 결정을 보류하는 것이 바람직하다.

목사의 행정과 리더쉽

  목사가 담당해야 할 행정은 하나님이 교회에 맡기신 일(예배, 교제, 교육, 전도/선교, 그리고 봉사)을 하나님의 뜻을 따라 보다 효과적이며 효율적으로 수행하기 위해 목표를 제시하며, 성도들을 가르치고 봉사의 일을 하도록 하고, 교회 내의 다양한 자원들-재정, 인적, 물적-을 계발하고 동원(mobilize)하고 배치하며, 교회의 화평과 성장을 위해 성도들과 그들의 사역을 감독하고 조정하며, 나타난 결과를 평가하여 발전적인 시도를 하도록 함으로써 하나님께 영광을 돌리며 교회를 유익하게 하는 활동이다.

교회 행정의 단계를 따라 목사가 교회의 일치와 성장(unity and effectiveness)을 위해 발휘해야 할 리더쉽은 다음과 같다.

목표설정(Establishing goals and objectives)

목사는 교회의 목표를 세우는 일에 대해 양극단의 태도를 보일 수 있다. 한 극단의 목사들은 교회에서 목표를 설정하는 일을 불필요하게 여긴다. 목표를 세우는 것이 성령님의 자유로운 사역과 배치되는 것으로 본다. 이 경우 교회가 은혜 가운데 지낼 수도 있지만 보다 많은 일을 할 수 있는 기회를 놓쳐 버릴 수 있다.

다른 극단의 목사들은 자신이 기도하는 중에 확신을 갖게 된 목표를 절대화한다. 다른 사람의 의견을 들으려 하지 않고 자기 생각만이 진리인 양 고집한다. 그리하여 목표를 세우는 과정에서부터 불화와 갈등을 일으킨다.

목사는 효과적인 사역을 위해 목표를 세워야 한다. 교회 내의 하나됨과 협력을 위하여 모든 교회 구성원이 공감할 수 있는 목표를 세워야 한다.

목사는 성경과 신학과 목회철학(교회역사와 현재의 사회와 문화를 고려한)에 근거하여 하나님이 주시는 비젼을 소유해야 한다. 이를 교회 안의 다른 지도자들과 나누어야 한다. 설교와 글과 공식 또는 비공식적인 대화를 통하여 모든 교회 구성원들이 이 비전을 자신의 것으로 삼을 수 있도록 도와야 한다. 나아가 비전을 현실화하기 위한 목표를 하나의 안(案)으로 제시하고 사람들의 의견을 들으면서 수정해야 한다. 그런 후에 그들의 생각이 충분히 반영되어 모든 교회원들이 공감하는(ownership을 가지는) 교회 목표가 될 수 있다.

사람들은 이타적인 면도 있으나 자기중심성이 훨씬 강하다. 교회는 다양한 사람들이 함께 신앙생활을 하는 곳이다. 신앙이 성숙한 사람이 있는가 하면 믿음이 어린 초신자도 있다. 거듭나지 못한 사람도 있다. 박사학위를 가진 사람이 있는가 하면 초등학교 교육도 제대로 받지 못한 사람도 있다. 부유한 사람이 있는가 하면 끼니를 잇기 어려운 사람들도 있다. 다양한 사람들이 다양한 생각을 가지고 교회의 일에 접근하게 된다. 공동의 목표가 분명하지 않을 때에 교회는 지속적인 갈등을 겪게 된다.

계획수립(Planning)

목사는 목표를 성취하기 위한 구체적인 계획을 세워야 한다. 교회는 하나님을 사랑하고 이웃을 사랑하며(위대한 계명, 마 22:37-40), 하나님의 영광을 위해 모든 족속으로 제자를 삼는(위대한 사명, 마 28:18-20) 목표를 가지고 있다. 이를 위해 교회는 예배, 교제, 교육, 전도와 선교, 봉사의 일들을 하게 된다. 이러한 일들은 주먹구구식이나 임기응변 식으로 진행되어서는 안 된다. 곧 교회 안의 형편과 교회 밖의 현실을 면밀히 검토하는 가운데 단기(1-2년), 중기(3-5년) 장기(6년 이상)의 계획을 세우고 실천에 옮겨야 한다.

목사는 교회가 위치하고 있는 지역사회의 인구분포와 교회에 대한 인식, 그들의 사회적, 영적 필요(needs), 그리고 그들의 복음에 대한 수용성(receptivity) 등을 잘 파악해야 한다. 또한 교회 안의 인적, 물적, 재정적 자원 등을 알고, 교회가 그 지역사회에서 가장 효과적으로 사역할 수 있는 가능성을 찾아야 한다. 이러한 조사를 근거로 목사는 교회의 지도자(실무자)들과 함께 의견을 교환하면서 계획을 세울 수 있다. 이 과정에서 목사는 그들과 더불어 성령님의 인도하심을 구하고 의지해야 한다.

계획수립은 합리적이어야 한다. 목회는 합리성과 상식을 무시해서는 안 된다. 그러나 성령님의 인도보다 이성적인 판단이 결코 앞설 수는 없다. 하나님은 인간의 합리적인 계획을 일반적으로 사용하시지만 초자연적으로 교회를 인도하실 때도 많다. 사도 바울의 제2차 전도여행에서 구체적인 예를 볼 수 있다(행 16장). 바울은 소아시아 북쪽 지방을 전도할 계획을 세우고 비두니아로 가고자 애썼으나 성령님은 이를 막으셨다. 그리고 드로아에서 마게도냐인의 환상을 통하여 유럽지방으로 전도의 문을 여셨다. 따라서 목사는 합리적인 계획을 세워야 한다. 그러나 성령님의 인도하심이 있을 때에는 겸손히 그 계획을 버릴 수 있어야 한다. 그 때에 하나님의 뜻이 하늘에서 이룬 것같이 땅에서도 이루어지는 은혜를 누릴 수 있다.

계획은 변경될 수 있고 취소될 수도 있다. 그러나 성령님의 인도하심이 분명하지 않거나 모든 사람이 공감하지 않을 경우에는 가능하면 원래의 계획에 충실할 필요가 있다. 목사가 현존하는 계획을 즉흥적인 생각으로 무리하게 바꾸려고 하면 교회 안에 불화가 생기게 된다. 목사는 조급해서는 안 된다. 교회적으로 합의된 결정은 충실히 따르도록 최선을 다해야 한다.

조직(Organizing/Staffing)

계획이 있으면 그 계획을 수행하기 위해 인적자원을 계발하고 적재적소에 배치하는 일이 필요하다. 특히 성령님은 성도들 개개인에게 각양 은사를 부여하신다(고전 12:7 이하). 목사는 성도들이 자신의 은사를 발견할 수 있도록 은사를 점검할 수 있는 기회를 제공해야 한다. 또 발견된 은사를 계발하고 사용하여 그리스도의 지체로서의 기능을 발휘하도록 도와야 한다. 은사의 발견은, 일반적으로 여러 가지 교회의 일들을 해 봄으로써 가능하다. 주위 사람들의 조언도 도움이 된다. 은사점검을 위한 설문조사를 사용하는 방법도 있다.9)

사람들은 자신의 은사를 따라 그리고 교회의 필요를 따라 사역하기보다는 쉬운 일을 좋아하고, 영향력 있는 직책을 좋아한다. 조직하는 과정에서 일부 교회원들은 자신의 이해관계나 취향을 따라 민감한 반응을 보인다. 자기가 원하는 직책을 배정해 주기를 요구하며, 요구가 수용되지 않을 때 불만을 표시하기도 한다. 목사는 조직과정에 직접 참여하기보다는 실제 조직은 인사위원회 등에 맡기고, 이들을 지도하고 감독하는 일을 하는 것이 좋다. 그리고 교회조직과 책임을 맡는 성도의 자세를 성경적으로 가르치고 맡은 일에 충성할 것을 격려하는 것이 바람직하다.

장로, 권사, 집사를 선출하는 일은 오늘날 교회에서 가장 갈등을 많이 야기 시키고, 심각한 상황으로 몰고 갈 때가 많다. 목사는 디모데전서 3장과 디도서 1장에 제시된 자격을 갖춘 사람을 직분자로 선출해야 함을 먼저 강조해야 한다. 자신이 개인적으로 선호하는 어느 특정 인물을 당선시키기 위해 암암리에 선거운동을 해서는 결코 안 된다. 목사가 선거에서 공정성을 상실할 때에 개인적으로나 교회적으로 시한폭탄을 설치하는 것과 같은 결과를 초래하게 된다. 당회가 후보를 선정하여 공동의회에서 일괄적으로 찬반을 묻는 경우 목사는 어느 정도 강하게 당회의 결정에 동의해 줄 것을 공동의회에 요청할 수는 있다.

감독과 조정(Directing and Coordinating)

목사는 자신의 목표와 계획에 비추어 일이 진행되고 있는지를 감독하면서 실무자들을 지도하고 격려해야 한다. 일을 추진하는 과정에서 발생하는 개인과 개인 또는 부서와 부서 사이의 불화나 충돌을 조정하는 역할을 해야 한다. 신약성경은 교회 안에 있는 여러 가지 갈등상황들을 보여주므로 교회도 조정의 역할이 필요하다는 것을 알려준다. 그 대표적인 경우가 사도행전 6장에 나타난다. 헬라파 유대인과 히브리파 유대인 사이에 구제 문제로 인해 알력이 생겼을 때에 사도들은 문제의 원인과 해결 방안을 찾아 지혜롭게 조정했다. 이와 같이 목사들은 깨어 양떼들의 형편을 부지런히 살피며 감독함으로써 이러한 갈등을 조정하고, 에너지를 더욱 생산적인 데 사용할 수 있도록 도와야 한다.

목사는 교육위원회, 선교위원회, 예배위원회 등의 정기회의를 통하여 감독과 조정 역할을 잘해야 한다. 교육위원회는 여러 교육부서를 담당하고 있다. 이 부서들은 이해관계로 인해 자주 충돌한다. 예배실이나 교육관을 언제 누가 사용할 것인가 하는 문제나, 교사들을 확보하는 문제, 그리고 재정적인 분배의 문제 등으로 갈등을 겪는다. 교육위원회는 각 부서의 대표자들이 모여 중간 평가와 앞으로의 3개월 또는 6개월 동안에 예정된 일들에 대해 보다 구체적인 계획을 의논하고 조정하는 일들을 반드시 해야 한다. 이런 조정과 협력을 도모하지 못할 때에 교회는 갈등에 휩싸이게 된다.

재정운용(Budgeting)

돈이 있는 곳에 사람들의 관심이 쏠리기 마련이다. 헌금은 하나님께 드린 것이지만 사람들은 헌금한 후에도 그것을 자기의 돈으로 착각하는 경향이 있다. 헌금을 많이 한 사람은 많이 했기 때문에 관심을 가지고, 가난한 사람은 어려운 가운데 헌금을 했기 때문에 교회가 어떻게 재정을 관리하고 있는가에 대해 관심을 보인다.

목사는 성도들이 성경적인 원리를 따라 십일조를 드리며 기타 헌금을 드리도록 가르쳐야 한다. 그리고 재정과 회계를 담당한 사람들을 지도하고 감독하는 일을 게을리 하지 말아야 한다. 오늘날 금융산업이 발달함에 따라 교회재정을 운용하는 데는 특별한 지혜가 필요하다. 보통예금, 정기예금, 적금, 씨디(CD, 무기명 채권), 뮤츄얼 펀드, 심지어는 주식투자와 부동산 투자 등 다양한 경로가 있다. 교회가 성경적인 원리와 국가의 법과 일반적인 상식을 무시하고 단순히 높은 수익률을 좇아 헌금을 관리하면 재정담당자나 교회 전체가 시험에 들 수도 있다. 또 불필요한 재정적인 어려움에 허덕일 수가 있다. 교회 지도자는 재정관리를 지혜롭게 하여 교회의 구령사업과 운영에 도움을 줄지언정 갈등의 소용돌이에 말려들지 않아야 한다.

평가(Evaluating)

목사는 일정 기간의 일들을 평가하는 데 지도력을 발휘해야 한다. 지난 일들에 대한 평가는 새로운 목표와 계획을 세우는 데 기여한다. 하나님은 순종을 제사보다 낫게 여기신다. 하나님은 결과 뿐 아니라 과정에 대해서도 관심을 가지신다. 하나님은 은혜와 진리로써 그의 백성들을 다스리신다. 따라서 하나님의 자녀들의 모임인 교회도 결과만을 가지고 사람과 교회의 일을 평가하는 것은 옳지 않다. 과정이 성경에 비추어 잘못이 없었는가를 살피고, 충성스럽게 일을 이루었는가를 알아보아야 한다. 또 현실적인 상황을 고려하여야 한다.

목사는 교회가 정기적 평가를 통하여 발전이 이루어지도록 리더쉽을 발휘해야 한다. 오늘날 많은 교회들이 10년사(史), 25년사, 50년사, 100년사를 발간한다. 그러나 '○○교회 2007년 백서'(白書) 같은 것을 발간하는 경우는 많지 않다. 백서는 한 해의 일들을 돌아보고 평가하는 내용을 모은 자료이다. 교회가 2007년도를 시작하면서 각 기관별로 세운 목표를 제시하고, 2007년 한 해 동안 어떤 활동을 하고 어떤 결과를 얻었는가를 설명하고, 목표를 어느 정도 달성했는가, 그리고 2007년에는 어떻게 하면 좋겠는가 하는 건의 사항을 포함하는 것이 백서이다. 목사는 자기과시적인 성격이 강한 '○○교회 ○○년사'를 발간하기보다는, 한해를 마무리하면서 백서를 성실하게 만들어 하나님 앞에서 자신을 돌아보고 새로운 해를 준비하는 자세를 갖는 것이 바람직하다.

목사는 '효과적'이라는 말과 '효율적'이라는 단어에 다 관심을 가져야 한다. '효과적'이라는 말은 일정기간의 활동을 통해 나타난 결과와 관련되는 말이다. '효율적'이라는 말은 투입된 자원에 비추어 나타난 결과를 대비하는 말이다. 예를 들면, 총동원 전도를 위해 A교회가 1,000만원의 경비를 들여 100명의 등록자를 얻은 것과 B라는 교회가 100만원의 경비를 들여 100명의 등록자를 얻었다고 하자. 이때에 A교회와 B교회는 총동원 전도 행사를 통해 똑같이 100명의 등록자를 얻었기 때문에 효과적인 면에서는 같다. 그러나 경비의 효율성의 측면에서는 B교회가 A교회보다 낫다. B교회는 A교회가 사용한 경비의 10분의 1을 가지고 동일한 결과를 얻었기 때문이다.

목사는 평가를 통해 하나님께서 허락하신 인적, 물적 자원을 보다 효과적이며 효율적으로 사용하는 데 관심을 가져야 한다. 사람은 다른 사람을 비판하는 것은 좋아해도 평가받는 것은 싫어한다. 교회의 기관들과 사람들을 평가할 때에 반발이 있을 것을 예상해야 한다. 먼저 자신에 대한 교회지도자들의 평가를 받아들일 수 있어야 한다. 그렇지 않을 때에 교회적 평가는 불가능하다. 목사는 겸손한 자세로 평가를 받고, 교회의 덕과 하나님의 영광을 위한 자세로 평가를 한다는 사실을 주지시킴으로써 모두가 유익을 얻을 수 있다. 목사는 이를 통해 자신이 충성되고 지혜로운 청지기다운 책임을 수행할 뿐 아니라 모든 성도들이 그러한 사람들이 되도록 인도할 수 있다.

목사는 개인을 돌보는 자이며 공동체인 지역교회를 섬기는 사람이다. 개인을 돌볼 때에 불신자를 교회의 모임에 이끌어 들여 교인이 되게 하고, 믿음을 고백하여 신자가 되게 하며, 그리스도의 성숙한 제자가 되고 재생산하는 제자가 되도록 가르치며 지도하는 사람이다. 이 과정에서 사람들이 위기에 부닥칠 때에 함께 있어주며, 잘못된 일들을 바로 잡아주고, 성장의 기회로 삼도록 말씀과 기도 그리고 개인적인 상담을 통하여 지도해야 한다.

목사는 공동체인 교회가 교회다운 기능을 온전히 수행하도록 행정적인 리더쉽을 발휘해야 한다. 교인들이 믿음 안에서 성장하며 행복을 누리는 교회, 지역을 복음화하며 세계선교를 이루어 가는 교회가 되도록 지도해야 한다.

교회가 갈등에 휩싸이는 원인은 주로 목사에게 있다. 목사가 주어진 본연의 책임-한 영혼을 돌보고 공동체로서의 기능을 잘 수행하도록 경영하는 일-에 열심을 가지고 충성하면 갈등의 소지가 확실히 줄어든다. 목사가 말씀과 기도를 소홀히 하고, 목회철학이 불분명하여 교인들에게 비전을 제시하지 못하고, 지혜가 없고, 게을러서 효과적인 계획을 미리 미리 교회 앞에 보여주지 못할 때에 사단은 그 틈새를 공격한다. 목사가 시간을 효율적으로 사용하지 못하고 허점을 노출할 때에 교인들은 불만을 마음에 품게 되고, 불평하게 되며 갈등과 분쟁이 교회 안에 발생하게 된다.

목사는 자신과 교회가 시험에 들지 않게 깨어 기도하고, 말씀과 성령으로 충만하도록 힘써야 한다. 개인과 공동체를 신실하게, 열심과 지혜를 가지고 돌봄으로써 갈등을 줄여야 한다. 갈등을 성장과 성숙의 기회로 삼아 하나님께 영광을 돌려야 한다.

| 제 3 장 |

갈등의 속성과 원인

1. 갈등의 속성

글자 풀이

우리말의 '갈등'이라는 단어는 칡을 의미하는 갈(葛)자와 등나무를 의미하는 등(藤)자의 합성어이다. 인간관계에서 감정과 생각들이 얽히고 설킨 모습을 드러낸다. 목사가 갈등상황에 부닥치면 여러 가지 감정들과 생각들이 복잡하게 뒤얽히게 된다. 마음이 답답하고, 머리가 아프고, 손과 발이 묶인 듯한 느낌을 받는다.

순수한 우리말 '부대낌'은 갈등과 같은 뜻이다. 마음의 부대낌, 다른 사람과의 부대낌, 물리적이거나 심리적인 마찰, 이로 말미암은 아픔을 나타낸다. 비록 '갈등' 이라는 단어보다 조금 소극적이고 강하지 못한 어감이 있으나 한자에서 나온 '갈등' 을 대치해서 사용할 수 있겠다.

갈등을 의미하는 영어 단어 '컨플릭트'(conflict)는 '함께' 라는 의미를 가지는 '컨'(con)이라는 접두어와, '부닥친다' 는 뜻을 가진 라틴어 '플리게레'(fligere)에서 나온 '플릭트'(flict)가 합쳐진 것이다. '컨플릭트' 는 갈등이 일어나는 원인 또는 과정을 보여준다. 갈등은 둘 또는 셋 이상의 주체나 세력이 그 모두를 수용할 수 없는 영역이나 공간을 서로 차지하기 위해 서로 부닥치는 현상이다.

어느 교회가 장로 2인을 선출하기로 결정했다. 그 교회가 속한 교단의 헌법은 장로 후보의 자격을 "35세 이상 65세 이하의 남자로서 지난 7년 동안 무흠(無欠)한 입교인"으로 규정하고 있다. 그 교회에 이런 자격에 해당하는 사람들이 모두 15명이 있었다. 그들은 거의 모두가 혹시나 자기가 이번에 장로로 피택 되는 것은 아닐까 하는 기대를 가졌다. 그들이 투표의 결과를 전적으로 하나님께 맡긴다면 갈등은 발생하지 않을 것이다. 그러나 피택될 가능성이 높은 5명이 암암리에 선거운동을 하면서 '경쟁자' 에 대해 흑색선전을 한다면 갈등이 생기게 된다. 비신앙적이고 비신사적인 행동은 비난을 받게 되고, 투표를 한 후에라도 투표과정에 나타난 지극히 사소한 하자(瑕疵)를 문제 삼아 그 결과에 대해 순복하지 않고, 계속해서 교회를 소란스럽게 하는 일들이 생기게 된다.

갈등은 제한된 유형 또는 무형의 공간(space)에 대해 그 공간이 허용하는 것보다 더 많은 세력이 그것을 차지하려고 부닥치는 과정에서 나타나는 현상이다.

갈등의 정의

갈등을 여러 가지 관점에서 정의할 수 있다. 영적 측면에서의 갈등은 "하나님의 뜻을 잘 알지 못하기 때문에 발생하기도 하고, 하나님의 뜻을 알지만 하나님중심, 성경중심으로 결정을 내릴 것인지, 아니면 자아(自我)중심, 세상중심으로 결정할 것인지에 대해 마음을 정하지 못하여 평안과 기쁨을 잃어버린 상황"이다. 영적측면에서의 갈등은 모든 갈등의 가장 핵심적인 자리에 놓여 있는 갈등이다. 영적측면에서의 갈등이 하나님중심 성경중심으로 결정이 되면 다른 측면에서의 갈등은 그리 큰 문제가 되지 않는다. 앞의 예에서 다른 사람들이 선거운동을 한다는 소식을 들은 장로 후보가 자신도 선거운동을 할 것인가 아니면 하나님의 손에 전적으로 맡기고 잠잠히 기다릴 것인가에 대해 고민할 수 있다. 선거운동을 하지 않으면 장로로 선출이 되지 않을 것 같아 불안하고, 선거운동을 하자니 신앙양심에 거리끼는 형편에서 갈등을 경험한다.

심리학적 측면에서의 갈등은 영적측면에서의 그것과 비슷하지만 좀 더 일반적으로 설명된다. 곧 "사람이 두 개 또는 그 이상의 목표에 직면하여 그 목표들이 지니는 매력-힘이 대체로 비슷하지만 모두를 선택할 수는 없는 상황에서 엉거주춤 하고 있는 상태"이다. 앞의 예에서 어떤 사람은 장로의 직분을 맡아서 교회를 더 잘 섬기기를 원하는 마음도 있고, 다른 한편으로는 현재 자신의 사업이 너무 바쁘기 때문에 장로로 피택이 되더라도 사양을 해야 하지 않겠는가를 생각하면서 이러한 심리적 갈등을 겪을 수 있다.

의사결정 측면에서의 갈등은 "어떤 일을 결정하기 위해 토의를 진행하는 데, 사전(事前)에 정해진 규칙을 따르지 않거나, 규칙이 미비되어 있거나 불분명하여 해석이 사람마다 달라서 개인이나 집단이 혼란을 겪는 상황"이다. 앞의 예에서 당회가 장로투표일을 2주간 남겨 놓고 납득할만한 이유 없이 갑작스럽게 투표일을 연기한다던가 아니면 장로 후보를 당회가 복수공천(15명 중 4명만을 후보로 공천)하여 공동의회에서 투표하기로 결정했을 경우에 발생한다. 이러한 결정에 대해 이해(利害)의 차이에 따라 당회의 결정을 지지하는 사람들과 불법이라고 주장하는 사람들이 생겨나게 되고 심각한 대립이 나타날 수 있다.

조직관리 측면에서의 갈등은 "유한한 자원을 배분하거나 책임을 배정하거나 서로 다른 가치관이나 목표 때문에 조직 내의 둘 이상의 개인이나 집단이 서로에 대해 불편을 느끼고 적대적인 태도를 보이게 되는 현상"이다. 위의 예에서 15명의 장로 후보의 자격을 갖추고 있는 사람들 중 2명만이 장로로 선출될 수 있는 현실에서 다른 사람을 '경쟁자'로, 심지어는 '적'으로 여기는 비극적인 상황이 나타날 수 있다.

우리는 '갈등'이라는 단어를 다음과 같이 정의하고 사용한다.

> [갈등은] 개인의 마음속에 발생하는 불안이나 긴장을 포함하여 서로 다른 취향, 성격, 의견, 능력, 목표를 가진 두 개인이나 셋 이상의 사람들 또는 몇몇 집단의 사람들이 서로에 대해서 또는 어떤 사건에 대해서 해석을 달리하거나 해결방법을 달리하므로 상대방이 자신의 원하는 바를 이루는 데 방해가 된다고 판단하므로 겪게 되는 심리적인 불편함이나 긴장, 또는 표면화된 불화, 충돌, 분쟁 등이 야기된 상황이다.

갈등의 요소

갈등에는 다음과 같은 요소들이 포함되어 있다: 둘 이상의 주체 또는 세력, 상호의존적인 관계, 서로 다른 입장과 이해관계 등이다.

둘 이상의 주체 또는 세력

한 손만을 가지고는 손뼉을 칠 수 없다. 고사성어로 독장난명(獨掌難鳴)이라고 한다. 갈등은 그 갈등을 가져오는 상대방이 있기 때문에 성립된다. 갈등은 개인의 마음속에서 시작된다. 마음이라고 해서 항상 하나의 세력만이 존재하는 것은 아니다. 마음에 종종 두 세력이 각축을 벌일 때가 있다. 하나님의 뜻대로 살려는 새사람과 인간의 방법으로 문제를 해결하려는 옛사람 사이에 불안과 긴장이 있다.

갈등은 개인의 마음 안에만 존재하는 것이 아니다. 둘 이상의 사람들이 의사결정이나 조직관리 측면에서 서로 다른 생각이나 주장을 품을 때에 갈등이 발생한다. 또 이를 공손하지 않은 말이나 거친 행동으로 드러내므로 사람들에게 알려지게 된다.

갈등 관리자는 갈등에 관련된 당사자를 정확하게 파악해야 한다. 다음으로 그 주변 인물을 살펴야 한다. 목사는 먼저 갈등의 당사자들을 개인적으로 만나 그들의 이야기를 각각 들어보아야 한다. 사람들은 대체로 자기의 잘못은 말하지 않고 상대방의 잘못만을 부각시키는 경향이 있다. 그래서 잠언 18:17은 "송사에 원고의 말이 바른 것 같으나 그 피고가 와서 밝히느니라"고 말한다. 한편의 말만을 듣고 섣부른 판단을 내리면 실수를 하게 된다.

다음으로 양편의 이야기를 전체적으로 생각해 보는 가운데 갈등의 상황을 종합적으로 이해할 수 있어야 한다. 그러나 자신의 종합적인 이해와 판단을 결코 과신해서는 안 된다. 양편의 사람들로부터 이야기를 들었다 해도 그들이 상황을 완전하게 이야기한 것이 아니고, 또 자신이 그들의 이야기를 완전하게 이해할 수도 없기 때문이다. 따라서 잠정적인 판단은 내려도, 확정적인 결론은 내리지 말아야 한다.

갈등과 관련하여 어느 정도 이해를 하게 되고 잠정적인 갈등관리의 방안을 가지게 되면 양편의 사람을 한자리에 불러모아, 모두가 있는 자리에서 서로의 생각과 목표를 밝히도록 하면서 해결책을 모색할 수 있다.

상호의존적 관계

갈등은 상호 의존적 관계에서 발생한다. 다른 사람의 생각이나 말이나 행동이 나와 상관이 없을 때 갈등은 일어나지 않는다. 어떤 사람이 나의 발을 밟고 아무런 사과의 말도 없이 지나갔을 경우 그가 전혀 모르는 사람일 경우 불쾌하고 아프긴 하지만 얼마 후 그 사건을 쉽게 잊어버리게 된다. 그러나 아는 사람일 경우 불쾌한 감정을 가질 뿐 아니라 그 사람을 나쁘게 평가하고 보복적인 말이나 행동을 하게 된다.

상호의존적인 관계는 갈등의 상황이 전개될 때에 당사자들에게 고민을 안겨다 준다. 왜냐하면 자신의 이익을 추구하기 위해 상대방을 무시하거나, 해를 끼칠 경우 그와의 관계가 깨어질 위험이 있고, 관계를 유지하려면 자기의 원하는 바가 이루어질 수 없기 때문이다. 그러나 감정이 이성의 통제를 무력화하고, 분노가 폭발할 경우 사람들은 관계에 미칠 영향을 아랑곳하지 않고 자기중심적인 태도나 행동을 보이게 된다. 그리하여 갈등 상황은 더욱 악화된다.

목사는 교회 안에서 갈등이 일어날 경우 그리스도의 피로 사신 한 형제

자매라는 사실을 지혜롭게 강조해야 한다. "평안의 매는 줄로 성령의 하나되게 하신 것을 힘써 지키라"(엡 4:3)는 명령에 순종하도록 권해야 한다. 그리하여 상대방을 미워하거나 해롭게 하려는 생각을 버리고, 당면한 문제를 지혜롭게 해결하므로 덕을 세우도록 촉구해야 한다.

상이한 시각과 이해 관계

갈등은 둘 이상의 주체가 서로 다른 시각을 가지거나, 각각의 원하는 바 목표가 서로 다르며 그 목표들이 동시에 만족되지 못하므로 발생한다. 서울의 어느 교회는 1980년대 후반에 양적인 면에서나 질적인 면에서 빠르게 성장하였다. 이에 따라 재정적으로도 여유가 생겼다. 일부 장로들과 교인들은 이런 상황에서 차세대를 효과적으로 키우기 위해 교육관을 건축하자고 하였다. 그러나 다른 한 편의 장로들과 교인들은 선교사를 해외에 파송 하자고 주장하였다. 교육관을 짓자고 한 사람들은 교회의 사명 가운데 교육이 무엇보다도 중요하다고 생각하였고, 선교사를 파송 하자고 한 사람들은 땅 끝까지 가서 제자삼는 일은 주님의 지상명령이므로 어떤 것보다 먼저 해야 할 일이라고 주장하였다. 이 두 가지 일을 동시에 할 수 있는 재정적인 능력이 있으면 갈등은 발생하지 않았을 수도 있었을 것이다. 그러나 교회가 그 두 가지를 한꺼번에 시도할 형편은 아니었기에 의견대립이 생긴 것이다. 이와 같이 갈등은 서로 다른 시각이나 이해관계가 나타난 형편에서 모든 요구를 만족시킬 수는 없고 그 중에서 어떤 것을 선택해야만 할 상황에서 발생한다.

목사는 갈등이 전체 교회에 확산되기 전에 미리 관리를 할 수 있어야 한다. 그러나 갈등상황이란 예측하기 어렵기 때문에 최선을 다해도 교회가 어려움에 빠질 수 있다. 자기는 교통법규를 따라 안전하게 운전을 했지만 상대편 차가 중앙선을 침범해서 다가오면 정면충돌을 피하기 어렵다. 따라서 목사는 갈등상황이 일어날 때에 후회만 하고 있거나 죄책감에 빠져 있어서는 안된다. 현재의 상황을 파악하고 미래를 전망하여 갈등을 관리하고 교회의 발전을 도모해야 한다.

앞에서 예로 든 교육관 건축과 선교사 파송을 두고 교회원들이 대립하는 경우, 목사는 장기적인 비전과 계획을 제시하는 것이 필요하다. 내년도 계획에 국한시켜 두 가지 중 하나를 선택해야 한다면, 두 주장은 팽팽하게 맞서게 될 것이다. 그러나 5년 또는 10년의 장기적인 안목을 가지고 계획을 세운다면 양편의 사람들은 가까운 장래에 자기들의 주장하는 바가 결국 이루어질 수 있음을 알게 되고, 그래서 상대방을 좀 더 적극적으로 이해하려고 하고, 양보도 할 수 있게 된다. "앞으로 2년 동안에는 교육관을 건축하고, 그 후에는 선교사를 파송 한다"와 같은 결정을 도출해 낼 수 있다. 목사는 장기적인 안목을 제시함으로써 교회 안의 첨예한 대립을 많이 완화시킬 수 있다.

2. 갈등의 원인

왜 인생은 갈등과 더불어 살아가야 하는가? 갈등이 발생하는 원인은 무엇인가? 거기에는 신학적인 원인과 현상적인 원인이 있다.

신학적 원인

우리의 마음속에서 혹은 다른 사람과의 관계에서 나타나는 갈등의 원인에 대해 성경은 다음의 네 가지를 말하고 있다. 인간의 죄성, 발전과 성장의 욕구, 인간의 유한성, 사단의 궤계 등이다.

인간의 죄성(罪性)

죄로 말미암아 타락한 아담은 하나님으로부터 피하여 숨었고, 하나님을 비난하였다. 또 자신의 죄를 인정하기보다 "살 중의 살, 뼈 중의 뼈"라고 사랑을 노래했던 하와에게 책임을 전가했다. 이러한 죄성은 하나님 대신 피조물을 섬기며 이웃을 사랑하기 보다 자기의 유익을 위해 이웃을 이용하는 태도인바 아담의 후손들 모두에게 나타난다. 죄성은 또한 육체의 정욕으로 나타나 사람으로 하여금 성령으로 살기보다는 육체를 따라, 그리고 세상풍조를 따라 살도록 만든다. 갈등의 배후에는 이러한 죄성이 도사리고 있다.

갈등상황을 살펴보면 답답할 때가 많다. 갈등에 관련된 사람들이 하나님 앞에서 자신들을 돌아보고, 자신들의 죄를 먼저 인정하면 문제가 쉽게 해결될 수 있다. 그러나 보통 그렇게 하려고 하지 않는다. 또 자신들의 죄가 드러나는 상황이 되더라도 상대방이 먼저 그들의 죄를 자백하고 무릎을 꿇고 들어오기 전에는 결코 자신들의 죄를 인정하려고 하지 않는다. 하나님의 영광보다는 자기의 체면을 더 중요하게 여기고, 이웃의 유익을 구하기보다는 자기의 권리를 더 추구한다. 이처럼 죄성은 갈등을 유발하고 문제해결을 더욱 어렵게 만든다.

거듭난 그리스도인에게도 이러한 죄성이 있다. 성경이 가르치는 바를 따라 성도들이 육체의 소욕을 따라 살지 말고 성령을 좇아 행하며(갈 5:16-24), 옛사람을 벗어버리고 새사람을 입어야 한다. 그렇지 않으면 세상 사람과 다를 바 없다(엡 4:22-24). 하나님을 사랑하고 이웃을 사랑함으로써 갈등을 극복하며 화목한 공동체를 이룰 수 있다.

발전과 성장의 욕구

인간의 죄성은 갈등을 야기한다. 그러나 죄성 만이 갈등의 원인이라고 볼 수는 없다. 사람의 발전과 성장에 대한 욕구가 또한 갈등의 원인이 된다. 필자는 어느 정도 부부싸움 예찬론자이다. 언어적 또는 물리적인 폭력이 없는 경우에 한하여 그것이 필요하다고 본다. 그래서 부부싸움을 하지 않는 부부에 대해서 다소 편견을 가지고 있다. 부부싸움을 하지 않는 사람들은 어떤 사람들인가? 첫째로 두 사람이 다 천사와 같은 경우이다. 그러나 이 세상의 부부들을 보면 한 사람이 천사와 같은 경우는 혹 있어도 두 사람이 다 천사와 같은 경우는 거의 없다. 혈과 육을 가진 부부의 경우 부부싸움을 하지 않는다는 것은 비정상적이다.

둘째로 부부 중 한 사람이 배우자에게 절대 복종하면 싸움은 일어나지 않는다. 여필종부(女必從夫)라는 유교적인 사상에 철저한 순종형의 아내, 아내에게 꼭 붙잡혀서 사는 공처가 내지 기처가 남편은 부부싸움을 할 수가 없다. 이러한 부부의 경우 힘을 가지고 있는 사람은 노예를 한 명 둔 것과 같이 편리하게 살아갈 수 있다. 그러나 힘이 없어 억눌림을 당하면서 살아가는 배우자의 내면은 불만과 분노와 미움과 증오심 혹은 체념과 노예근성으로 가득 차 있을 것이다. 따라서 표면적으로 부부싸움이 없다는 것이 반드시 건강한 부부생활을 뜻하는 것은 아니다.

셋째로 몇 년 동안 너무나 부부싸움을 많이 해서 더 이상 싸울 기력이 없는 경우이다. 한 지붕 밑에 살지만 방도 따로 쓰고 저금통장도 각각 따로 가지고 서로에 대해 상관하지 않고 말도 하지 않고 살아간다. 부부이지만 실제로는 남남으로 살아간다. 비록 부부싸움은 표면적으로 없지만 평생원수로 살아가는 경우이다.

　넷째로 부부싸움을 여러 번 하는 동안 지혜를 터득한 경우이다. 그래서 목소리를 높이며 상대방을 비난하고 원망하는 대신에 대화를 통해 문제를 풀어간다. 부부싸움의 빈도가 줄어들고 점점 지혜롭게 문제를 해결하게 된다.

　비록 성경적인 관점에서 쓰여진 것은 아니지만,《화성에서 온 남자, 금성에서 온 여자》[1]라는 책의 저자 그레이(John Gray)는 남자와 여자는 본질적으로 사고방식과 관심거리가 다르다고 밝힌다. 더욱이 보통 20년 내지 30년을 서로 다른 가정환경과 성장배경 그리고 교육환경에서 자라난 남녀가 결혼을 통해 한 지붕 밑에서 한 이불을 덮고 살아가면서, 충돌하지 않는다는 것은 이상한 일이다. 이러한 부닥침이 물론 인간의 자기중심적인 죄성에서 비롯된 경우가 많다.

　그러나 이러한 부부갈등의 또 다른 중요한 원인 중의 하나는 부부관계를 좀 더 발전시키고 더욱 더 아름다운 가정을 이루고자 하는 성장욕구에 있다. "남편이 퇴근이 늦어지면 미리 전화를 해 주면 좋을 텐데…", "내가 들어가기 전에 집안을 깔끔하게 치워놓고 저녁준비를 잘 해 놓으면 좋을 텐데…." 부부관계를 발전시킬 수 있는 이러한 요구들을 상대방이 계속 무시하면 갈등이 발생한다.

　교회 안의 갈등이 교회의 성장과 발전에 대해 관심이 많은 사람들로 말미암아 생길 수 있다. 목회활동(설교, 심방, 상담, 교육 등)에 대한 요구나 건의에 대해, 목사가 그것을 자신에 대한 공격으로 해석하고, 그러한 이야기를 하는 사람에 대해 반감을 품으면 갈등관계로 발전한다. 목사에 대해 반감을 가지고 비판하며 공격하는 사람도 없지는 않을 것이다. 그러나 목사와 만나서 자기의 생각을 이야기하는 사람들 중 다수는 교회를 사랑하고 목사를 돕고자 하는 사람들이다. 따라서 목사는 과민반응을 보일 것이 아니라, 이러한 요구나 건의에 대해 진정으로 감사하고 건설적인 방향에서 수용하고, 그들을 목회의 동역자로 삼아야 한다.

교인들은 많은 사람들로부터 다양한 요구나 비판을 받는 목사의 형편을 이해하고, 교회와 목사에 대한 진정한 사랑을 가지고 대화를 할 수 있어야 한다. 이러한 면에서 교회 안에 목회협력위원회 같은 부서를 두어 교회원들의 의견을 수렴하여 목사에게 전하고, 목사의 형편을 교회에 전하는 것도 바람직하다.

갈등이 인간의 죄성에서 비롯된 것으로만 이해하면, 갈등에 대해 비관적으로 생각할 수밖에 없다. 그러나 갈등을 성장과 발전에 대한 관심과 욕구에 의해 발생한다는 사실을 기억하면 보다 긍정적이고 적극적인 자세를 가질 수 있다. 그리스도인이 하나님을 기쁘시게 하는 삶을 살려는 소원을 가지게 될 때 "오호라 나는 곤고한 사람이로다"(롬 7:24)라는 탄식을 하며 갈등을 겪게 된다. 르우벤 지파, 갓 지파, 므낫세 반 지파가 하나님만을 섬기려는 열심이 없었다면 '엣'을 쌓지도 않았을 것이다(수 22:34). 또 남은 열 지파에게 하나님 만을 사랑하는 충성심이 없었다면 그들과 전쟁을 할 생각도 하지 않았을 것이다. 이들은 모두 하나님을 사랑하는 중심으로 인해 일촉즉발의 전쟁직전까지 갖으나 대화를 통해 서로에 대한 오해를 풀고 전쟁을 피할 수 있었다(여호수아 22장).

인간의 유한성

하나님은 사람을 완전한 존재로 창조하셨다. 여기서 '완전' 이라는 말은 하나님과 같은 영원, 불변, 무한의 존재로 창조하셨다는 의미는 아니다. 마치 라디오를 완전하게 만들었다고 할 때에 그 라디오에서 텔레비전의 화상(畫像)을 기대해서는 안 되는 것과 마찬가지이다. 사람은 완전하나 유한한 존재이다.

목사에 대한 성도들의 지나친 요구가 갈등을 불러일으키는 경우가 많다. 설교도 잘하고 상담도 잘하고 심방도 잘하고 교육도 잘하고 음악도 잘하는 팔방미인 목사를 교인들은 원한다. 그러나 모든 것을 잘하는 사람은 없다. 또 사람들의 눈에는 잘하는 것보다는 못하는 것이 눈에 더 잘 띈다. 성숙한 사람은 장점과 약점의 모든 것을 종합적으로 생각하고 평가를 하지만 미숙한 사람들은 부분을 가지고 전체를 판단하는 경향이 있다. 목사가 잘하는 면에 대해서는 당연하게 생각하고, 잘못하는 부분에 대해서는 준열한 비판을 가하므로 갈등을 생기게 한다.

목사의 책임이 큰 것은 부인할 수 없다. 목사는 교회를 잘 섬기기 위해 은사를 계발하고 역량을 확대시켜야 한다. 그러나 목사는 신이 아니고, 수퍼맨도 아니다. 교회 구성원들은 목사가 유한한 인간임을 인정하고 각자의 은사를 발휘하는 가운데 그리스도의 온전한 몸을 이루어 가야 한다. 목사도 자신의 특별한 은사를 중심으로 사역을 하면서 부교역자나 성도들로 하여금 자신이 못하는 부분들을 담당할 수 있도록 해야 한다. 이를 통해 교회는 갈등 대신에 화합을 이루어 성장해 가게 된다.

아담이 범죄한 이후 죄는 사람의 이성적 기능을 제한시켰고, 또 왜곡되게 했다. 중생한 사람에게 있어서도 하나님에 대한 지식과 이해의 폭이 지극히 한정되어 있다. 이웃을 알고 이해하는 것도 제한적이며 왜곡됨이 있다.

갈등이 발생하는 이유 중 하나는 오해이다. 목회자의 말을 듣는 사람들마다 이해하는 정도가 다르다.

어떤 시골교회의 목사님이 주일예배 후 남전도회 월례회에서 설교를 하게 되었다. 설교를 하기 전에 한 여집사가 남편을 기다리며 뒤에 앉아 있는 것을 보고 이렇게 말했다. "저 뒤에 앉아 계신 권집사는 옵서버(observer, 참관인)라." 권집사는 곧 밖으로 나가서 다른 교인들에게, 목사님이 남전도회에서 자기를 '없애 버리라'고 했다고 하면서, 목사님이 그럴 수가 있냐고 흥분했다.

말을 할 때에 자기가 의도하지 않았던 말을 하기도 하고, 하고 싶은 말을 정확하게 이야기하지도 못할 때가 많다. 또 상대방의 말을 완전하게 이해하는 경우도 드물다. 그래서 오해가 일어난다. 인간의 유한성으로 말미암는 오해는 갈등을 일으킨다. 목사가 시간과 장소를 잘못 알아들어서 약속을 어기면 신뢰를 잃어버릴 수 있다. 목사가 설교 중에 한 말을 어떤 교인은 자기를 공격하는 것으로 듣고 반감을 품을 수 있다. 인간의 유한성은 죄성과 결합하여 자주 갈등을 일으킨다. 목사는 성령님 안에서 자유를 누리면서도, 사람들이 오해할 수 있는 여지를 없애기 위해 스스로 그 자유를 제한할 수 있어야 한다.

인간의 유한성은 신체적으로나 정신적으로 피로를 느끼는데서 또한 나타난다. 신체적으로 피로하면, 신경이 날카로워지고 공격적이 되고, 갈등을 야기하게 된다. 민수기 20장 초두에 보면 가데스에서 미리암이 죽고 그를 장례한 사건이 나온다. 그리고 이어서 이스라엘 백성들이 물이 없어 모세와 아론을 공박하는 사건이 나온다. 이때에 모세는 지팡이로 반석을 두 번 쳐서 하나님의 거룩하심을 드러내지 못했고, 결국 가나안 땅에 들어가지 못하게 된다. 미리암의 죽음과 이에 따른 모세의 심리적 탈진이 이 사건에 어느 정도 영향을 주었을 것으로 보인다.

정신적인 피로는 목사의 판단력을 둔화시키고 일에 대한 의욕을 잃어버리게 함으로써 교인들의 불만을 조장할 수 있다. 신체적인 피곤과 심리적인 피로는 상관관계에 있다. 하나님과의 깊은 교제를 통해 성령의 권능을 날마다 새롭게 덧입는 것이 목사에게 필요하다. 아울러 일주일에 최소한 나흘 정도는 정기적으로 30분 내지 1시간 가량 땀을 흘릴 정도로 유산소(有酸素) 운동을 해야 한다. 심리적으로 압박감을 주는 경쟁적인 스포츠보다는 등산, 산책, 조깅, 수영, 줄넘기 같은 운동이 바람직하다.

사단의 궤계

사단은 두루 다니며 삼킬 자를 찾는다(벧전 5:8). 교회가 잘 성장하는 듯 하다가도 갑작스럽게 목사에 대한 오해와 불신이 싹트고 교인들 사이에 불화가 일어나는 경우가 있다. 특별한 까닭 없이 불화가 생길 때에는 사단이 그 배후에서 작용한다고 할 수 있다. 사단은 때로는 우는 사자와 같이, 때로는 광명의 천사로 가장하여(고후 11:14) 교회 안에 분란을 일으키고 서로 다투게 만든다. 이러한 문제가 생기면 목사는 설교를 통하여 가르치고, 특별 기도회로 모이고, 당사자들을 불러다가 책망을 하므로 문제를 해결하려고 할 것이다. 그러나 그렇게 하면 불에 기름을 던진 것처럼 도리어 상황이 더욱 악화되기도 한다.

목사는 자신과 관련된 오해나 불신에 대해 변명을 하지 않는 것이 바람직하다. 특히 설교를 통해 자신의 입장을 밝히든지 자신에 대해 반대하는 사람들을 정죄하면 교회를 더 큰 혼란에 빠뜨릴 수 있다. 사람들은 설교를 통해 하나님의 뜻을 찾기 보다 설교자가 어느 편을 지지하고 있는가에 관심을 집중시키는 경향이 있다. 특별기도회를 모이는 것도 마찬가지이다. 목사를 지지하는 사람들은 목사가 인도하는 기도회에 참석하고, 반대하는 사람들은 거의 나오지 않는다. 기도회는 대부분의 시간을 반대편의 사람들에 대해 비판하고 그들의 잘못을 성토하다가 끝에 가서 잠깐

기도하고 마치게 된다. 그러한 소문이 반대편 사람들에게 들어가면 그들은 더욱 기분 나빠하고 더욱 적대감을 가지게 되므로 상황은 더욱 악화된다.

이러한 갈등상황에서 목사는 개인적으로 은밀한 중에 보시는 하나님께 나아가는 것이 옳다. 자신의 부족과 잘못을 하나님 앞에서 찾아보고, 회개할 것을 회개해야 한다. 자기를 반대하는 사람들을 미워하고 공격적인 자세를 취하거나, 개인적인 감정 때문에 설교를 통해 그들을 비판하고, 불필요한 권징을 하면 상황은 더욱 악화된다. 사단의 궤계로 인한 갈등은 개인적으로 기도하면서 성령충만을 받아 사랑, 희락, 화평, 오래 참음, 자비, 양선, 충성, 온유, 절제의 열매(갈 5:22-23)를 맺으므로 극복해야 한다.

현상적 원인

교회 안의 갈등도 현상적으로는, 다른 조직체와 별다르지 않게 다음과 같은 일들로 말미암아 발생한다: 제한된 자원, 자기 몫을 행사하려는 마음, 파워(power : 힘, 권세), 기호(嗜好)의 차이, 가치관과 목표의 차이, 신념의 차이, 개인이나 집단의 성격의 차이 등이다.

제한된 자원

세상 어디에나 마찬가지로, 교회에도 자원은 제한되어 있다. 교회가 선교사도 파송하고, 교회학교 시설도 잘 갖추고, 가난한 사람들을 많이 돕기를 원하지만 이것을 동시에 다 잘 하기에는 재정이 넉넉하지 않다. 선교위원과 교육위원 그리고 구제위원들은 재원을 확보하기 위해 경쟁을 하게 된다. 경쟁의 정도가 지나치면 갈등이 발생한다.

재정적인 자원뿐만 아니라 시설을 사용하는 데도 갈등의 소지가 있다. 교육관 시설이 충분하지 않은 경우 영아부부터 노인부까지 어느 부서가 몇 시에 어느 장소를 사용하느냐에 대해 이해관계로 충돌할 수 있다. 인적 자원도 갈등의 소지가 된다. 교회학교의 각 부서들은 연말이 되면 어떻게 해야 유능한 교사를 확보할 수 있을까에 대해 고민한다. 유능한 교사가 있을 경우 각 부서의 담당교역자와 부장들은 자기 부서에 그 사람을 끌어들이기 위해 서로 눈치를 보며 때로는 다투기도 한다.

시간의 자원도 마찬가지이다. 목사도 다른 사람과 마찬가지로 하루 24시간, 일주일에 168시간 안에서 살아간다. 그러나 설교준비, 심방, 제자훈련, 당회, 전도회, 연합회, 노회의 일을 하고, 가정을 돌아보려면 무엇을 먼저 하고 어느 것을 나중에 할 것인가에 대해 갈등을 겪게 된다. 교인들의 과다한 요구를 다 충족시켜 주지 못할 때에 교인들은 불만을 품게 되고, 갈등이 발생하게 된다.

자원이 넉넉하지 않기 때문에 일어나는 갈등이라면 목사가 현실을 정확하게 살피는 것이 무엇보다도 중요하다. 성도들이 자기가 맡은 책임을 잘해 보려고 애쓰는 것은 아름다운 일이다. 그러나 때로 다른 사람과 비교하면서 경쟁심을 가지고 일을 하려고 한다. 그래서 교회 안에 있는 자원을 확보하는 것도 다른 사람을 배려하지 않고 자기만 독차지하려 하므로 분쟁을 야기한다. 목사는 이런 사람들에게 교회가 그리스도의 몸이며 각 사람과 기관은 그 지체임을 기억하도록 도와야 한다. 그리고 현재 교회 안에 있는 자원의 현황을 파악하여 알려준다. 또 이를 어떻게 공평하게 나누며 효율적으로 활용할 것인가에 대해 의견을 교환하고 시행함으로써 갈등을 극복하고, 화합의 목회를 할 수 있다.

지분(持分, 자기 몫 share)을 행사하려는 마음

사람들은 어떤 공동체나 조직 안에서 자신의 자리나 위치를 확인해두는 경향이 있다. 그리고 이에 상응하는 역할을 하고 대우를 받으려 한다. 교회안에서 어떤 집사가 장로로 임직된 후 집사 때의 겸손함이 온데간데 없어지고 권위를 내세우며 주장하는 자세를 드러낸다. 당회에서 어떤 결정을 했어도 자기가 결석했을 때 결정된 일에 대해서는 협력을 거부하기도 한다. 헌금을 많이 하는 교인이나, 교회의 일에 수고를 많이 한 교인들은 목사나 다른 교인들로부터 인정을 받고 존경을 받기를 의식 무의식간에 요구한다. 자기가 마땅히 받아야 할 대접(지분)을 받지 못했다고 여겨지는 상황이 발생할 때에 그 사람은 섭섭한 마음을 품게 되고, 때때로 목회자나 다른 사람에 대해 공격성이 발동된다. 이로 인해 갈등 상황이 시작되며 표출된다. 어쩌면 "섭섭함"이 교회내 갈등 중 가장 많은 원인제공자라고 할 수 있다.

사람은 합리성(rationality)을 추구하는 존재이다. 그러나 막상 자신의 이해관계가 걸리게 되면 합리적으로 또 객관적으로 일을 판단하기 보다는 자기의 입장을 합리화(rationalization)하는 경향이 강하게 나타난다. 자기 몫을 잃지 않고 확보하기 위해서 자기에게 유리한 것을 생각하며 합리화 시킨다. 이로 인해 갈등이 생긴다.

파워(power)

성경에서 파워와 관련된 단어는 '엑수시아'이다. 이 단어는 영어성경 킹제임스판(KJV)에 의하면 '파워'(power : 힘, 권세)로 번역된 것이 69회, '오소리티'(authority, 권위)로 번역된 것이 29회이다. 마태복음 28:18에 나오는 '엑수시아'에 대해서 새미국표준성경(New American

Standard Bible)은 '권위'(오소리티)로 번역을 하고, 킹제임스판은 '힘' (파워)으로 번역하고 있다. 이상에서 보는 것처럼 힘과 권위는 서로 밀접하게 연관되어 있고, 따라서 서로 바꿔서 사용할 수도 있는 단어이다.[2]

사람들은 파워를 소유하기를 원하고, 과시하기를 좋아하고, 또 그 파워를 사용하는 데서 자존감과 만족감을 느낀다. 파워는 공식적으로 또 합법적으로 특정한 사람들에게 주어지기도 하고, 어떤 사람들은 비공식적으로 그것을 축적하기도 한다. 또 어떤 사람들은 자신은 원하지 않지만 주위 사람들에 의해 파워를 소유하게 되기도 한다. 이러한 파워는 앞에서 본 다른 자원들처럼 일반적으로 유한(有限)하다. 따라서 유한한 파워를 놓고 이 파워를 원하는 많은 사람들은 서로의 눈치를 보며 경쟁을 하며, 서로 부닥치는 가운데 갈등이 발생하게 된다.

파워와 관련하여 갈등이 발생하는 이유를 네 가지로 생각할 수 있다. 첫째로 파워가 보장이 되어 있는 직분이 공석(空席)으로 있을 때에 갈등이 생기게 된다. 이러한 현상은 담임목사가 은퇴하거나 다른 이유로 물러났을 때에 후임을 청빙하는 과정에서 드러난다. 당회원이나 교인들 사이에 의견이 나누어지는 것이다. 또는 신년도 제직회를 조직하는 과정에서 재정부장이나 선교부장을 서로가 맡으려고 암암리에 신경을 곤두세우고 다투는 것에서도 드러난다.

둘째로 실질적인 파워를 장악 또는 획득하는 과정에서 갈등이 발생한다. 한 사람에게 합법적인 과정을 거쳐 공적인 직분이 주어질 때에 그 직분과 함께 공적인 파워가 주어진다. 그러나 현실에 있어서는 명목상의 파워만 받고 실질적인 파워는 받지 못한 경우도 종종 있다. 또 직분이 주어졌을 때에 사람들은 그 직분을 맡은 사람이 그것을 맡기에 합당한 사람인가를 확인하기까지 신뢰와 충성을 유보하는 경우가 많다. 이러한 현상은 담임목사가 새로이 부임할 때에 자주 나타난다.

정순열 목사(가명)가 진리교회에 담임으로 부임하였다. 그 교회는 40년의 역사를 가지고 있고, 교인들이 1,000여명에 달한다. 정 목사의 전임자인 강동길 목사는 25년 동안 성실하게 목회를 한 후 은퇴를 하여 원로목사가 되었다. 정 목사는 담임목사이지만 교인들은 결혼식이나 장례식 등 가정의 대소사를 원로목사가 해 줄 것을 바랐다. 교인들은 강 목사를 성자(聖者)처럼 대한다. 과거에 강 목사가 실수를 저지른 일도 많이 있지만 은퇴한 후 그의 모든 것은 미화(美化)되어 거의 신화화(神話化)되어 있다. 비록 원로목사이지만 그의 말 한 마디는 현직에 있는 담임목사도 거역할 수 없는 것이 되었다. 그래서 정 목사가 새로운 계획을 당회에 제출해도, 그것을 탐탁치 않게 여기는 장로들은 원로목사의 의견을 구실로 반대한다. 이런 경우 담임목사가 공식적인 직분을 갖고 있으나 교회 안의 실질적인 파워를 원로목사가 행사하는 가운데 갈등이 빚어진다.

이런 상황에서는 원로목사나 담임목사 그리고 교인들 모두가 하나님 앞에서 조심스럽게 행동해야 한다. 원로목사는 더 이상 자신이 담임목사가 아님을 기억하고 교회의 일에 개입을 하지 않아야 할 것이다. 원로목사는 시무 했던 교회의 지역을 떠나 멀리 떨어진 곳으로 이사하는 것이 바람직하다. 또 교인들과의 연락도 자제해야 한다. 교인들이 부탁이나 문의를 하면 현 담임목사에게 그렇게 하도록 권해야 한다.

담임목사는 최대한의 예의를 갖추어 전임(前任)목사를 대해야 한다. 교회의 일들에 자문과 조언을 구해야 한다. 교회의 행사에 초청하여 교인들과 교제할 수 있도록 기회를 드려야 한다. 은퇴 후의 생활을 위해 교회가 합당한 재정지원을 하도록 지도해야 한다.

교인들은 무엇보다도 전임목사와 현 담임목사를 비교하지 않아야 한다. 원로목사와 호흡을 맞추어 왔던 교회의 제직들(비교적 나이가 많은)은 신임 담임목사가 리더쉽을 발휘할 수 있도록 기회를 주어야 한다. 나아가 신임 담임목사와 호흡을 잘 맞출 수 있는 상대적으로 젊은 제직들에게 교회의 리더쉽을 점진적으로 물려주어야 한다. 이것이 결코 쉬운 일은 아니다. 그러나 교회의 지속적인 성장과 하나님 나라의 역동적인 확장을 위해서 세대교체가 단계적으로 이루어지는 것이 마땅하다.

비단 담임목사와 원로목사 사이의 갈등 뿐 아니라, 보통 교회 내에 파워를 가진 장로나 집사가 있어서 교회의 일들을 결정하는 데 있어서 담임목사와 대립하는 경우도 많이 있다. 이때에 담임목사가 성급하게 파워를 확보하려고 할 때에 갈등을 피할 수 없게 된다. 사무엘상 11장에 사무엘이 사울에게 기름을 부어 왕을 삼는 사건이 나온다. 이 때에 질이 좋지 않은 사람들(비류)은 "이 사람이 어떻게 우리를 구원하겠느냐 하고 멸시하며 예물을 드리지 아니"하였다(27절). 그러나 사울은 그 사람들에 대해 잠잠하였다. 그들에게 복종을 강요하거나 그들을 처단하지 않았다. 하나님의 때를 기다리며 인내하였다. 사울은 암몬 사람 나하스가 길르앗 야베스를 침략하였을 때에 출정하여 나하스와 그 군대를 물리침으로써 왕으로서의 권위와 힘을 얻게 된다. 파워를 장악하는 과정에서 신임목사는 겸손히 하나님의 때를 기다리며 현재 주어진 일들을 성실하게 수행하는 것이 좋다. 하나님은 이렇게 말씀하신다. "그러므로 하나님의 능하신 손 아래서 겸손하라 때가 되면 너희를 높이시리라"(벧전 5:6).

셋째로 파워의 남용은 갈등을 불러일으킨다. 어떤 교회의 담임목사는 장로나 집사들의 의견을 완전히 무시하고 자기가 원하는 대로 교회를 이끌어 간다. 예산도 세우지 않고, 결산보고도 하지 않는다. 모든 헌금을 자기 마음대로 운영한다. 제직 중 문제를 제기하는 집사가 있으면 면박을 주고 설교시간에 책망을 한다. 결국 교회의 돌아가는 일들에 실망을 느낀 사람들은 조용히 다른 교회로 옮기던가, 불만을 가슴에 안은 채로 예배에 참석하는 것으로 만족하며 지낸다.

"절대 권력은 절대적으로 망한다"는 말이 있다. 모든 파워를 한 사람이 독점하던가 몇 사람이 과점(寡占)하면, 나머지 사람들은 소외감 내지는 불만을 느낄 수 있다. 또 이렇게 파워가 집중된 상황에서 일들이 잘못될 때에, 그것을 교정(矯正)할 수 있는 장치가 없다. 그렇게 되면 불만이 갑자기 폭발하여 갈등이 최악의 상황으로 급진전하게 된다.

넷째로 파워를 분배하는 과정에서 갈등이 발생한다. 담임목사가 성실하게 목회를 하는 가운데 교회는 많은 결정권을 그에게 일임한다. 담임목사는 이런 파워를 다시 부교역자나 당회원들에게 위임하게 된다. 이렇게 파워를 분배하는 과정에서 하나님의 영광을 사모하기 보다 인간의 영광을 더 좇는 사람들이 생겨난다. 그들 사이에 '누가 더 크냐' 하는 문제로 갈등이 야기(惹起)된다. 파워를 가진 사람 주위에는 사람들이 모이기 마련이다. 이런 사람들 사이에 충성심 경쟁이 일어나기도 한다. 그리스도인의 행동이라고 볼 수 없는 추태를 보이기도 한다.

담임목사는 권위주의자(權威主義者)가 되어서는 안된다. 그러나 담임목사가 권위를 지니지 못하면 올바른 목회를 할 수 없다. 권위주의자란 "내가 목사니까 내 말을 들어야 한다"라고 요구하는 사람이다. 아무리 목사라도 잘못 알 수도 있고 틀릴 수 있다. 그런데도 자기가 목사이므로 무오(無誤)하다고 착각하면 그는 권위주의자가 된다. 담임목사가 권위를 가지려면 하나님과 깊은 교제를 가져야 하고, 하나님의 말씀에 정통해야 한다. 그래서 교인들이 하는 일에 대해서 "성경에 의하면, 하나님께서 이런 일은 이렇게 하길 원하십니다"고 조언을 하고 가르칠 때에 그는 권위

있는 목사가 된다.

새로운 교회에 부임하는 담임목사는 파워와 관련하여 갈등에 부닥칠 소지가 많다. 새로운 환경에서 의욕적으로 일하고 싶고, 빠른 성과를 나타내고자 하는 열심이 있기 때문이다. 그러나 이때에 담임목사는 파워를 획득하기 위해 성급하게 처신하지 않아야 한다. 왜냐하면 목사의 파워는 하나님으로부터 나오는 것이며 하나님의 때에 주어지는 것이기 때문이다. 또 목사 자신이 하나님 앞에서 겸손히 순종하고 충성하면서 하나님의 양무리를 주장하는 자세가 아니라 섬길 때에 파워를 얻게 되기 때문이다. 하나님의 때를 기다리지 않고 자기의 능력을 의지하는 목사는 갈등에 부닥치게 되고, 신뢰를 상실하고 실패하기 쉽다.

하나님 앞에서의 겸손은 사람들 앞에서 담대하게 만든다. 하나님을 인정하고 의지할 때에 여유를 가지고 사람들을 대할 수 있게 된다. 또 자기의 뜻대로 되지 않는 상황에서도 인내할 수 있다. 하나님의 주권을 인정하는 목사는 하나님의 권위를 배경 삼아 그의 파워를 가지고 목회를 수행하게 된다.

파워를 원하는 것 자체는 나쁜 것인가? 제자들이 서로 누가 높은 자리를 차지할 것인가를 두고 다투고 있었을 때에 예수님은 이렇게 말씀하셨다.

> 이방인의 소위 집권자들이 저희를 임의로 주관하고 그 대인들이 저희에게 권세를 부리는 줄을 너희가 알거니와 너희 중에는 그렇지 아니하니 너희 중에 누구든지 크고자 하는 자는 너희를 섬기는 자가 되고 너희 중에 누구든지 으뜸이 되고자 하는 자는 모든 사람의 종이 되어야 하리라(막 10:43-44).

이 말씀에서 예수님은 크고자 하고 으뜸이 되고자 하는 일에 대해서는 정죄하지 않으셨다. 다만 세상적인 방법을 사용하여 높아지려고 하고, 명예욕과 권세욕과 물욕(物慾)에 사로잡혀 파워를 탐하는 자세를 책망하셨다. 이러한 예수님의 생각은 디모데전서 3:1에서도 찾아볼 수 있다. "미쁘다 이 말이여, 사람이 감독의 직분을 얻으려 하면 선한 일을 사모한다 함이로다." 감독 곧 장로의 직분을 가지고 일을 하기를 원하는 것은 좋은 일이라고 말씀한다. 디모데전서 3:2 이하에는 장로의 직분을 맡을 사람의 자격을 길게 설명하고 있다. 곧 장로가 되어 보려는 것은 선한 일이지만, 선거운동이나, 정치공작에 의해 선출되려고 해서는 안된다. 장로의 자격을 갖춘 사람이 되어감으로써 장로가 되어야 한다는 것이다.

목사는 교회의 직분을 세우는 일에 있어서, 교인들에게 이 점을 잘 가르쳐야 한다. 즉 장로, 권사, 집사 등의 직분을 통해서 교회를 유익하게 하고 하나님께 영광을 돌리려고 하는 것은 선하고 좋은 일이다. 이를 위해서는 성경에서 가르치는 자격을 갖추어야 한다. 또 직분을 맡으려는 동기나 목적이 단지 파워(직분)를 얻어 자기의 명예욕이나 권세욕을 만족시키려는 것이 되어서는 안 된다. 오직 주의 몸된 교회(성도)를 섬기고 하나님께 영광을 돌리기 위한 목적이어야 한다.

기호(嗜好: 개인적으로 좋아하고 싫어하는 것)의 차이
십인십색(十人十色)이라는 말이 있다. 사람들 열 명이면 제각각 좋아하는 것이 다르다는 뜻이다. 사람들은 각기 좋아하는 것이 조금씩 다르다. 교회 안의 다양한 사역에 대해 교인들은 자기 나름대로 의견을 가지고 있다. 어떤 교인은 복음성가를 좋아하고 새 찬송을 배우기를 좋아하는 반면 어떤 교인들은 찬송가에 있는 찬송이 아니면 예배에 적합하지 않은 것으로 믿고 있다. 어떤 사람은 소리를 크게 내어 기도하기를 좋아하지만, 어떤 사람은 속으로 기도하는 것을 좋아한다. 어떤 당회원은 설교자가 유머나 예화를 사용하는 것을 좋아하지만, 그런 것을 매우 싫어하는 사람도 있다.

교회 안에서 일어나는 문제들 가운데는 진리의 문제와 기호(嗜好)의 문제를 혼동하므로 생기는 것들이 많다. 위의 예들은 예배에 참여하는 사람들의 성격에 따라 이렇게 할 수도 있고, 저렇게 할 수도 있는 일이다. 그러나 유감스럽게도 교회 안에는 이런 문제를 진리의 문제로 생각하여 자기와 다른 기호를 가진 사람을 정죄 하는 사람이 의외로 많다. 그리하여 갈등이 일어난다. 목사는 교인들로 하여금 진리와 기호의 차이를 지혜롭게 분별할 수 있도록 가르쳐야 한다. 또한 자신이 좋아하는 것을 다른 사람에게 강요하는 것이나 다른 사람들의 좋아하는 것을 무시하는 잘못을 범하지 않도록 지도해야 한다.

가치관과 목표의 차이

사람마다 성장과정과 교육배경에 따라 천차만별의 가치관을 가지게 된다. 목사는 성경을 가르쳐 성도들이 하나님의 말씀에 기초한 가치관을 가지도록 해야 한다. 사람들은 어떤 일을 결정할 때에 성경의 가르침을 표준으로 여긴다. 그러나 똑같은 가치관을 가지는 것은 아니다. 이러한 가치관의 차이는 교회의 목표를 세우거나 어떤 일을 결정할 때에 대립되는 주장으로 나타난다.

이러한 가치관과 목표의 차이는 대개 자원의 제한과 맞물려 문제가 된다. 곧 교회의 재정이나 인적자원이 넉넉하면 원하는 사역들을 다 할 수 있다. 그러나 제한된 자금이나 인력을 가지고, 자기가 가치가 있다고 생각하는 일을 먼저 하려고 하면 각 사람의 주장이 부닥치게 되어 갈등이 발생한다.

목사는 성도들의 의견을 수렴하기 위해 두뇌폭풍(브레인스토밍: Brainstorming)이나 버즈그룹(buzz group), 또는 델피기술(Delphi Technique) 같은 방법을 사용할 수 있다.[3]

두뇌폭풍

두뇌폭풍이란 10명 안팎의 사람들의 의견을 모으는 데 유익한 방법이다. 하나의 안건에 대해 그 회의에 참석하는 모든 사람의 의견을 다 내어놓게 한 후에 그 의견들을 몇 가지로 집약 정리하여 집중적으로 토론하는 방법이다. 선교위원회에서 내년도에 어느 지역 선교사를 지원할 것인가를 정하려고 할 때에 위원장은 7명의 선교위원들 모두에게 돌아가면서 발언을 할 기회를 준다. 그 의견들 중에는 중복되는 것들이 있을 것이다. 각 사람이 말한 것들을 정리하면 서너 가지의 의견으로 축소될 것이다. 그후에 서너 가지의 의견에 대해 장단점을 살펴보며 심도 있게 의논하여 결론을 내리는 방법이다.

버즈그룹

버즈그룹이란 회의에 참석한 사람의 수가 10명을 넘어 두뇌폭풍의 방법이 시간이 많이 걸리고 따라서 효과적이지 못할 때에 사용하는 방법이다. 제직회에서 20여명의 사람들이 같은 문제를 토의할 때에 3-5명이 한 조(組, 그룹)가 되도록 사람들을 나눈다. 그러면 4개조 혹은 6개조가 만들어진다. 각 조는 안건에 대해 토의한 후 하나의 안을 만든다. 다음으로 전체가 다시 모여 각 조의 결정을 발표한 후 중복되는 것들을 정리한다. 그후 각 제안에 대해 토론을 거쳐 결정을 내리는 방법이다.

델피기술

델피기술은 많은 사람들의 의견을 수렴하는 방법이다. 먼저 다음과 같은 설문지를 만들어 사람들에게 돌린다. "당신은 내년도에 우리 교회가 어느 지역 선교사를 지원하기를 원하십니까? 아래 25명의 선교사들 중 다섯 분을 뽑아 우선순위를 따라 1번부터 5번까지 빈칸에 쓰십시오." 이 설문에 대해 사람들은 다양한 반응을 보일 것이다. 회수된 결과를 정리하여 가장 많은 반응을 보인 선교사 10명을 추려낸다. 이제 선교사 명단을 25명에서 10명으로 압축하여 다시 설문서를 보낸다. 회수된 응답을 정리하여 이제 5명의 선교사를 확정한다. 교회의 일은 다수결에 의존하는 것만이 상책은 아니다. 그러나 이러한 의견수렴 방법이 미묘한 감정 대립을 해소하고 사람들의 다양한 의견을 정리하는데 도움이 될 수 있다.

신념의 차이

각자가 가지고 있는 신념이 다르기 때문에 갈등이 생긴다. 사도신경은 예수 그리스도의 교회와 이단을 구별하는 가장 기본적 기준이다. 그러나 사도신경을 고백하는 교회들 안에도 성경해석의 차이에 따라 많은 교파들과 학파들이 형성된다. 예를 들면 세례를 어떤 방식으로 주는 것이 옳으냐에 대해 교회 안에 차이가 있다. 침례교회는 물에 푹 잠겼다가 나와야만 옳다고 주장한다. 그러나 감리교와 장로교를 비롯한 많은 교회들은 물을 뿌리는 식으로 세례를 시행한다. 또 종말론에 대한 이해가 다르다. 전천년설을 믿는 사람도 있고, 무천년설을 주장하는 사람들도 있다. 성령론에 관하여도 다양한 주장이 있다. 이러한 주장들 가운데 어떤 것들은 성경의 가르침을 완전히 벗어난 이단적인 것도 없지 않다. 그러나 대부분의 것들은 신념과 관계된 주장들이다.

이러한 주장들은 성경의 중심 진리는 아니다. 성경을 어떻게 해석하느냐에 따라 각 주장들은 장점과 약점을 다 지니고 있다. 따라서 이러한 문제들에 대해 서로의 입장을 존중하고 각자가 믿는 바를 따라 살아가는 것을 인정해야 한다. 간혹 자기와 다른 주장을 하는 사람들에 대해 지나치게 폄하 하거나 이단시할 때에 심각한 갈등과 분열이 생긴다.

목사는 신념과 관련된 문제가 교회 안에서 발생할 때에 성경의 가르침과 배치되는 주장인지 아니면 수용할 수 있는 주장인지를 잘 분별해야 한다. 다르게 해석할 수 있는 부분이라고 할지라도, 교회의 신앙적인 유산과 전통에 상처를 줄 수 있는 문제에 대해서는 지혜롭게 대처해야 한다. 예를 들면 장로교회 안에서 유아세례를 부정하거나 예정론을 부인하는 주일학교 교사가 있다면 목사는 그를 불러다가 가르쳐야 한다. 그가 만일 이러한 가르침을 받아들일 수 없다고 하면 교사의 직분을 사임토록 조치를 취해야 하고, 그의 신념을 지지하는 교회로 옮기도록 권해야 할 것이다.

개인이나 집단의 성격의 차이

교회 안의 개인이나 소그룹의 성격의 차이는 종종 문제를 야기한다. 교역자들의 생각과 장로들의 생각이 때때로 부닥칠 때가 있다. 교역자들은 하나님이 원하시면 무엇이든지 시도해 보려는 생각을 가진다. 그러나 대체로 장로들은 현실적으로 계산하고, 가능성이 보이면 하고, 그렇지 않으면 연기하든지 포기하려고 한다. 교역자들이 이상주의적인 반면에 장로들은 대개 현실주의적인 경우가 많다.

　이러한 현상은 장로들과 집사들 사이에서도 생겨난다. 특히 교회에 오랫동안 다닌 '터줏대감들'과 교회에 나온 지 몇 년 안 되는 '새내기들' 사이에서도 볼 수 있다. 인간조직 안에서는 기득권을 가지고 있는 사람들은 현상유지를 원하고, 별로 잃어버릴 것이 없는 사람들은 변화를 추구하는 경향을 보인다. 양편의 사람들 중 한쪽이 항상 옳은 경우는 드물다. 왜냐하면 어떤 조직이든지 안정과 변화, 이 두 가지가 조화를 이루어야만 조직원들이 모두 만족할 수 있기 때문이다. 따라서 조직 안팎의 상황에 따라 어떤 경우에는 안정을 추구하는 것이 옳고, 어떤 경우에는 변화를 도모하는 것이 바람직하다. 교회 안에서도 안정을 원하는 사람들과 변화를 원하는 사람들이 서로 간의 긴장을 느끼는 것이 바람직하다. 긴장이 없으면 정체가 따라온다. 적당한 긴장은 하나님의 뜻을 찾고 현실을 살피는 가운데 성장과 발전을 가져온다.

　목사는 모든 신자가 그리스도 안에서 한 몸을 이루고 있음을 항상 인식하도록 가르쳐야 한다. 상황을 바로 판단하여 때로는 한 편이 주도적인 입장에 서고, 때로는 주도권을 양보하므로 하나님의 나라와 의를 이룰 수 있음을 주지시켜야 한다. 서로를 적으로 보지 않고 동역자로 보아 합력을 이루도록 지도하므로, 다양한 생각을 가진 소그룹들이 교회의 분열 대신에 시너지(synergy: 공동상승작용)효과를 가져오게 해야 한다.

| 제 4 장 |

갈등의 구조와 영향

1. 갈등의 종류

갈등은 여러 가지로 분류된다. 갈등에 관여하는 주체를 중심으로, 갈등의 내용을 중심으로, 갈등의 결과를 중심으로 분류할 수 있다. 이 세 가지 분류 방법을 따라 각각을 구체적으로 살펴보자.

갈등에 관여하는 주체를 중심으로

갈등에 관련된 사람에 따라 갈등을 다음과 같은 네 가지로 분류할 수 있다. 개인의 내적 갈등, 개인 대 개인의 갈등, 그룹 내의 갈등, 그룹 대

그룹의 갈등 등이다.

개인의 내적 갈등(Intra-personal conflict)

한 개인의 마음속에서 일어나는 갈등이다. 이 내적 갈등은 다른 모든 갈등의 기폭제(trigger) 역할을 한다. 자신의 마음이 괴로우면 조그만 일에도 다른 사람에게 신경질을 부리며 갈등을 일으킨다. 마음에 고민이 있으면 만사가 귀찮고, 그래서 또 다른 문제를 야기한다.

하나님의 사랑과 능력에 대한 믿음이 강한 사람은 어떤 어려운 형편에서도 항상 기뻐하며 쉬지 않고 기도하고 범사에 감사하면서 하나님의 뜻을 이루어 간다. 그러나 하나님의 사랑과 능력에 대해 믿음이 약한 사람은 모든 일에 불안과 불만과 불평을 가진다. 사람은 완전하지 못하기 때문에 믿음이 연약해질 때가 있다. 따라서 그리스도인이라고 할지라도 자주 내적인 갈등을 경험하게 된다.

사사기 6장에 보면 여호와의 사자가 기드온을 찾아와서 미디안을 쳐서 물리치라는 사명을 준다. 그러나 기드온은 자신이 보잘 것 없는 사람이라고 생각하였으므로, 표적을 구하게 된다. 기드온은 "내가 과연 하나님이 맡기시는 일을 잘 할 수 있겠는가?"를 놓고 고민하며 갈등하였다.

로마서 7장에 사도 바울의 내적인 갈등이 나온다. 바울은 자기 마음은 하나님의 법을 섬기는 데 반하여 자신의 육체는 죄의 법을 섬기는 데서 오는 갈등을 고백하고 있다. 각 사람의 신앙의 정도에 따라 각각 다른 모양의 시험이 부닥친다. 유혹과 시련은 성도의 마음에 혼란과 답답함을 가져온다. 더욱이 이러한 시험에 넘어질 때에 성도는 낙심하게 되고 절망에 빠지기도 한다. 하나님의 사람은 성령님을 의지하므로 시험을 이길 수 있고, 또 이겨야 한다.

그러나 육신이 약하여 넘어질 때에 지나치게 죄책감에 머물러 있는 것도 옳지 않다. 예수 그리스도를 바라봄으로써 죄를 회개하고, 우리를 죄에서 구원하신 주님의 은혜 안에서 구원의 기쁨을 회복해야 한다. 그리고 다시 죄와 더불어 싸우며 주님의 영광을 위해 전진해야 한다. 바울은 자기 속에 있는 죄의 법으로 인해 탄식하였다. "오호라 나는 곤고한 사람이로다. 이 사망의 몸에서 누가 나를 건져내랴"(7:24). 그러나 바울은 거기에 오래 머물지 않았다. 그는 곧 "우리 주 예수 그리스도로 말미암아 하나님께 감사하리로다"(7:25)하고 찬송하였다. 또 하나님의 법과 죄의 법 사이에 있는 계속적인 갈등을 현실로 받아들였다. 그리스도 예수 안에 있으므로 정죄 함이 없다는 것을 확인하고, 은혜 안에서 계속 성령을 따라 살 것이라고 밝힌다(8:1이하).

목사는 자신의 마음에 일어나는 갈등을 성경을 따라 성령님의 도우심을 입어 잘 해결해야 한다. 목사가 이러한 갈등을 잘 관리하지 못하면 그의 가정과 교회는 큰 시험을 만나게 된다. 목사는 성도들이 매일의 생활에서 경험하는 내적 갈등을 이해하고 이를 극복할 수 있도록 가르쳐야 한다.

목사는 교회라는 울타리 안에서 생활하므로 다른 그리스도인들이 사회에서 겪는 시험을 구체적으로 알지 못하기가 쉽다. 목사가 성도들의 사정을 구체적으로 알기 위해 가정과 직장을 찾아갈 필요가 있다. 그들의 괴로움과 아픔 그리고 외로움을 들어주고 공감하며 그리스도 안에서 승리하도록 가르치고 격려해야 한다. 그리할 때에 교회는 평안한 가운데 성장할 수 있다. 개인의 내적인 갈등이 관리되지 않으면 그로 말미암은 불만과 불안은 다른 사람에 대한 공격으로 표출되어 교회 안에 갈등을 확산시키게 된다.

개인의 내적 갈등이 일어나는 이유를 세 가지로 생각할 수 있다. 첫째는 육신의 정욕 때문이다. 바울이 그러했던 것처럼 진정한 그리스도인은 하나님의 뜻대로 살려는 마음과 육체의 소욕이 자주 충돌을 일으킨다. 인간에게 있는 욕구가 모두 악한 것은 아니다. 금욕주의에서는 모든 욕구가 악하다고 가르친다. 그러나 성경은 모든 욕구가 죄라고 단정짓지 않는다. 사도 바울은 결혼을 금하고 어떤 음식을 금지시키는 영지주의의 가르침에 대해 잘못이라고 단언하고 있다(딤전 4:3-5).

죄가 되는 욕구와 건강한 욕구 사이의 기준이 때로 모호한 것은 사실이다. 그러나 다음의 두 가지를 기준으로 삼아 둘 사이를 구별할 수 있다. 그 첫번째 기준은 하나님이 허락하신 것인가 아닌가에 비추어 분별할 수 있다. 성적인 욕구를 예로 들어보자. 남편과 아내의 관계에서 성적인 욕구는 얼마든지 채워질 수 있다. 그러나 결혼관계를 떠나 아내나 남편 이외의 사람에게 성적인 욕심(음욕)을 품는 것은 죄가 된다.

다른 하나의 기준은 건덕(健德: 덕을 세움)과 관계된다. 식욕을 예로 들어보자. 배가 고픈 사람이 식욕을 느끼는 것은 건강한 욕구이다. 돈이 있으면, 갈비를 5인분을 시켜서 먹는다고 해도 문제될 것이 없다. 그런데 다른 사람을 속여 번 돈으로 음식을 먹는다면 그것은 분명한 죄(sin of commission)이다. 또 옆의 이웃은 돈이 없어서 굶고 있는데 혼자서 5인분을 다 먹거나 5인분을 시켜서 2인분은 먹고 남은 음식을 버리게 한다면 허물(sin of omission)이 된다. 이와 같이 허물이라는 것은 상황에 따라 결정되기도 하기 때문에 모호할 때가 있다.

육체의 정욕 중 목사가 특별히 주의해야 할 것은 물욕(物慾), 성욕(性慾), 명예욕(名譽慾) 그리고 권세욕(權勢慾)이다. 어느 정도 양심이 살아 있는 목사는 이러한 욕구가 마음에 있을 때에 마음이 부대끼게 된다. 내적 갈등을 경험하는 것이다. 그러나 양심이 무디어져서 거리낌없이 욕심을 따라 살아가는 지경에 이른 목사는 자신에게나 교회로서나 불행한 일을 겪는다. 이런 문제를 극복할 수 있는 방법의 하나는 자신에 대해 정직하게 이야기해 줄 수 있는, 신앙이 성숙한 사람과 이야기를 나누는 것이다.

오늘날 인터넷의 보급으로 말미암아 게임이나 통신판매 그리고 인터넷 도박이나 성(性)과 관련된 사이트(site)나 프로그램들이 범람하고 있다. 더욱이 인터넷이나 컴퓨터 프로그램은 익명성(匿名性)을 보장해 주는 듯이 보이기 때문에 목사들과 성도들을 지속적으로 유혹하며, 여기에 탐닉하고 중독 되게 만든다. 목사는 이런 함정에 빠지지 않도록 자신을 지켜야 하며, 또 성도들이 거룩한 삶을 살아가도록 지도할 수 있어야 한다.

내적인 갈등을 겪는 두 번째 이유는 세상의 풍조이다. 그리스도인은 세상에 속하지 않았으나 세상에서 살고 있다. 하늘의 시민으로서 이 땅에 발을 붙이고 살아가는 동안에 괴로움을 당한다. 베드로후서 2:8은 롯에 대해 "이 의인이 저희 중에 거하여 날마다 저 불법한 행실을 보고 들음으로 그 의로운 심령을 상하니라"고 말한다. 목사는 하나님의 영광을 위하여 순종하며 충성하지만 세상이 악하여 전도를 받아들이지 않고 하나님의 법에 대항하기 때문에 아픔을 겪게 된다. 뿐만 아니라 세상은 목사가 하나님중심, 성경중심, 교회중심으로 살려고 하는 마음을 흔들어 놓는다. 세상중심, 쾌락중심, 물질중심으로 살도록 유혹한다. 섬김의 삶 대신에 군림(君臨)하도록 유혹한다. 세속적인 목회방식에 대한 유혹도 만만치 않다. 하나님중심과 세상중심 사이에서 고민하며 갈등하게 한다.

영어권에서는 목회의 성공을 평가하는 기준으로 세 가지 삐(B)를 사용한다. 세례 교인수(Baptism), 예산규모(Budget—사례비, 자동차, 사택, 휴가비 등), 그리고 자체 교회당 건물 유무와 크기(Building)가 그것이다.[1] 이러한 것들은 교회의 현재의 형편을 알아보기 위한 척도가 될 수 있다. 그러나 목사가 세상에서 통용되는 성공의 척도를 가지고 하나님께서 맡기신 목회를 평가하고 열등감 또는 우월감을 느낀다면 옳지 않다. 목사는 하나님 앞에서 인정받는 일꾼이 되고자 하는 마음을 가짐으로 이런 갈등을 잘 극복할 수 있어야 한다.

이 땅에서 대접과 대우를 잘 받은 목사는 하나님 앞에서 받을 상급이 없거나 있어도 아주 적을 것이다. 비록 이름 없이 빛도 없이 살아가지만 하나님 앞에서 충성하는 목사들은 칭찬과 상급이 풍성할 것이다. 따라서 하늘의 상급을 바라봄으로 소망 중에 즐거워해야 한다.

셋째로 사단의 공격으로 말미암아 목사는 갈등을 경험한다. 사단은 육체의 정욕과 세상 풍조를 이용하여 목사를 갈등에 빠뜨린다. 때로 뚜렷한 이유 없이 영적침체나 무기력증 혹은 우울증을 경험할 수 있다. 이러한 증세는 과로나 스트레스로부터 오기도 한다. 이런 경우에는 충분한 휴식이나 의사의 처방에 따른 약물치료로써 문제가 해결될 수 있다. 그러나 어떤 때는 이런 것들이 효과를 발휘하지 못하기도 한다. 그럴 때에는 은밀한 중에 계시는 하나님을 만나야 한다. 영어 속담에 "사람이 낙망하는 그 시간이 바로 하나님과 약속된 시간이다"(Man's disappointment is God's appointment)라는 말이 있다. 마음이 괜히 울적하거나 힘이 빠지거나 불안할 때에는 하나님을 묵상하며 그에게 모든 것을 아뢰고 그의 도우심을 잠잠히 기다리므로 사단의 궤계를 물리칠 수 있다.

개인의 내면에 있는 갈등은 하나님과의 관계에서 풀어야 한다. 하나님은 자기를 앙망 하는 자에게 새 힘을 주신다(사 40:31). 자기를 의지하는 자의 위로와 방패가 되신다. 인간의 내면에 일어나는 모든 갈등은 하나님의 은혜로 해결될 수 있다. 개인의 내적인 갈등이 해결되지 않으면 불안과 욕구불만 그리고 분노가 쌓이게 된다. 이러한 감정들을 어느 정도까지는 억눌러서 마음속에 감추어 둘 수도 있다. 그러나 자제력을 상실하면 다른 사람과의 관계에서 갈등이 표출되기 마련이다. 그리하여 개인의 내적 갈등은 다른 사람과의 갈등상황으로 발전하게 된다.

교회 안에서 공연히 문제를 잘 일으키는 사람들은 보통 개인적인 갈등을 품고 있는 사람일 가능성이 높다. 이런 사람들에 대해 목사는 개인적인 관심을 가지고 상담을 하여 그에게 있는 과거의 상처나 현재의 스트레스를 해결해 주므로 '문제야'를 '협력자'로 바꿀 수 있다. 그러나 어떤 경우에는 목사의 개인적인 관심과 돌봄이 역효과를 가져올 수도 있으므로 조심스럽게 접근해야 한다.

개인 대 개인의 갈등(Interpersonal conflict)

일 대 일(1:1)의 인간관계에서 발생하는 갈등이다. 인간관계는 에덴동산에 있던 아담과 하와로부터 시작되었다. 이 갈등은 부부관계에서 잘 발생한다. 청춘남녀가 만나 결혼을 한다. 서로 사랑하기 때문에 결혼을 하기도 하고, 상대방에 대해 이용할 가치가 많다고 생각하여 결혼을 하기도 하며 환경에 내몰려 피할 수 없는 상황이 되어서 결혼을 하기도 한다. 결혼식에서 백년가약(百年佳約)을 한다. 그러나 이 약속을 기억하며 사는 사람이 많지 않다. 대부분의 사람들이 사랑을 감정적인 짜릿함으로만 알고 있다. 그래서 그런 감정이 느껴지지 않으면 상대방을 사랑하지 않는다고 생각한다. 그러나 진정한 사랑은 하나님의 아가페 사랑이 보여주듯이 사랑을 받을 자격이 없는 사람에게도 주어진다. 서로를 돌아보고, 관심을 쏟고, 필요한 것을 공급하고, 섬기고, 대화를 나누고, 동역자로 인정하여 마음을 같이하여 함께 일하는 것이 사랑이다.

그러나 이런 사랑의 관계가 쉽게 이루어지는 것은 아니다. 남편과 아내가 하나님을 의지하여 그로부터 오는 은혜를 누리며 그의 도움을 받아 함께 노력해야 가능하다. 대체로 부부관계가 좋은 사람은 다른 인간관계도 원만하다. 또 자녀교육의 성공여부도 남편과 아내가 서로 사랑하므로 자녀들에게 본을 보이는 것에 많이 달려 있다. 부부관계는 모든 사회관계의 시작이다. 목사는 특별히 아내와의 관계에서 기쁨을 얻고 하나님께 감사할 수 있어야 한다(목사의 부부관계에 대해서는 제5장에서 좀 더 자세하게 다룬다).

구약에 나오는 개인 대 개인의 갈등의 대표적인 경우는 사무엘상 18장 이하에 나오는 사울과 다윗 사이의 갈등이다. 사울과 다윗 사이의 갈등은 오늘날 담임목사와 부교역자 사이에서 종종 볼 수 있다 어떤 목사는 부교역자가 설교를 잘하고 사역을 잘하여 성도들의 주목을 받게 되면 시기하고 질투한다. 일반적으로 성도들은 담임목사를 어려워한다. 그가 권위주의적인 사람이면 교인들은 그를 더욱 멀리한다. 이에 반해 부교역자를 찾아가는 것은 상대적으로 쉽다. 교인들이 그를 찾아가 담임목사에 대한 불만을 털어놓기도 하고 선물을 갖다 주기도 한다. 이러한 일들을 담임목사가 보게 되면 자신이 소외되는 것 같은 인상을 받게 된다. 더욱이 담임목사 사모가 이런 일에 신경을 곤두세우고 바가지를 긁거나 부교역자를 다그칠 가능성이 크다. 그렇게 되면 문제가 더욱 악화된다.

담임목사가 인기 문제를 가지고 교인들에게 이래라 저래라 한다는 것은 유치한 일이다. 따라서 그는 암암리에 부교역자를 견제하고 눈에 띄지 않게 핍박하게 된다. 사람은 육감(六感: the sixth sense)이라는 것이 있어서 이러한 감정들을 금방 알아차릴 수 있다. 이러한 상황은 담임목사와 부교역자 사이의 갈등이 된다. 나아가 목사의 유치한 행동으로 말미암아 교회 전체가 어려움을 겪게 되기도 한다.

신약성경에서 볼 수 있는 개인 대 개인의 갈등의 예는 사도행전 15:36 이하에 나오는 바울과 바나바 사이의 갈등이다. 바울과 바나바는 제2차 전도여행을 앞두고 서로 심히 다투었다. 제1차 전도여행 때에 마가는 수종자(隨從者)로 전도팀에 가담하였다. 그러나 버가에 이르러서 그는 팀에서 이탈하여 예루살렘으로 돌아가 버렸다. 이제 두 번째 전도여행을 떠나려고 하는 마당에 바나바는 마가 요한에게 다시 한번 기회를 주어 함께 떠나자고 주장하였다. 그러나 바울은 그럴 수는 없다고 하며 반대하였다. 두 사람의 주장은 팽팽하게 맞서 합의점을 찾지 못했다. 결국 바울과 바나바는 각각 따로 선교여행을 떠났다.

마가 요한이 왜 1차 전도여행 때에 팀을 이탈하였는가에 대해 여러 가지 설명이 있다. 아마도 1차 전도여행 때에 리더쉽의 변화가 그 원인일 것이다. 안디옥교회가 두 사람을 선교사로 파송할 때에 바나바가 주도적인 위치에서 팀을 이끌었다. 그러나 살라미를 거쳐 버가에 이르는 과정에서 리더십은 바나바의 손을 떠나 사울에게로 넘어갔다. 사도행전 13:1에는 안디옥교회의 선지자들과 교사들의 이름을 열거하면서 바나바의 이름을 제일 먼저 진술하고, 사울의 이름은 다섯 명 중 마지막에 나온다. 사울의 이름이 바울로 바뀌는 것이 9절에 언급되고, 13절에서는 "바울과 및 동행하는 사람들이…"라는 언급이 나오면서 곧 "버가에 이르니 요한은 저희에게서 떠나 예루살렘으로 돌아가고"라고 증언한다. 이러한 기록에서 볼 때에 마가 요한이 팀을 떠난 것은 단순히 선교여행이 어려웠기 때문은 아닐 것이라는 추측이 가능해 진다. 바울이 마가 요한에게 다시 한번 기회를 주자는 바나바의 요청을 모질게 거절한 것을 보면 이런 추측이 더 설득력이 있다. 바울과 바나바 사이의 갈등은 선교의 일을 더 우선시 하는(taskoriented) 바울의 입장과 과거에 실패를 했었지만 다시 한번 기회를 주자고 하는 사람을 더 우선시 하는(peopleoriented) 바나바의 견해 차이로 말미암아 생겨났다고도 할 수 있다.

개인 대 개인의 갈등은 어떤 사건에 대해 다르게 해석하고, 접근방법이나 해결책을 달리 제시하므로 흔히 발생된다. 개인 대 개인의 갈등은 종종 그룹 사이의 갈등으로 발전한다. 아이들 싸움이 어른들 싸움으로 발전하는 것과 같다.

그룹 안의 갈등(Intragroup conflict)

같은 목표를 가지고 있는 조직이나 단체 안에서 그룹이 형성되고 그 그룹 사이에 생겨나는 다툼이다. 사도행전 6장에서 그 대표적인 경우를 볼 수 있다.

예루살렘 교회는 성령강림 후 폭발적으로 성장하였다. 많은 사람들이 땅을 바치고 헌금을 하였지만 구제를 위한 자금은 시간이 지남에 따라 점점 고갈되어 갔다. 헬라파 유대인들은 히브리파 유대인들의 과부들이 구제금을 그런 대로 잘 받는 것에 비해, 헬라파 과부들은 홀대를 당하는 것처럼 느껴졌다. 소수인 헬라파 유대인들이 다수인 히브리파 사람들에 대해 불만을 품었다. 헬라파 유대인과 히브리파 유대인 사이에 반목이 생겼다.

"가재는 게 편이다," "팔은 안으로 굽는다"는 말이 있듯이 사람들은 무엇인가 공통점을 찾고, 그것을 매개물로 하여 그룹의 파벌을 형성하는 경향이 있다. 집단적으로 자신들의 권리와 이익을 추구한다. 예수 그리스도의 피로 값 주고 산 교회에서도 이런 현상이 나타난다.

오늘날 우리 주변에서 일어나는 교회 안의 갈등을 살펴보자. 교회의 터줏대감들과 그 밖의 사람들이 교회당 이전(移轉) 문제를 놓고 대립하는 경우를 볼 수 있다. 대학생들과 직장인들이 함께 청년대학부를 구성하고 있는 경우 수련회 날짜를 놓고 대학생들과 직장인들 사이에 갈등이 발생할 수 있다. 성가대와 주일학교가 본당의 사용시간을 놓고 줄다리기를 할 때가 있다.

동질성을 지닌 사람들이 끼리끼리 모이는 것은 자연스런 현상이다. 그러나 전체교회의 유익을 생각하지 않고, 자기 그룹을 더 우선시 하면 그것은 잘못이다. 또 교회적인 결정을 할 때에 이슈를 따라 판단하지 않고 자기 그룹의 우두머리나 다수의 결정에 맹목적으로 따른다면, 이는 예수님을 머리로 한 교회를 부인하는 것이 된다.

그룹 안의 갈등은 같은 목적을 가진 사람들이지만 이해(利害)관계나 지위(status)나 체면과 관련하여 반목과 경쟁이 일어나는 경우이다. 이런 경우에 목사는 그리스도 안에서 한 몸을 이룬 공동체라는 사실을 잘 주지시켜 서로를 섬기도록 하고, 교회의 적이 사단인 것을 기억토록 하여 힘을 합하여 물리치도록 지도해야 한다. 그리하여 갈등을 통해 더욱 그리스도의 형상을 닮아가며, 교회가 든든히 서 가고 믿는 자의 수가 증가하는 은혜를 경험할 수 있어야 한다.

그룹 대 그룹의 갈등(Intergroup conflict)

서로 다른 목표를 갖고 있는 그룹 사이에서 발생하는 갈등을 가리킨다. 사도행전 4장은 사도들과 유대인의 공회 사이에 갈등을 소개하고 있다.

사도들은 성령충만을 받은 후 예수 그리스도의 죽음과 부활을 담대하게 전파하였다. 이에 대해 유대인의 지도자들은 위협을 느끼고 이를 금지시켰다. 서로의 관심과 이해가 배치되는 상황에서 갈등이 일어난 것이다.

교회가 위치하고 있는 지역의 주민들이 교회에 대해 불만을 품고 비방하고 교회의 하는 일들을 방해하는 경우가 이에 해당한다. 교회의 건축이나 찬송이나 기도소리에 민감한 반응을 보이는 주민들이 있다. 또 주차에 어려움을 겪을 때에 불평을 토로하거나 시비를 거는 주민들도 있다.

이러한 문제들이 발생할 때에 목사는 우선적으로 국가의 법이 어떻게 규정하고 있는가에 대해 자문을 구해야 한다. 소음(騷音)규제법, 교통법규 등을 살펴 교회가 현재 하는 일이나 상황이 법적으로 얼마나 벗어나 있는지 또는 보호를 받을 수 있는 일인지를 알아보아야 한다. 교회가 법을 어기고 있으면 반드시 시정해야 한다. 그리고 난 후에 주민들의 양해를 구할 수도 있다.

목사는 주민들과의 사이에 갈등이 발생하기 전에 좋은 관계를 형성하고 발전시키는 일에 힘써야 한다. 갈등은 보통 관계가 좋을 때에는 일어나지 않는다. 갈등이 생기더라도 대화로써 해결이 된다. 그러나 관계가 나쁘고 상대방에 대해 불만이 있을 경우 작은 문제도 큰 문제로 발전한다. 따라서 목사는 지역 전도에 힘을 써서 지역의 복음화를 이루어야 한다. 나아가 교회가 지역에 위치하고 있는 소외된 사람들을 구제하며, 노인들을 위로하며, 주민들에게 좋은 이미지를 심어야 한다. 그리할 때에 주민들의 사랑을 받게 되고 갈등을 예방할 수 있게 된다.

갈등의 내용을 따라[2]

교회 안에 갈등이 발생했을 때에 어떤 문제가 그런 상황을 야기 시켰는가를 추적해 보면 크게 두 가지의 이유 때문에 발생했다는 것을 알 수 있다. 하나는 개성(個性)과 관련되어 발생한 갈등이요, 다른 하나는 원리(原理)와 연관되어 일어난 갈등이다.

개성과 관련된 갈등(Personalitycentered Conflict)

사람들마다 목사는 어떻게 말을 해야 하고, 어떻게 행동해야 한다는 표준(척도, 尺度)을 가지고 있다. 자신의 기준에 맞게 행동하는 사람에 대해서는 친근하게 느끼고, 존경심을 표한다. 그러나 그러한 기대에 미치지 못하는 목사에 대해서는 실망하고 멀리한다. 어떤 분이 어릴 적에 목사에 대해 큰 실망을 한 적이 있었다고 한다. 그 이유가 무엇인가 하면 자기 집에 심방을 온 목사님이 식사를 한 후에 젓가락으로 이를 쑤시더라는 것이다. 목사님의 교양 없는 태도에 실망하여 그 후 교회에 출석하기가 힘들었다고 한다.

개인적인 표준은 변한다. 목사가 어떤 면에 약점이 있어도 성도들이 기대했던 것 이상의 탁월성을 다른 면에서 나타내 보이면 성도들의 실망감은 상쇄되고 존경하는 마음이 회복된다. 그러나 별 것 아닌 일에서 교양이 없는 목사로 낙인이 찍히면 이 일로 말미암아 목사의 하는 일이 사사건건 반대를 받게 될 수도 있다.

교육심리에 후광효과(後光效果: halo effect)라는 것이 있다. 후광은 천사를 그릴 때에 머리 뒤에 두르는 황금빛 원을 가리킨다. 한 학생이 학기초에 선생님이 질문하는 것에 대답을 잘 했다. 선생님이 "이 문제는 못

맞추겠지" 하고 생각하면서 한 질문에도 정답을 말했다. 그래서 "저 학생은 참 똑똑하구나"라고 선생님이 인정하게(후광을 씌워주게) 되었다. 교사가 그를 공부를 잘하는 학생으로 인식하면 나중에 시험(특별히 주관식 시험일 경우)을 좀 잘 못 쳐도 성적이 좋게 나올 가능성이 크다. 처음에 좋은 인상을 심어주면 특별한 일이 없는 한 그런 사람으로 인식되어 진다.

목회자는 이런 점에서 매사에 몸가짐을 단정하게 할 필요가 있다. 쓸데없는 구설수에 올라 하나님의 일에 지장을 초래하면 안되기 때문이다. 그러나 모든 성도들이 동일한 표준을 갖고 있으면 문제가 간단한데, 어떤 경우에는 성도들이 원하는 것이 다를 수가 있다. 목사가 교인들과 농담을 잘하고 이야기를 잘 나눈다고 하자. 목사의 이러한 태도를 좋게 생각하는 교인이 있는가 하면, 반대로 경박하다고 비판하는 사람도 있다. 이런 경우에 목사는 어떻게 처신할 것인가?

목사는 복음의 확장과 교회의 덕을 세우기 위해 모든 사람에게 모범이 되어야 한다. 각 사람의 형편에 따라 자신의 개성도 어느 정도 조절을 할 수 있어야 하는 것이다. 그러나 이것이 쉬운 일은 아니다. 목사는 자신의 개성을 따라 남을 많이 의식하지 않고 자유롭게 살더라도 자기의 중심이 하나님께 있고, 교회를 사랑하며 성도들을 섬기려고 하는 열심을 가지고 살아야 한다. 이러한 중심을 성도들이 알게 된다면 앞에서 본 것과 같은 개성과 관련된 문제들은 그리 큰 문제가 안될 수도 있다.

성도들은 목사와 그의 가족들의 개인적인 취향이나 습관적인 일들에 대해서 좀 너그러운 태도를 가지고 포용하는 것이 필요하다. 개성과 관련된 문제에 대해서 "목사가 그럴 수가 있나"라고 하기보다는 "목사도 그럴 수도 있지" 하고 마음을 넓히면 비본질적인 문제로 교회가 시험에 드는 일을 피할 수 있다.

원리와 관련된 갈등(Principlecentered conflict)

원리와 관련된 갈등은 개성과 관련된 갈등과 많은 차이가 있다. 개성과 관련된 갈등은 개인의 교양이나 인격적인 면과 관련되어 있다. 공식적으로나 표면적으로 드러나지 않고 은밀하게 비판이 진행되는 경우가 많다. 그러나 원리와 관련된 갈등은 교회의 중요한 일을 결정하는 과정에서 공개적으로 또 공식적으로 거론되며 충돌이 일어난다. 교리적인 문제나 교회의 목표를 정하는 경우에, 또 목회를 어떻게 하고 교회의 행정을 어떤 식으로 해야 하는가에 대해 일어나는 갈등은 원리와 관련된 것이다.

목사의 도덕성과 관련하여, 또 그의 사역의 성과에 대해 문제가 제기되는 것도 원리와 연관된 갈등이라고 하겠다. 성도들은 이러한 갈등을 통하여 교회가 원래 가지고 있던 표준이나 목표들을 점검해 보기를 원하고, 원래의 표준을 재확인하여 지켜 나아가며, 목표를 보다 효과적으로 수행해 나아갈 수 있기를 기대한다. 이런 기대가 충족되지 않을 때에 교회 안에는 비난과 비판이 공개적으로 오가게 되고, 때로 목사나 지도자들이 불명예스런 이름을 얻게 된다.

원리와 관련된 갈등은 이성적인 판단이나 신념에 근거하여 발생한다. 서로 대화를 통해 이견을 좁히려고 해도 서로에게 만족할 만한 결론이 나지 않을 때에 감정적 요소가 더해져 서로를 미워하게 된다. 그렇게 되면 원리와 연관되어 생긴 갈등이 개성과 관련된 갈등으로 변질되고, 문제해결의 실마리는 더욱 찾기 어렵게 된다.

개성과 관련된 갈등이나 원리와 관련된 갈등의 상황에서 목사나 교인들은 그리스도 안에서 하나된 관계성을 기억해야 한다. 서로를 판단하고 정죄 하기 이전에 각자가 그리스도의 지체라는 것을 확인해야 한다. 서로를 존경하므로 짐을 서로 지고, 서로가 힘을 합하여 교회의 일을 수행하려고 힘써야 한다. 그리스도의 장성한 분량에까지 자라가려고 노력할 때에, 비로소 문제는 해결되고 하나님의 영광을 드러내는 교회로 성장하게 된다.

갈등의 결과를 중심으로

합영갈등(合零葛藤: zerosum conflict)

합영갈등이란 한 쪽이 이익을 보면(win), 다른 한 쪽은 손해를 보는(lose) 상황의 갈등이다. 이것은 축구나 농구와 같은 운동경기에서 잘 드러난다. 간혹 무승부를 기록할 때도 있으나 승부차기나 연장전에서 승부를 결정짓는 경우이다. 한 쪽이 승리하면 다른 쪽은 패배하게 되는 것이다. 교회의 일에서 예를 들어보자. 어떤 사업하는 집사님이 아무런 조건 없이 천 만원을 특별헌금으로 내 놓았다. 이 돈에 대해 찬양대는 피아노를 구입하기를 요청하고, 주일학교는 멀티미디어 시설을 구입하도록 당회에 청원하였다. 이 상태에서 한정된 천 만원의 돈에 대해 찬양대가 천만원의 절반인 500만원이 넘는 700만원을 받으면, 주일학교가 받을 수 있는 돈은 500만원보다 200만원이 적은 300만원으로 줄어들게 된다. 한 쪽이 200만원 플러스가 되면 다른 한쪽이 200만원 마이너스가 된다. 플러스 부분과 마이너스 부분을 합하면 0이 되는 상황을 가리켜 합영갈등이라고 한다.

갈등상황에 부닥치는 사람들은 대부분 현재의 갈등이 합영갈등이라는 고정관념을 갖는다. 따라서 어떻게 하든지 "이기고 보자"하는 생각을 하게 된다. 이런 생각은 대화와 협력을 통해 문제를 해결하려고 하기보다 인신공격, 흑색선전 등 비성경적인 방법까지 동원하게 만든다. 하나님의 영광을 가리우는 일들이 생기게 된다.

  목사는 이런 상황에서 성도들에게 그들이 한 몸을 이루고 있으므로 질서를 지키며, 서로를 섬기는 자세를 잃지 않도록 권해야 한다. 또 장기적인 안목을 가지고 순차적으로 각 부서의 요구사항을 만족시켜 줌으로써 합영상황으로 인식하는 함정을 벗어나게 할 수 있어야 한다. 교회 안에는 단기적으로 생각할 때에는 합영상황으로 여겨지는 일들이 많이 있다. 그러나 그리스도의 안목으로 사물을 바라보는 사람은 어떤 일도 결코 합영상황으로 여겨서는 안 된다. 하나님께는 능치 못한 일이 없기 때문이다.

비합영갈등(非合零葛藤: nonzerosum conflict)

  비합영갈등이란 합영갈등과는 달리 양편이 동시에 이익을 볼 수도 있고 손해도 볼 수도 있는 상황의 갈등을 가리킨다. 위의 예에서 찬양대나 주일학교가 그리스도의 한 몸을 이루고 있는 지체임을 인정하고, 누가 더 그 돈을 필요로 하는가를 살피고 어느 한편이 양보할 수 있다. 그렇게 되면 그들은 초기에 갈등을 경험하였으나 곧 서로에 대해 존경하며 사랑하는 마음을 확인하게 된다. 그리하여 모두가 기쁨을 얻으며 유익을 얻는 윈/윈(win/win)의 결과를 얻게 된다.

  그리스도인은 어떤 상황에서도 윈/윈의 결과를 얻을 수 있다. 하나님께서 살아 계시고 그가 심판하시기 때문이다.

  하나님의 뜻대로 살아갈 때에 손해를 볼 수 있다. 그러나 하나님을 의지할 때에 그가 기억하시고 사람으로서는 상상할 수도 없었던 은혜를 베푸신다. 하나님은 그를 사랑하는 자, 곧 그의 뜻대로 부르신 자들에게 모든 것을 합력 하여 선을 이루어 가시는 분이시다(롬 8:28).

2. 갈등의 구조

환자가 찾아와 소화가 잘 되지 않고 배가 아프다고 불평하면 의사는 곧장 소화제를 주지 않는다. 의사는 언제부터 소화가 잘 안되었고 통증을 느끼게 된 것은 언제부터였냐고 물어보고, 또 다른 이상은 없었는가를 알아본다. 진맥(診脈)도 해 보고 청진기로 내장의 움직임을 들어보기도 한다. 또 그런 증상이 오래 되었다고 하면 내시경 검사나 조직검사도 해서 밖으로 나타난 증상뿐만 아니라 내부의 기관과 심지어는 세포조직의 이상 유무를 철저하게 조사한다. 그럼으로써 현재의 문제를 해결 할뿐만 아니라 다시 그런 증상이 나타나지 않도록 근원적인 치료를 한다.

의사가 모든 환자에 대해서 항상 내시경 검사나 조직검사를 하도록 하지는 않는다. 처음에는 약이나 주사를 환자에게 주어 경과를 지켜본다. 그러나 처음 시도가 효과가 없으면 더욱 근원적인 진단을 한다. 악성종양을 발견하면 수술로 치료한다. 유능한 의사는 환자의 말에 귀를 기울이며, 근원적인 문제에 대해 관심을 가지고, 치료한다. 갈등은 육체의 질병과 같다. 갈등을 신체적인 이상과 연관지어 보면 다음과 같은 비교를 할 수 있다.

> 외부적 증세(소화불량, 복통) → 표면적 이슈(issue)
> 내부기관 이상(종양) → 내면적 동기
> 조직 이상(악성) → 하나님과의 관계

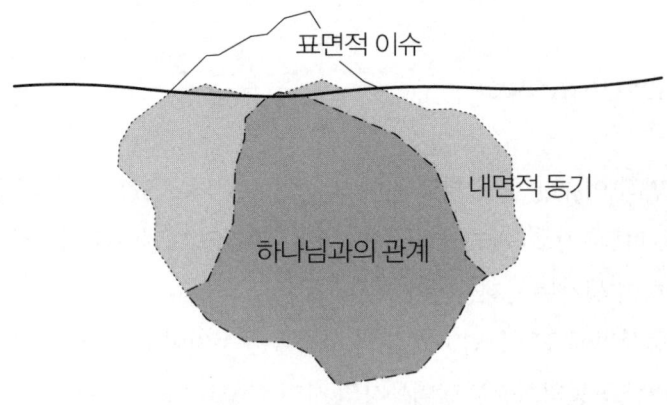

표-5 갈등의 구조

　신체의 질병을 다루는 의사가 외부적인 증세를 살피는 것에서 검진을 시작하여 조직검사까지 하듯이, 갈등을 효과적으로 관리하기 위해서 목사는 갈등의 구조를 이해하고 표출된 현상뿐 아니라 근원적인 문제까지도 관리할 수 있어야 한다.

　대체로 갈등상황에서 언성(言聲)을 높이고, 감정을 폭발하며, 의견이 대립되는 상황은 눈과 귀로 확인이 되지만 그런 상황을 이끈 사람들의 동기나 신앙은 숨겨져 있다. 이런 점에서 갈등의 전체적 구조는 마치 빙산(氷山)과 같다. 빙산은 전체의 약 10 퍼센트 정도만 물위에 나타나 있고, 나머지는 수면(水面) 밑에 있어서 잘 보이지 않는다. 갈등을 근원적으로 관리하기 위해서는 겉으로 나타나는 문제(이슈)뿐만 아니라 눈에 잘 띄지 않는 동기와 신앙을 파악해야 한다. 동기와 신앙은 상황의 변화를 따라 대화하는 중에 그 모습을 드러낼 때가 종종 있다.

갈등의 구조는 다음 세가지로 이루어진다. 표면적 이슈, 내면적 동기, 하나님과의 관계-신앙이다.

표면적 이슈(issue)

표면적 이슈란 현재 서로 간에 의견이 대립되고 있는 문제 자체이다. 자원, 파워, 기호, 가치관과 목표, 신념, 그리고 개인이나 집단의 성격과 관련하여 생기는 문제들이다.

갈등상황에 접어들면 대부분의 사람들은 무엇이 문제인지를 안다. 결산-예산 공동의회에서 담임목사의 사례를 놓고 인상하자는 측과 반대하는 측이 왈가왈부 설전(舌戰)을 벌일 수 있다. 표면적 이슈는 담임목사의 사례이지만 인상하자는 측과 인상을 반대하는 측은 각각 서로 다른 근거를 가지고 자기들의 주장을 펼친다. 이들이 내세우는 근거는 보통 자신들의 내면적 동기와 밀접하게 연결되어 있다.

내면적 동기

내면적 동기는 현재의 이슈에 대한 주관적인 해석이나 판단과 관련되어 있고, 표면적 이슈와 연루된 사람들과의 인간관계와 깊은 연관이 있다.

담임목사의 사례를 인상하자는 사람들은 대체로 담임목사와 좋은 관계를 가지고 있기 마련이다. 담임목사가 지난 한 해 동안 어려운 가운데서도 수고를 많이 했다고 인정하는 사람들은 기쁜 마음으로 사례인상을 지지할 것이다. 예산위원들이 제시하는 여러 가지 근거들은 그들에게는 타당하게 여겨지고 의심할만한 구석이 전혀 없다. 그러나 반대하는 사람들은 현재의 상황을 그렇게 받아들이지 않는다.

인상을 반대하는 사람들 중에는 반대하는 것이 교회의 재정상황과 교인들의 형편 그리고 사회의 경제 추세를 살펴보고 그렇게 주장하는 경우도 없지는 않을 것이다. 그러나 반대하는 사람들 다수는 담임목사에 대해 신뢰를 갖지 못하기 때문에 호의를 베풀지 않으려고 한다. 담임목사의 하는 일들이 그들의 눈에는 탐탁하지 않다. 그들은 사례를 동결시켜 담임목사가 어떤 충격을 받고, 태도나 활동에 변화가 생기거나 아니면 교회를 떠나기를 바라는 마음을 가진다.

어떤 안건을 다루는 과정에서 인간관계와 연관된 것들은 거의 발설되지 않는다. 이런 내용들은 대체로 감추어져 있다. 특별히 반대하는 사람들은 교회의 재정이나 교인들의 경제사정 그리고 사회적 형편들만을 이유로 제시한다. 그러나 내면적 동기는 이와 달리 주로 인간관계와 밀접하게 연관되어 있다.

설교를 아주 잘하는 박 목사가 있다. 매주일 그의 설교에 모든 교인들이 은혜를 받는다. 그 교회에 김희순(가명)이라는 여집사가 있다. 그의 어머니가 시골에서 별세했다. 마침 박 목사는 부흥회 강사로 초빙되어 출타하는 관계로 김 집사의 모친의 장례식에 전혀 신경을 쓸 수 없었다. 장례를 치르느라 온갖 수고를 다하고 집으로 돌아온 김 집사는 마음이 허전했다. 박 목사는 부흥회를 마치고 돌아왔으나 피곤하고 또 주일을 준비하느라 바빠서 김 집사의 일을 잊어버리고 말았다. 주일이 되어 김 집사는 박 목사에 대해 섭섭한 마음이 있지만 예배에 참석하였다. 박 목사는 예전과 마찬가지로 말씀 중심으로 적절한 예화를 들며 힘차게 하나님의 사랑에 대해 증거하고, 이 사랑을 받은 자로서 이웃을 열심히 사랑하자는 요지로 설교하였다. 설교를 듣는 사람들은 모두 다 은혜를 받는 듯 하였다. 그러나 김 집사는 박 목사의 설교가 다 말뿐이고 위선인 것 같이 느껴졌다. 자신이 과거에 박 목사의 설교에 은혜를 받았다고 하는 것이 신기하게 느껴졌다. 그의 설교에서 그가 사용하는 단어나 표정이나 몸짓 모두가 눈과 귀에 거슬렸다.

이런 상황에서 김 집사는 두 가지 중 하나의 반응을 보이게 될 것이다. 하나는 박 목사의 형편을 이해하고 자신에게 소홀한 일들에 대해 관용을 베푸는 것이다. 그리고 자신의 섭섭한 마음을 박 목사에게 직접 알리거나 아니면 없었던 일로 여겨 문제를 극복하는 것이다(물론 박 목사에게 자신의 섭섭함을 알리는 것이 문제를 근원적으로 해결하는 방법이다). 다른 하나는 박 목사에 대해 반감을 가지고 그를 은밀하게 비난하고, 유언비어를 퍼뜨리며 나아가 세력을 규합하여 배척하는 것이다.

하나님과의 관계

갈등상황은 표면적 이슈에 대해 객관적이고 합리적인 이유를 근거로 해서 찬성과 반대로 나타난다. 그러나 또한 많은 경우에 찬성과 반대는 내면적 동기, 곧 개인적인 이해(利害)관계, 또는 이슈와 연관되어 있는 사람과의 인간관계에 연루되어 있다. 객관적인 사실(fact)보다 더 강력한 힘을 가진 것은 자신의 이해관계와 인간관계이다. 좋다 또는 나쁘다 하는 감정이 사실 그 자체보다 더 강한 힘을 갖고 있다.

이러한 내면적인 동기는 각 사람이 하나님과 어떤 관계를 가지고 있는가 하는 것으로부터 영향을 받는다. 어떤 갈등상황에 부닥치면 그가 하나님의 관점에서 문제를 바라보는가 아니면 신앙과 전혀 관계없이 문제로 접근하는가에 따라 완전히 다른 결과를 가져오게 된다.

하나님 중심의 사람은 하나님의 말씀에 귀를 기울이고, 성령님의 인도에 민감하게 반응한다. 섭섭한 일을 만날 때에 기분이 나쁘고 화가 나며 보복하고 싶은 생각이 올라온다. 그러나 올바른 신앙을 가진 사람은 자기의 감정보다 하나님이 원하시는 것이 무엇인가를 생각하고, 인간적인 생각을 버린다. 성령님의 은혜를 덧입어 사랑, 희락, 화평, 오래참음, 자비, 양선, 충성, 온유, 절제의 열매를 맺는다.

그러나 하나님을 의지하지 않는 사람은 하나님과 상관없이 생각하고 행동한다. 하나님의 통치를 인정하지 않으므로, 자신이 하나님의 자리에 앉아 다른 사람을 판단하고 정죄 한다. 모든 상황을 제대로 살피지 못한 상태에서 성급하게 말하고 행동하여 다른 사람에게 상처를 주며 문제를 복잡하게 만든다.

사람은 어떤 이슈에 직면하면 찬성과 반대의 견해를 표명한다. 이러한 견해의 차이는 서로를 존중하는 가운데 이야기를 나누므로 바람직한 합의에 도달할 수 있다. 그러나 자신의 입장을 고집하고 대결구도로 나아가게 되면 갈등 상황이 일어나게 된다. 이때에 각 사람은 자신의 내면적 동기가 무엇인가를 살펴보아야 한다. 곧 이 갈등을 통해 얻을 수 있는 것과 잃어버리는 것이 무엇인가를 따져보아야 한다. 갈등과 연관되어 있는 사람(들)에 대해 좋아하는가 싫어하는가 하는 자신의 감정을 점검해야 한다.

나아가 자신이 하나님을 사랑하고 그의 뜻을 이루기를 원하는 중심을 가지고 있는가 살펴보아야 한다. 하나님을 믿는 사람은 그의 선하시고 기뻐하시고 온전하신 뜻을 사모한다. 또 비록 손해를 좀 볼지라도 자신의 체면이 좀 깎이는 일이 있더라도 하나님의 뜻이 이루어지기를 소원하고 그에게 순종한다. 그리하여 덕을 세우며, 하나님의 영광에 참여한다.

그러나 하나님을 믿는다고 하면서도 실제 생활에서는 하나님을 부인하는 자는 모든 일을 자기 중심으로 생각하고, 이해관계를 따라 말하며 행동한다. 그리하여 교회에 큰 혼란과 분쟁을 일으킨다.

목사는 이러한 갈등의 구조를 잘 이해하고 있어야 한다. 표면적인 이슈만을 보고 힘들어 할 것이 아니라 목사 자신이 하나님과의 깊은 교제를 통하여 하나님 중심, 성경 중심, 교회 중심의 원리에 확고히 서야한다. 그리하면 갈등과 관계된 사람들을 진심으로 사랑하며 이해관계를 초월하여 당면한 이슈를 접근해 나아갈 수 있다. 아울러 갈등과 연관된 사람들이 하나님중심, 성경중심, 교회중심으로 문제에 접근할 수 있도록 지도할 수 있다.

3. 갈등의 영향과 기능

사람이 길을 걸어가다가 갑자기 나타난 차가 자기를 향해 돌진해 오는 것을 보면 눈동자가 확대되고 호흡과 심장박동이 빨라지고 거칠어진다. 땀이 나며 근육이 긴장하게 된다. 위험을 감지한 두뇌는 조건반사에 의해 이러한 신체의 변화를 즉각적으로 가져오게 한다. 사고에 대처하며 피해를 최소한으로 줄이도록 만든다. 사고를 피한 후 이 사건에 대해서 생각할 때에 아찔한 기분을 느끼게 된다. 손에서 땀이 나는 것을 느낀다. 그때 사고가 났다면 내가 어떻게 되었을까를 생각하며 안도의 한숨을 쉬기도 한다.

사람은 어떤 상황에 접하게 될 때에 순간적인 판단에 의해 신체적인 반응을 보이고, 또 당시의 상황을 머리 속으로 회상하는 것만으로도 신체적인 변화가 일어나기도 한다. 이와 같이 사람의 심리와 신체는 긴밀한 연관을 가지고 상호반응을 일으킨다. 이러한 이유로 오늘날 의사들은 환자를 만날 때에 단순히 청진기와 체온과 혈압을 측정하는 것으로만 진단하지 않고 그 사람이 최근에 겪은 심리적으로 충격을 줄만한 사건들에 대해서도 관심을 갖고 알아보려고 한다.[3] 또 목회상담을 하는 사람들은 내담자를 만날 때에 영적인 면에서 귀신의 작용이 아닌지 알아보고, 심리적인 면에서 인과관계를 찾을 뿐만 아니라, 신체적인 기능장애의 측면에서도 원인을 살펴 본다.

갈등에 직면하면 일반적으로 먼저 심리적인 반응이 나타나고, 그후에 신체적인 반응이 순차적으로 나타난다.

심리적 반응

권목사는 내년도 교회의 목표 중 하나인 "지역전도를 통한 등록교인 배가(倍加)"를 달성하기 위해 봄과 가을 두 차례에 걸쳐 총동원전도 계획을 세웠다. 그리고 계획안을 당회에 내어놓았다. 당회원 대다수가 그 계획에 협조적으로 발언을 하고 동조하는 분위기였기 때문에 이제 권 목사는 표결에 부쳐야 하겠다고 생각하였다. 이때에 강장로가 발언을 하였다. 그의 발언의 요지는 오늘날 시대가 많이 변하여 총동원전도 같은 방법으로는 전도가 이루어지기 어렵기 때문에 하지 않는 것이 좋겠다는 것이었다. 권 목사는 강 장로에게 "무슨 근거로 그렇게 이야기합니까?" 하고 불쾌한 목소리로 따졌다. 자신의 계획을 다른 교회의 성공사례를 예로 들면서 총동원전도를 시행해야 한다고 강하게 주장하였다. 그러나 강 장로의 주장은 다른 장로들에게 영향을 주었고 시간관계로 이 문제를 더 다룰 수가 없어서 다음 정기당회에서 좀 더 토의한 후에 결정하기로 하고 폐회하였다.

당회를 마치고 집에 돌아온 권 목사의 마음은 여러 가지 복잡한 생각으로 들끓었다. "강 장로가 그럴 수가 있나", "장로들이 언제부터 나의 의견에 반대하게 되었는가?" "하나님, 제가 하나님을 기쁘시게 하려는데 왜 그러십니까?" 등 여러 가지 생각들이 마음을 어지럽혔다.

갈등에 부닥칠 때에 사람들은 분노(anger)를 느끼게 된다. 분노의 대상은 갈등에 관련된 상대방이다. 또 자기 자신의 민첩하지 못한 태도나 능숙하지 못한 행동을 이유로 자신에 대해서 화가 나기도 한다. 심지어는 자기의 편을 들어주지 않으시는 하나님을 원망하기도 한다.

이러한 분노 다음에는 죄책감(guilt)이 뒤따른다. 자신이 화를 내지 말아야 했는데 화를 냈다는 사실로 말미암아, 또는 자신의 말과 행동을 합리화시키면서도 그 때에 좀 더 성숙한 모습을 보여야 했었는데 그렇게 하지 못한 아쉬움 때문에 자기 자신을 책망하기도 한다.

갈등을 겪는 사람은 이런 죄책감 가운데서 어떻게 이 문제를 풀어야 할 것인가를 생각하게 된다. 특별한 해결책이 보이지 않으면 깊은 생각에 잠기게 된다. 또 교회의 장래와 자신의 위상에 대해 고민하게(anxiety) 된다.

고민을 해도 뾰족한 수가 보이지 않을 때에 사람은 좌절감(frustration)이라는 함정에 빠져 헤어나기 어렵게 된다. 좌절감은 때로 갈등의 상대방을 "원수"(怨讐)로 여기게끔 만들기도 한다. 그러나 때로는 화해의 기회를 적극적으로 수용하게도 만든다. 이것은 마치 사람들이 치과에 가는 것을 미루다가 참기 힘든 치통(齒痛)이 있을 때에 어쩔 수 없어 가게되는 경우와 같다.

갈등으로 말미암아 이러한 심리적인 현상은, 믿음의 사람으로 하여금 은밀한 중에 계시는 하나님께 나아가 마음을 쏟아놓게 한다. 시편 62편 8절은 사방으로부터 공격을 받고 낙심 중에 있는 사람들에게 이렇게 권한다. "백성들아 시시로 저를 의지하고 그 앞에 마음을 토하라 하나님은 우리의 피난처 시로다" 분노와 좌절감을 겪는 사람들은 특별히 시편을 읽고 묵상하며 하나님을 앙망하므로 위로를 받고 소망을 회복할 수 있다.

분노를 느끼는 사람들은 감정적으로 일을 대처하며 극단적인 반응을 보이는 경향이 있다. 감정이 격앙될 때에 감정을 진정시키며 지금까지 전개된 상황을 글로 기록하여 봄으로써 생각을 정리해 볼 필요가 있다. 또 신뢰할 만한 사람을 찾아가 이야기를 나누면 억압된 감정을 해소할 수 있으며, 객관적인 입장에서 상황을 살필 기회도 얻을 수 있다.

신체적 반응

다른 사람으로부터 적대적인 공격을 받는 사람은 순간적으로 당황하게 되며 심리적으로 경계태세를 갖추게 된다. 이러한 심리적인 변화는 내분비선(內分泌腺)에 자극을 주어 화학적인 변화를 일으키고 신체의 각 부분에 각성효과를 준다. 심장이 활발하게 뛰며 혈압이 올라간다. 기관지(氣管支)가 확장되고 숨을 가쁘게 쉰다. 때로는 숨이 막히며 가슴이 답답한 기분을 느낀다. 체온이 높아지며 땀구멍을 확장시켜 땀이 나게 하고 특히 손에 땀을 쥐게 만든다. 눈동자가 커지며 민감한 사람은 눈꺼풀이 떨리는 현상을 경험한다.

이러한 신체적인 변화에 대처하는 방법은 심호흡을 한다던가, 조용한 음악을 들으며 차를 마시므로 감정을 안정시키는 것이다. 공기나 경치가 좋은 곳(삼림욕장, 해변, 공원 등)을 산책하고, 뜨겁지 않은 물에 목욕 또는 반신욕을 한 후 충분히 잠을 자는 것도 효과적인 방법이다.

긍정적·부정적 기능

갈등에 부닥칠 때에 기분이 좋은 사람은 아무도 없다. 갈등은 분노, 죄책감, 불안, 고민, 좌절감을 가져온다. 갈등은 때로 위염, 두통, 관절염 심지어는 당뇨병 같은 질병을 유발하기도 한다. 그러나 성경(약 1:2이하)은 이러한 갈등(시험)을 만날 때에 온전히 기쁘게 여길 것을 명하고 있다. 그 이유는 무엇보다도 먼저(첫째로) 갈등을 통하여 우리의 신앙인격이 연단 되고 예수 그리스도의 형상을 닮아가게 되기 때문이다.

인도(印度) 캘커타의 성녀로 일컬어지는 테레사 수녀에게 어떤 기자가 다음과 같은 내용의 질문을 했다. "현재 캘커타에는 수 백만 명의 사람이 고통을 당하고 있다. 당신이 하고 있는 일을 통해서는 겨우 수 십 명 내지 수 백 명 만 도움을 주는데 이 자비를 베푸는 일이 과연 성공(success)할 수 있겠는가?" 이에 대해 테레사 수녀는 다음과 같이 대답했다. "하나님이 우리에게 요구하시는 것은 성공이 아니라 신실함(faithfulness)입니다."

인생의 가장 중요한 목적은 이 세상에서 얼마나 많은 업적을 남기는가 하는 것이 아님을 성경은 분명히 가르쳐준다. 로마서 8장 29절은 하나님께서 그의 백성들을 예정하시고 부르신 목적을 이렇게 선언하고 있다. "하나님이 미리 아신 자들로 또한 그 아들의 형상을 본받게 하기 위하여 미리 정하셨으니 이는 그로 많은 형제 중에서 맏아들이 되려 하심이니라." 예수 그리스도의 형상을 본받는 가장 좋은 기회는 갈등을 통해서 온다고 해도 과언이 아니다. 갈등의 긍정적 기능 중 첫째 가는 것은 갈등을 통해 하나님께 더욱 가까이 나아가게 되고 예수 그리스도를 묵상하며 성령의 충만을 구하는 가운데 예수님을 닮아가는 기회를 얻게 되는 것이다. 예수님의 형상의 최고봉에는 하나님의 영광을 위해 원수까지도 사랑하는 아가페의 사랑이 있다.

사도 바울은 고난 가운데서 다음과 같이 고백하였다. "우리 산 자가 항상 예수를 위하여 죽음에 넘기움은 예수의 생명이 또한 우리 죽을 육체에 나타나게 하려 함이니라"(고후 4:11). 목사가 예수 그리스도의 형상을 본받고자 하는 중심을 가지고 갈등상황에 대처하면, 자신과 교회에 큰 유익이 있게 된다.

둘째로 갈등은 개인과 조직체에 경성(警醒)효과를 가져온다. 변온동물(變溫動物)인 개구리를 미지근한 물을 담은 냄비에 넣고 불 위에 놓으면 개구리는 물이 서서히 뜨거워지는데도 위험을 깨닫지 못하므로 결국 죽게 된다. 사람도 갑작스런 변화가 부닥칠 때에는 위험을 곧 깨닫지만, 미세한 변화에 대해서는 안일하게 대처하는 경향이 있다.

목사에게 목회가 익숙해지면 안일하게 사역에 임하기 쉽다. 이러한 가운데 경건의 모양은 있으나 능력을 상실한 채로 기도생활이나 설교를 하게 된다. 이러한 형편에서 갈등이 없다면 현상유지에 만족하는 목회를 하게 되고, 심지어는 교세(敎勢)가 감소되어도 주위 환경을 탓하거나 자기의 형편을 합리화하면서 지나기가 쉽다. 그러나 이런 상황에서 목사를 비난하는 말을 듣게 되면 그는 충격을 받아 자신의 현실을 점검하는 기회를 얻게 된다. 갈등은 잠들어 있는 영혼을 깨워 현실을 돌아보게 하는 긍정적인 기능을 갖고 있다.

  셋째로 갈등은 개인과 조직체의 존재이유(정체성)를 점검하게 만든다. 사람이 어려움에 처하면 '내가 왜 살아야만 하는가'에 대해 질문하게 된다. 그리고 그 이유를 발견하지 못하는 사람은 심각한 고민에 빠지게 된다. 이와 같이 목사가 교회에서 갈등을 만나게 되면, 자신이 왜 존재하는가를 질문하게 될 것이다. 지금까지 시간에 쫓기며 바쁘게 살아왔던 일들을 점검해 보며 하나님 앞에서 그의 부르심을 확인해 보는 기회를 갖게 된다. 사도행전 6장을 보면 예루살렘 교회가 구제 문제로 갈등에 휩싸이게 되었다. 이때에 사도들은 자신들이 구제에 몰두함으로 말미암아 기도와 말씀의 사역을 소홀히 하게 된 것이 교회에 어려움을 가져오게 되었음을 깨달았다. 그리하여 일곱 사람을 세워 구제의 일을 전담하게 하고, 자신들은 기도와 말씀의 사역에 전무함으로써 "제자의 수가 더 심히 많아지는"(행 6:7) 결과를 얻게 된다. 갈등은 목사에게 자신과 교회 전체의 존재의미를 점검하고 평가할 수 있는 기회를 제공한다.

  그러나 갈등을 만났어도 하나님 앞에서 자신과 교회를 점검하지 않으면 자신을 이해해 주지 못하는 교인들에 대해 섭섭해하고 자신의 처지를 비관하고 다른 사람을 비난하기가 쉽다. 갈등에 처하여 자신의 책임을 회피하고 문제를 상대방에게 전가(轉嫁)하려고 할 때에 서로 간의 거리가 더 멀어지게 되고 문제는 점점 더 복잡해지는 결과를 낳게 되므로 주의해야 한다.

  넷째로 갈등은 서로의 마음에 묻어 두었던 생각들을 들을 수 있는 기회를 제공함으로써 상대방에 대해 더욱 깊이 이해할 수 있게 된다. 사람은 다른 사람에 대해 오해를 할 때가 많다. 오해로 말미암아 사람들은 서로에 대해 멀리하고 때로는 비난하기도 한다. 직접 만나서 이야기를 나누면 쉽게 풀어질 문제임에도 불구하고 상대방의 얼굴을 피하는 것을 상책(上策)으로 여기고 불편한 가운데 지나는 경우가 많다. 그러나 이런 일들이 거듭되면 잠재상태에 있던 갈등이 표면화되면서 양편의 사람은 대면(對面)하지 않을 수 없는 상태로 나아가게 된다. 이러한 자리에서 사람들은 자기 마음에 묻어 두었던 이야기를 쏟아내게 된다.

갈등이 표출되어 서로 만나게 될 때 생산적인 결과를 가져오게 하기 위해서는 대화의 기술이 필요하다. 상대방의 이야기를 들으려 하지 않고 감정에 북받쳐 자기의 주장만을 되풀이하면 서로에 대해서 혐오감만 커지게 된다. 더욱이 이러한 자리에서 상대방을 욕하거나 인신공격을 하면 문제해결은 더욱 어려워진다. 그러나 상대방의 이야기를 경청하고 또 자신이 원하는 바를 분명하게 상대방에게 전달하고, 상대방 생각을 이해하려고 노력하며, 미래지향적인 관점에서 문제를 해결하려는 자세를 가지고 대화하면 당면한 문제를 해결할 수 있고 더욱 진전된 관계를 가지게 된다.

다섯째로 갈등은 변화를 가져온다. 사도행전 6장에 나오는 사건에서 볼 수 있듯이 갈등은 존재목적을 점검하게 만들고, 결국 그 목적을 이루기 위한 새로운 계획의 수립과 조직의 변화와 사람들의 마음을 모으는 기능을 하여 변화를 가져오게 한다. 생산적인 변화를 위해서는 갈등에 관계된 사람들의 자세가 무엇보다도 중요하다. 갈등의 긍정적인 기능을 이해하고, 대화를 통하여 서로의 사이에 놓여진 장벽을 제거하며, 힘을 합하여 문제를 해결하려는 의지가 양편 모두에게 있을 때에 갈등은 긍정적인 기능을 발휘하여 생산적인 결과를 가져오게 된다.

갈등을 지혜롭게 관리하지 못하면 사람들의 마음은 더욱 나뉘어지게 되고 교회는 분열하게 된다. 갈등은 긍정적인 기능을 하기도 하지만 하나님 중심, 성경 중심, 교회 중심으로 접근하지 않을 때에 갈등에 직접 관여하는 사람뿐만 아니라 교회 전체가 시험에 들며 크게 고통 하게 된다. 나아가 하나님의 영광을 가리우는 부정적인 기능을 하기도 한다.

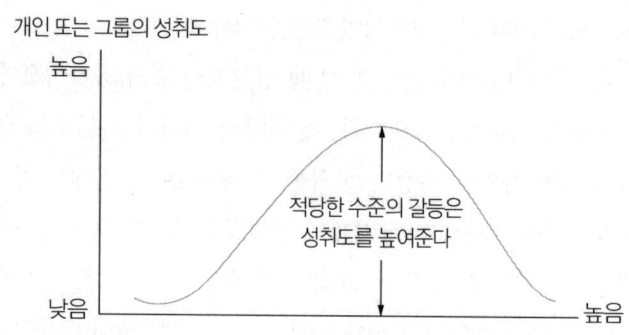

갈등수준	낮음	이상적	높음
영향	역기능적	순기능적	역기능적
행동	적응력둔화 무사안일 침체 의욕상실	신속한 적응력 창의성, 변화지향적 활발한 문제해결행동 적극적 목표달성행동	혼란 분열 상호조정결여 목적의식결여
성과	낮음	높음	낮음

표-6 갈등수준과 성과의 관계

4. 갈등의 진행방향[4]

사람들은 일반적으로 갈등을 불필요한 것이며 해로운 것으로 인식하여 왔다. 왜냐하면 갈등이 일어날 때에 적대감과 혼란, 관계의 단절과 조직의 와해를 경험했기 때문이다. 그러나 근래에 들어와서 갈등을 사람들의 다양한 욕구와 이해관계의 차이로 말미암는 자연스러운 것으로 보는 경향이 생겨났다. 로빈스(Stephen P. Robbins)는 갈등이 조직을 활성화시키며 변화를 도모하여 목적을 성취하는 데 도움을 주는 것으로 인식한다.5) 갈등은 이에 관련된 당사자들이 어떤 태도와 목표를 가지고 접근하며, 의사소통의 기술을 얼마만큼이나 효과적으로 사용하는가에 따라 파괴적인 결과를 가져올 수도 있고, 이전보다 더 발전적인 변화를 가져오게도 만든다.

파괴적 진행

갈등이 발생하면 갈등에 관계된 사람은 하나님의 통치하심을 믿고 하나님의 뜻을 따라 성령 안에서 합리적인 사고를 하면서 건전한 상식을 바탕으로 문제에 접근하는 것이 필요하다. 그러나 하나님 중심, 성경 중심, 교회 중심의 태도를 버리고 자기 중심적인 태도를 취하면, 합의에 도달하기 어렵다. 상대방을 그리스도 안에서의 지체로 인정하지 않으면 불신과 오해와 속임과 인신공격이 있게 된다. 이러한 말과 행동은 감정을 자극하여 분노와 미움과 공격적인 말과 행동을 불러일으킨다.

파괴적인 갈등에 휩쓸리면 사람들은 하나님 중심에서 떠날 뿐만 아니라 상식을 벗어난 생각과 말과 행동을 하게 된다. 이들은 객관적 안목을 잃어버리고 자기는 옳고 상대방은 틀렸다고 하는 흑백논리 또는 양극화된 사고(思考)에 빠지게 된다. 자기 눈의 들보는 보이지 않고 상대방 눈 속의 티를 문제삼고, 상대방을 비난하는데 급급하게 된다. 같은 일에 대해서 평가기준이 달라져 자신이 하면 로맨스이고 상대방이 하는 것은 스캔들로 간주하는 자기합리화에 빠진다. 하나님의 영광을 위해서라는 명분을 내세워 생존 또는 승리를 얻는데 몰두한다. 또 목적이 수단을 정당화하지 못한다는 사실을 머리로는 알면서도 교회를 살려야 한다는 명분으로 상대방을 박살내는 데 혈안이 된다. 수단과 방법을 가리지 않고 사용하는 잘못을 범한다.

이러한 갈등을 초기에 감지하고 대처하지 않으면 교인들의 마음은 나누이게 된다(불화: disintegrating). 교회의 예배, 교제, 교육, 전도/선교, 그리고 봉사의 기능은 어디론가 사라지고 경쟁과 욕설과 생존을 위한 투쟁이 난무하게 된다. 교회는 전쟁터로 변한다(역기능: dysfunctional). 이러한 현상이 계속되면 결국 교회는 사분오열(四分五裂)되어 뿔뿔이 흩어지게 된다(분열: dissociating). 갈등상황에서 하나님의 통치를 의지하기보다는 도리어 자기 주장만을 고집하고 자신의 감정을 폭발시키고 상대방을 어떻게 하든지 굴복시키려고 하면 결국 피차 망하게 된다. 파괴적인 방향으로 진행하는 갈등은 불행한 결과를 낳는다.

파괴적인 방향으로 진행하는 갈등은 앞에서 본 것처럼 말다툼과 뜨거운 논쟁과 싸움으로 나타나는 경우가 있고, 은밀한 가운데 진행되는 경우도 있다. 처음에는 서로에 대한 불신 때문에 대화를 회피하다가 만나기조차 싫어하게 된다. 이렇게 지내다 보면 서로에 대해 기대하는 것이 없어진다. 그러면서도 속마음으로는 상대방에 대한 서운함과 불평이 점점 늘어간다. 이러한 감정을 제3자에게 털어놓으면서 자기편을 만든다. 그렇게 하는 동안 양자 사이의 골은 회복할 수 없을 만큼 깊어져 결국은 나누어지게 된다. 성격이 소심하거나 착한 사람들의 경우 갈등은 은밀한 가운데 진행되다가 갑작스럽게 파국에 이르기도 한다.

건설적 진행

사람이 살아가는 동안 갈등을 피할 수는 없다. 따라서 갈등을 두려워하기보다는 건설적인 방향으로 진행시킬 수 있는 지혜가 필요하다. 갈등에 관련된 사람은 자기의 주장만을 고집해서는 안 된다. 상대방이 원하는 것이 무엇인가에 대해 생각하며, 어떻게 하면 쌍방이 다 만족할 수 있는 결론에 이를 수 있는가에 대해 관심을 가지고 그 해답을 찾는 노력이 있어야 한다.

갈등상황에서 상대방을 비난하고 등을 돌리는 것이 아니라, 차이점을 분석하고 의견을 교환함으로써 상대방에 대해 더 잘 알도록 해야 한다. 상대방을 적(敵)으로가 아니라 당면한 문제를 함께 해결해 가는 동역자로 인식할 때에 갈등은 건설적인 방향으로 진행된다.

갈등이 건설적이고 유익한 방향으로 진행되게 하기 위해서는 무엇보다도 먼저 갈등에 관련된 사람이 자신을 어떤 사람으로 인식하느냐 하는 것은 매우 중요하다. 목사 자신이 불신자나 교인들과의 관계에서 하나님과 화목케 하는 그리스도의 대사(ambassador)이며(고후 5:18), 모든 인간 관계를 화평케 만드는 하나님의 아들(마 5:9)이라는 정체성(identity)을 확고하게 가지고 있을 때에, 그는 갈등을 건설적으로 진행시킬 수 있다. 목사가 성경적인 건강한 자아상을 가지고 있어야 바람직한 갈등관리자가 될 수 있고 건설적인 방향으로 갈등을 이끌 수 있다.

5. 갈등의 발전단계

어떤 갈등은 건설적인 결과를 낳고, 다른 어떤 갈등은 분열과 파국을 가져오기도 한다. 사소한 의견의 차이가 분란을 가져오는 경우가 종종 있다. 담배꽁초에 남아있던 불씨가 산 전체의 나무를 태우듯이, 조그만 갈등의 불씨를 세심하게 다루지 않으므로 말미암아 교회가 큰 시험에 빠질 수가 있다. 잠언 17장 14절은 "다투는 시작은 방축에서 물이 새는 것 같은 즉 싸움이 일어나기 전에 시비를 그칠 것이니라"고 갈등의 예방이 중요함을 가르쳐 준다.

목사는 갈등의 진행 단계를 이해하고 있어야 한다. 또 각 단계에서 어떤 조치가 필요한가를 알고 있을 때에 갈등을 통해 성도들의 신앙을 더욱 성숙해지도록 도울 수 있다. 목사는 교회 전체가 한 마음 한 뜻이 되어 하나님의 뜻을 효과적으로 수행하도록 지도해야 한다.

파괴적인 갈등은 크게 세 단계를 거치면서 파국에 이르게 된다.[6] 제1단계: 문제해결을 추구하는 단계 ; 제2단계: 논란을 벌이며 경쟁하는 단계 ; 제3단계: 생존을 위해 투쟁하는 단계이다.

이러한 단계를 구분하는데 세 가지 기준을 사용한다.[7] 첫째 기준은 갈등상황에 부닥친 사람(또는 그룹)이 지향하는 목표이다. 갈등이 제1단계에 있을 때에는 문제를 해결하는 것이 양편 모두의 목표가 된다. 그러나 제2단계에 가면 단순히 문제를 해결하는 것보다 자기편이 그 논쟁에서 이기는 것을 목표로 삼게 된다. 제3단계에서는 단순히 이기는 것만으로는 만족하지 않고, 상대방을 처벌하고 완전히 압도하는 것을 목표로 삼게 된다.

두 번째 기준은 의식하든 못하든 간에 자신에 대하여, 상대방에 대하여, 그리고 그들 사이의 관계와 문제나 해결책에 대하여, 얼마만큼 성경적이며 객관적으로 평가하고 있고, 말하고 있는가 하는 것이다. 갈등의 제1단계에서 사용하는 말들은 사실에 가깝고 구체적이다. 그러나 제2단계에 이르게 되면 표현이 거칠어지고 일반화가 된다. 처음에는 "요즈음 우리 목사님이 심방을 좀 소홀히 하시는 것 같다"고 표현하다가, "우리 목사님은 요즈음 목회에 전혀 관심이 없다"로 바뀌게 된다. 제3단계에 이르면 인신공격으로 바뀐다. "그런 사람을 목사라고 할 수 있겠어요?"

세 번째 기준은 상대방을 어떤 사람으로 생각하느냐와 관련되어 있다. 갈등에 연루된 상대방을 그리스도 안에서 형제요 동역자로 여긴다면 그 갈등은 제1단계에 있다. 그러나 상대방을 자질이 부족한 동역자로, 지도자로 인정할 수 없는 사람으로 생각하면 그 갈등은 제2단계에 와 있는 것이다. 제3단계의 갈등에서는 상대방을 자신의 적으로 간주하고, 나아가 교회와 하나님 나라의 훼방자임으로 멸망시켜야 마땅한 대상으로 본다.

갈등의 양상은 사람들이 그것을 어떻게 해석하고 반응하는가에 달려 있다.[8] 곧 어떤 문제가 일어나든지 사람들이 하나님 앞에서(Coram Deo) 서로에 대해 마음을 열고 진실하고 겸손한 태도로 접근하면, 갈등은 그리 심각하지 않은 상태에서 건설적인 방향으로 해결할 수 있다. 그러나 서로를 비난하고 상대방에게 책임을 전가하고 정죄 하면 파국으로 치닫게 된다. 그러면 갈등의 각 발전단계를 구체적으로 살펴보고 각 단계에서 목사가 어떤 조치를 할 것인가를 알아보자.

제1단계: 문제해결을 추구하는 단계

제1단계의 초기에서 사람들은 갈등을 마음에 품고 여러 가지를 생각한다. 갈등에 연루된 사람에게 그 사실을 말해 줄까 말까를 망설인다. 이것을 말하는 것이 도움이 될 것인가 아니면 공연히 긁어 부스럼이 되게 만드는 것이 아닌가를 두고 저울질한다(물론 마음의 부대낌을 참지 못하는 사람들은 자기의 생각을 상대방이 듣거나 말거나 그냥 말해 버리기도 한다).

이러한 과정을 거쳐 입을 열게 되면, 갈등에 관련된 사람들은 각자의 소견과 주장을 있는 그대로 이야기하면서 문제를 해결하려고 노력한다. 이 단계에서는 자신이 피해자라는 의식이 별로 없고, 상대방에 대해서도 그리 나쁘게 생각하지 않는다. 그리스도 안에서 형제요 동역자라는 사실에 대해 의심하지 않는다. 상호(相互) 관계에 있어서도 현재의 상태를 유지하려는 생각을 가지고 있다. 분노나 미움 같은 감정이 개입되지 않는 가운데 서로가 대화를 나눌 수 있는 상태이다. 이때에 그들 사이에 오고 가는 말은 대체로 사실에 근거한 것이다. 또 그리스도인이라는 정체감(正體感)과 같은 교회를 섬기는 믿음의 식구라는 의식을 모두가 가지고 있다.

이러한 형편에서 이야기를 나누면 서로가 상대방의 이야기에 귀를 기울이며 자신의 잘못이 지적되면 겸손히 인정하고 용서를 구하며 시정(是正)해 갈 수 있다. 이렇게 되면 그 갈등은 건설적인 결과를 가져오고 좋게 마무리될 것이다. 그러나 서로의 주장에 대해 귀를 기울이지 아니하고 자기가 하고 싶은 말만을 반복하며, 점점 소리를 높여 이야기하면 대화는 평행선을 이루어 합의에 도달하기가 어려워진다. 상대방이 자기를 이해하려고 하지 않고 자기 주장만을 고집하면, 상대방에 대해 실망하게 되고 문제가 해결될 희망을 잃어버리게 된다.

갈등이 제1단계에서 매듭이 지어지지 않고 다음 단계로 발전하면, 서로가 대화를 해 봐야 별로 좋은 결과가 나오지 않겠다는 생각을 하게 된다. 그래서 막연한 기대 가운데 이야기를 계속 하기는 하지만 조금씩 감정이 섞인 표현들이 나오면서 의논(discussion)이 논쟁(debate)으로 차츰 변하게 된다.

제1단계에서 목사가 해야 할 일은 성도들이 그리스도 안에서 한 몸이란 사실을 분명하게 인식하도록 하는 것이다. 불만을 당사자 이외의 사람들을 찾아가 하소연하여 문제를 확산시키지 않도록 주의시켜야 한다. 당사자들이 직접 만나서 이야기를 나누도록 촉구해야 한다. 마태복음 18:15-20에는 범죄한 형제를 어떻게 도울 것인가 하는 문제를 다루고 있다. 여기서 제시하는 원리는 갈등을 겪는 이들에게도 적용될 수 있다. 곧 문제가 생겼을 때에 다른 사람에게 불평을 토할 것이 아니라, 당사자를 직접 만나 서로의 생각과 불만을 이야기하고 해결책을 찾게 해야 한다. 여기서도 문제가 해결이 되지 않으면 신실하고 지혜로운 사람을 초청하여 자리를 함께 하는 가운데 이야기를 나눌 수 있다. 교회 안에 믿음이 좋고 인격적으로 훌륭한 사람이 없는 경우에는 목사가 이 역할을 맡아야 한다. 그러나 목사는 가능하면 갈등에 직접 개입하지 않는 것이 좋다. 누가복음 12:13 이하에 보면, 유산(遺産)문제를 해결해 달라는 부탁을 예수님께서 받으셨을 때에 그는 문제해결의 원리(탐심을 물리치라, 하나님께 대하여 부요 하라)만을 이야기해 주시고, 직접 개입은 마다하셨다. 목사가 갈등에 부닥친 교인들을 직접 중재할 때에, 양쪽을 다 만족시킬 방안을 찾는 것은 거의 불가능하다. 결국 한쪽 편은 옳고, 다른 편은 그르다고 판단하거나, 한쪽 편에게 유리한 결정을 내릴 수밖에 없게 된다. 그리할 때에 최소한 한쪽 편은 목사에 대해 섭섭함이나 불만을 품게 되고 결국 교회를 떠날 가능성이 크다.

목사는 갈등이 두 가지 방향-건설적 방향, 파괴적 방향-으로 진행될 수 있음을 성도들에게 상기시켜야 한다. 그들이 당면한 문제가 건설적 방향으로 진행되도록 하나님 앞에서 진실하고 성실하게 대화에 참여하며 하나님을 기쁘시게 하는 결론에 도달할 수 있도록 격려해야 한다.

제2단계: 논란을 벌이며 경쟁하는 단계

당면한 문제에 대해 이야기를 나누었으나 문제해결이 어렵다고 쌍방이 느낄 때에 갈등은 제2단계로 넘어간다. 지금까지 갈등에 관련된 사람들은 문제가 어렵지 않게 해결될 것이라는 희망을 가지고 토의에 임하였다. 그러나 서로의 입장이 다르다는 것이 확인되고 그러한 입장이 좁혀지기가 어렵다는 사실을 알게 되면 상대방을 불신하게 된다. 상대방을 그리스도 안에서 형제나 동역자로 더 이상 인정하지 않는다. 이 갈등 상황을 다른 사람에게 적극적으로 알리면서 상대방의 약점과 불의를 선전한다. 제2단계에서 갈등에 개입하고 있는 사람들의 목표는 문제해결에 대한 미련이 아직도 없지는 않으나, 자의반 타의반으로 교회에 알려지게 된 이 사건에서 최소한 체면을 구기지 않고 빠져 나오고, 가능하면 상대방의 항복을 받아 자신이 원하는 대로 문제를 매듭짓는 것이다. 그들은 점차 객관적인 관점(perspective)을 잃어버리고 자기 중심적으로 문제를 해석하고 판단하게 된다.

제2단계에서 당사자들끼리 이야기를 할 때나 그 외의 사람들과 말할 때에 감정이 섞여 나와 표현이 거칠어지고, 사건을 구체적으로 이야기하기보다는 일반화시키며, 극단적인 표현이 나타나게 된다. 아래와 같은 관점이나 태도를 가지고 있거나, 언어에 다음과 같은 표현을 당신이 사

용하고 있다면 제2단계에서 제3단계의 갈등상황으로 넘어가는 위치에
있다.9)

- 자기중심적 관점 : 갈등에 연루된 사람들이 상대방을 불신하고, 상대방을 배려하는 마음이 거의 없다. 나아가 하나님 중심으로 생각해 보려는 마음마저도 찾아보기가 힘들다. 모든 것을 자기 중심적인 관점에서 본다. 자기에게 좋으면 선이고, 자기에게 해가 되면 악으로 판단한다.

- 이분법 : 갈등에 관계된 사람들은 이제 자기를 중심으로 아군(我軍)과 적군, 흑과 백, 선과 악을 나누게 된다. 중간지대 또는 회색지대(灰色地帶)가 희미하게 남아있기는 하다. 자신에게 유익이 되면 자기편이 된다. 자기를 지지하지 않는 사람을 머리가 좀 모자라거나 비겁한 사람으로 간주한다. 주위 사람들에게 편을 선택하라고 요구한다. 하나님의 뜻을 찾고 교회를 위하고 모두를 위하는 방향에서 말하는 사람들을 소신이 없는 사람 또는 기회주의자로 매도한다.

- 보편화 : 문제를 구체적으로 이야기하지 않는다. 그들은 "모두", "아무도", "전혀", "항상" 등의 단어를 자주 사용한다. 자기가 피해자이고 상대방이 가해자라는 것을 명확하게 전달하려고 노력한다. 지나간 과거에 대해서도 좋은 기억들은 모두 잊어버리고 나쁜 것들만을 기억하여 상대방의 악함을 강조하기 원한다. 다음과 같은 말들이 그 실례(實例)이다. "박장로는 우리 교회에서 항상 말썽만 부려왔습니다."
"이집사는 제3남전도회의 회장으로서 지난 반년동안 전혀 일을 안 했습니다." "장로님들은 모두 다 목사님을 반대해 왔습니다. 이제 목사님을 지지하는 사람들은 아무도 없습니다." 이러한 말들은 현실을 조금 반영하고는 있을지 모르나, 100퍼센트 사실은 아니다. 이런 극단

적인 말을 들을 때에 주의해야 한다. 그 말을 하는 사람이 감정적으로 치우쳐 있다는 사실을 기억하고 그의 반대편에 있는 사람의 말도 들어 보아야 하겠다는 생각을 가져야 한다.

- 과장: 갈등 상황에서 사람들은 이분법과 보편화를 통하여 상대방의 잘못과 약점을 부각시키려고 한다. 이와 함께 자신들의 옳음을 직접적으로 또는 간접적으로 드러낸다. 예를 들면 다음과 같다. "장로님들은 지금까지 목사님의 의견에 대해 협조적이었던 때가 한 번도 없었습니다." "목사님은 교회를 이동하려고 마음이 동하신 이후로는 우리 교회의 일에는 완전히 손을 놓고 계십니다."

- 사실보다 자신의 감정을 더 앞세운다. 제2단계의 갈등상황에 있는 사람들은 더 이상 객관적인 사실을 가지고 이야기하려고 하지 않는다. 자기들의 감정을 내세움으로써 동정을 얻으며, 자기들의 편으로 사람들을 이끌어 들이려고 한다. "내가 장로님들 때문에 얼마나 고생을 했는지 여러분들은 모르실 것입니다." "목사님이 일을 그렇게 처리했기 때문에 우리가 얼마나 고통스러워했는지 아시기나 하십니까?"

- 사건과 인격을 결부시킨다. 상대방에 대한 불신은 이제 사건과 인격을 결부시켜 비난하게 만든다. 문제와 사람을 분리시키는 일이 어려워지고, 인신공격이 늘어나면서, 문제 자체에 대한 관심은 옛 기억 속으로 사라져 간다. "김 목사님은 정말 교양이 없는 사람이야." "이 장로님은 사람도 아니야." "박 집사님은 크리스천이라고 할 수 없는 사람이다."

- 사건을 영적인 문제로 비화시킨다. 교회 안에서 일어나는 갈등이 파괴적인 방향으로 치닫는 이유 중의 하나는 사건을 영적인 문제로 비화시키기 때문이다. 갈등에 관련된 사람들은 자기들의 처지를 옹호하기

위해서 "하나님의 뜻"을 내세우게 된다. 또 상대방은 믿음이 없는 사람들이고 사단에게 이용당하고 있는 사람들이라고 매도한다. 이런 상황이 되면 양측의 사람들은 배수진을 치고 전열을 가다듬고 공격적인 자세를 가지게 된다.

  어떤 교회에서 담임목사가 재정을 유용(流用)한다는 소문이 돌았다. 제직회가 이 문제를 거론하자 그는 몇 달이 지난 후 회계집사에게 회계보고를 하게 하였다. 그러나 제직들은 회계보고가 부실하므로 특별감사를 선출하여 정밀조사를 하기를 요청하였다. 이 때에 담임목사는 목사를 불신하는 것은 믿음이 없는 태도이며 사단의 하수인 같은 행동이라고 말했다. 또 이러한 요구를 계속 하면 치리를 하겠노라고 선언하였다. 이러한 목사의 태도는 일부 집사들의 의심을 더 불러일으켰다. 그러나 과반수가 되는 제직들은 교회의 평화를 원한다고 하면서 문제를 그냥 덮어두기를 원했다. 이런 상태로 몇 년이 지난 후 담임목사의 재정유용의 문제가 더 이상 묵과할 수 없는 상황에 이르자 교회는 결국 분열되고 말았다.

  교회에 문제가 있는 경우 영적인 문제로 비약시키는 일은 목사와 교인을 막론하고 극히 주의해야 할 일이다. 하나님께서 사람에게 주신 상식을 가지고도 충분히 해결할 수 있는 문제를 영적인 문제로 비화시킴으로써 문제의 핵심을 모호하게 만들고 상대방을 정죄하는 것은 옳지 않다. 앞의 예에서도 제직회가 정밀감사를 하려 했을 때에 담임목사는 교인들의 의심을 불식시키기 위해서라도 당연히 동의를 해야 했다. 또 자신에게 잘못이 있으면 그것을 인정하고 용서를 구하고 해결책을 함께 찾아야 한다. 목회자는 잘못이 있으면 담임목사의 직책을 사면하는 것까지도 감수하려는 자세를 가져야 한다. 자기의 잘못을 은폐하기 위해서 문제를 영적으로 비화시키고, 목회자의 직책을 이용하여 권위주의적인 행동을 보이는 것은 잘못이다.
- 사람들은 조건부 화해를 제안하기도 한다. 제2단계의 갈등상황에서 사람들은 외부의 설득과 압력에 의해 마지못해 화해를 제안하기도 한다. 그런데 이러한 화해의 안(案)이라고 하는 것은 대개 비현실적인 조건을 다는 경우가 많다. 이러한 안들의 대부분은 상대방이 먼저 잘못을 시인하고 이러 이런 일들을 하면 자기들도 화해를 할 의사가 있다는 식이다. 예를 들면, "담임목사님이 먼저 사과하지 않는 한 우리는 교회에 들어가지 않을 것입니다." "저도 교회의 일치를 원합니다. 그러나 박 장로님이 먼저 사과를 해야 대화에 응할 것입니다." 이러한 조건부 제안은 그리스도인 답지 못한 것이다. 빌립보서 2장이 보여주는 것처럼 그리스도인은 먼저 낮아지고 종의 형체를 입으시고 죽기까지 하신 예수님을 본받아야 한다. 그래서 어떤 조건을 달지 않고 대화에 응해야 하며, 진리와 의를 밝히되 때로는 화평을 이루기 위해 자신이 손해를 보고 희생하기까지 해야 한다.

파괴적인 갈등의 제2단계에서는 서로에 대한 불신이 자라나 정상적인 대화가 더욱 어려워진다. 상대방의 말이나 행동에 대해 분노가 일어나고 미움이 생긴다. 상대방을 대면하여 비난을 하기도 하고, 그가 없는 자리에서 욕을 하게 된다. 이에 따라 갈등은 대결구도의 양상을 띠게 된다. 그리스도 안에서 한 지체라는 의식은 사라져 버리고 적이라는 생각을 한다. 어떻게 해서라도 현재의 갈등상황에서 상대방을 꺾고 승리의 면류관을 쓰고야 말겠다는 어리석은 영웅주의에 빠지게 된다. 그러나 교회의 싸움은 이긴 사람이나 진 사람이 결국은 다 같이 손해를 보게 되어 있다.

이러한 상황에서 목사가 할 수 있는 일은 무엇일까? 우선 갈등에 관련된 사람을 파악해야 하고, 그들을 만나서 그들이 주장(position)하는 것과 관심(concern/interest)이 무엇인가를 알아내야 한다. 양측의 주장은 보통 양극으로 대립이 되어 있어서 일치점을 찾기 어렵다. 그러나 그들의 관심에는 대개 공통점이 존재한다. 이러한 양측의 관심사를 알아내고 양측이 만족할 만한 해결책을 목사는 자기 나름대로 모색해 보아야 한다. 사실을 파악한 후에 각 편의 대표자를 한 자리에 불러모아 이야기를 나누도록 해야 한다.

대화의 자리에서 목사는 모두가 그리스도의 지체이며 한 몸이라는 것을 주지시키고, 당면한 문제와 자신의 견해에 대해 충분히 이야기할 기회를 주어야 한다. 이야기가 곁길로 빠지거나 감정적이 되어 상대방을 자극하는 발언을 하지 않도록 주의를 주고, 의사진행을 통제해야 한다. 양측이 주관적이며 자기중심적이며 근시안적인 자세를 버리고, 보다 객관적이고 교회 전체를 바라보는 안목과, 멀리 내다보면서 현재의 문제를 접근하도록 도와야 한다. 제2단계의 갈등은 이러한 노력을 통해 제1단계의 갈등과 같은 정도로 그 강도를 낮출 수 있다.

제2단계의 갈등 현상 중의 하나는, 갈등의 당사자들이 자신의 주장에 명분을 더하기 위해 문제를 영적으로 비화시키는 바 그것은 결코 옳은 일이 아니다. 그러나 교회 내의 갈등에서 사단이 작용하고 있음은 부인할 수 없다. 따라서 목사는 깨어 기도하는 가운데 영적인 분별력을 가지고 문제를 살필 수 있어야 한다. 갈등의 현재의 상황을 살필 뿐 아니라, 그 문제의 과거를 조사하고 미래를 전망할 수 있어야 한다. 또한 갈등에 관련된 사람들의 영적인 상태를 점검하여 하나님의 통치하심에 대한 믿음 위에 그들이 서도록 도와야 한다. 하나님의 살아 계심과 그의 공의와 자비를 믿는 자만이 하나님의 뜻을 따라 갈등을 풀어갈 수 있다.

제2단계 갈등을 제1단계로 낮추는 작업에 당사자들이 동조하지 않으면, 갈등은 제3단계로 진행하게 된다.

제3단계: 생존을 위해 투쟁하는 단계

제2단계에서 갈등의 당사자들은 자신의 옳음을 증명하고, 논쟁에서 자신들의 의견을 관철시키려는 목표를 가지고 서로 다투며 경쟁하여 왔다. 그러나 이러한 노력들이 별로 빛을 못보면 서로 간의 갈등의 골이 점점 더 깊어지게 된다. 그들은 이제 더 많은 사람들을 자기 그룹에 끌어들이기 위해 목소리를 높여 상대방을 비난한다. 또 자기들의 옳음을 극단적으로 이야기하게 된다. 이제는 갈등을 불러일으킨 원인과 해결책을 찾는 일이 더 이상 대화의 주제가 되지 않는다. 많은 다른 문제들이 전면에 등장하여 원래의 문제는 더 이상 이슈(issue)가 되지 못한다.

과장된 표현과 독선적인 말, 그리고 인신공격은 서로를 용서할 수 없는 자리로 몰아간다. 논쟁에서 이기는 것만으로는 만족할 수 없다고 느낀다. 제3단계에서 갈등의 당사자들의 목표는 상대방과의 관계를 끊는 것이다. 상대방의 악함을 드러내고 하나님 앞에서 용납해서는 안될 사람으로 낙인을 찍는다. 그들을 교회에서 축출하는 것을 목표로 삼는다.

이들이 사용하는 말은 극단적이 되고 그리스도인으로서 도저히 사용할 수 없는 말들도 서슴없이 튀어나온다. 더 이상 말로서는 문제를 해결할 수 없다고 생각하여 물리적인 폭력마저 행사하기도 한다. 교회 밖의 공권력(경찰, 소송 등)을 끌어들여서라도 상대방을 제압하려고 한다. 이러한 교회는 맛을 잃은 소금이 되어 세상 사람들의 입에 조롱거리가 되며 세상 사람들의 비웃음거리가 된다. 그들의 발에 무참히 짓밟힌다(마

5:13).

　제3단계의 상황에서 갈등에 관련된 사람들은 다음과 같은 현상을 보인다. 첫째로 교회 전체보다 자기가 속한 그룹에 충성한다. 둘째, 자기 그룹의 유익과 승리가 하나님의 영광에 직결되어 있다고 믿는다. 셋째로 어떤 대가를 치루고라도 자기 그룹의 주장을 관철시키려 한다. 넷째로 자기 그룹 이외의 모든 사람들은 하나님의 편에 서지 않는 비겁한 사람으로 매도하고 비난한다. 외부인들의 동조를 얻기 위해 필사적으로 노력한다. 이들은 교단의 임원들과 이웃교회의 교인들, 그리고 신문사에까지 영향을 미치려 한다. 정부의 유력(有力) 인사들에게까지 끈을 연결하여 이겨보려고 한다.

　이 단계에서 제3자(교단의 임원들, 컨설턴트 등)를 초청하여 중재를 요청하기도 한다. 그러나 이들의 역할이 효과를 발휘하는 경우는 드물다. 이들이 어떤 중재안을 내 놓더라도 양측을 다 만족시키기는 어렵다. 설혹 양측이 받아들인다고 할지라도, 또 다른 명분을 내세워 분열을 일으키는 경우가 많다.

　제3단계에서 목사가 할 수 있는 일이란 극히 제한되어 있다. 만일 갈등이 목사로 말미암아 발생되었다면, 그는 갈등이 이 단계에 이르기 전에 교회를 사면하는 것이 바람직하다. 목사는 자신으로 말미암아 교회가 싸우고 분열되는 것보다는 윤리적인 책임을 지고 일찍감치 자신이 교회를 떠나므로 교회의 화평을 도모하는 것이 하나님 앞에서 올바른 일이다.

　갈등이 목사와 직접적인 상관이 없이 일어나서 제3단계에까지 오게 되었다면, 교회를 발전적으로 분리하는 방안을 신중히 검토하고 교회에 제안할 수 있다. 갈등이 제3단계의 상황까지 왔음에도 불구하고 교회가 분열되지 않는 것이 한편으로는 다행스런 일이라고 할 수 있다. 그러나 이런 상황에서 일치를 유지하는 것은 어떤 면에서 오월동주(吳越同舟)에 비유할 수 있다. 즉 이러한 교회는 시한폭탄을 안고 있는 것과 같아서 언젠가는 지난날의 앙금이 다시 끓어올라 교회의 분란을 재연시킬 것이기 때문이다.

교회가 발전적으로 분립하는 경우 교회의 재산문제가 가장 큰 걸림돌이 될 것이다. 이 상황에서는 어느 편이든지 다음의 말씀을 기억하고 순종하면, 비록 당장에는 손해가 있을지라도 결국은 하나님의 은혜를 입게 될 것이다. 사도 바울은 성령의 감동하심을 입어 이런 상황에 있는 교회를 향하여 책망하신다. "너희가 피차 송사함으로 너희 가운데 이미 완연한 허물이 있나니 차라리 불의를 당하는 것이 낫지 아니하며 차라리 속는 것이 낫지 아니하냐? 너희는 불의를 행하고 속이는구나 저는 너희 형제로다"(고전 6:7-8).

| 제 5 장 |

목사가 겪는 갈등 1

1. 교회 안에 갈등이 심한 까닭

교회는 어떤 사회 단체보다 갈등을 자주 경험한다. 갈등이 생기면 심각한 양상으로 전개되는 경우가 많다. 교회는 하나님의 사랑을 받은 사람들의 모임이며, 사랑을 많이 강조하는 공동체인데 갈등에 휘말리는 이유는 무엇일까? 교회가 겪는 갈등의 원인은 다음과 같다.

- 교인과 참 그리스도인 사이의 모호한 구분
- 구성원의 다양성
- 만인제사직에 대한 오해
- 목사와 교인들의 미성숙

- 교회의 거룩성에 대한 견해차이
- 영적인 면에 국한된 교회의 치리
- 교회의 집중과 확장의 양방향적 기능
- 자원봉사의 성격
- 교회의 지역사회와의 관계
- 진리를 추구함

명목상의 교인과 진정한 신자 사이의 모호한 구분

교회를 다니는 사람(church-goer)과 참 그리스도인 사이의 구별이 모호하므로 교회 안에 갈등이 많이 발생한다. 교회법적으로 교인이라 하면 원입(願入)교인, 학습교인, 유아세례교인, 입교인을 든다. 그러나 여기서는 편의상 좀 다르게 구분을 하여, '교인'을 거듭남의 경험이 없이 단순히 교회의 모임에 참석하는 사람들 전체로 정의한다. 이와 대조적으로 '참 그리스도인'이란 진정으로 거듭나 예수 그리스도를 믿고 따르는 사람들을 가리킨다.

교인들 중에는 순수하게 구도자(求道者)의 자세로 교회에 나오는 사람이 있는가 하면, 다른 목적을 가지고 교회의 모임에 참석하는 사람들도 있다. 곧 고객확보라는 사업상의 목적을 가지고 나오는 사람들도 있고, 이성(異性)에 대한 관심이나 결혼대상자를 찾기 위해 나오는 사람들도 있다. 또 교회란 어떤 곳인가를 알아보려는 호기심에서 나오는 사람들도 있다.

참 그리스도인들 중에서도 일시적으로 믿음이 약한 상태에서 문제를 일으키는 사람들도 없지는 않다. 그러나 그들은 하나님 중심, 성경 중심,

교회 중심으로 문제를 보고 해결하려는 경향이 있다. 그러나 참 그리스도인이 아닌 사람들은 대체로 인간 중심, 상식 중심, 개인의 유익을 중심으로 하여 사물을 이해하고 판단한다. 이에 따라 교인과 참 그리스도인 사이에는 긴장과 갈등이 쉽게 일어난다.

하나님의 뜻을 찾고 주님의 뜻에 순종하려는 순수한 신앙인들 보다 고린도 교인들처럼 육에 속하고(고전 2:14), 육신에 속한 사람들(고전 3:1 이하)이 많아질 때에 교회에 다툼이 있게 되고, 엉뚱한 일들이 일어나게 된다. '악화가 양화를 구축한다' 는 말과 같이 믿음이 없는 사람들과 믿음으로 살려는 사람들이 처음에는 의논도 하고 논쟁도 하다가 결국에는 수단방법을 가리지 않는 사람들에 의해 참 신앙인들이 압도당하는 지경에까지 이르게 된다.

한 사람의 신앙이 참인가 거짓인가를 구분하는 것은 하나님께만 속한 것이다. 그렇지만 교회의 지도자들은 세례를 베풀 때에 그의 신앙을 분별하고 세심하게 확인할 책임이 있다. 특히 다른 교회에서 이명하여 전입(轉入)하는 경우, 교회의 지도자들은 등록카드를 세심하게 살펴야 한다. 그리고 면접을 통해 미심쩍은 일들을 확인한 후에 교회 회원의 자격을 부여해야 한다. 또한 계속적인 교육과 훈련을 통해 교인들이 믿음 위에 바로 서도록 해야 한다. 모든 교회의 일을 돌아보며 결정하는 일에 하나님중심, 성경중심, 교회중심으로 행하는 모범을 보이면 사단이 틈타지 못하며, 분쟁의 여지가 제거된다.

다양한 구성원

교회는 다양한 사람들로 구성되어 있다. 예수 그리스도의 복음은 민족과 신분과 성별(性別, 갈 3:28), 출신지방(행 2:9-11), 빈부(약 2:1-13), 연령(요일 2장) 등 모든 장벽을 허물고, 하나되게 한다. 교회의 문은 예수 그리스도를 믿는 믿음을 조건으로, 모든 사람에게 열려져 있다. 다양한 사람들이 그리스도의 몸인 교회를 이루고 있기 때문에 갈등이 일어날 소지는 항상 있다.

성경공부를 예로 들어보자. 성도들 가운데는 공부에 취미가 있는 사람도 있고, 재미를 못 느끼는 사람들도 있다. 책을 읽고 생각하는 능력이 많지 않은 사람들도 더러 있다. 목사가 오랫동안 준비하여 로마서 성경공부 반을 시작하였다. 교재를 구입하여 참석하는 사람들에게 나누어주고, 성경과 교재를 읽고 숙제를 꼭 해 오라고 강조하였다. 또 함께 모이면 주로 토의형식으로 공부를 진행하였다. 학창시절에 공부를 잘했던 사람들은 흥미를 가지고 참여하여 많은 것을 배웠다.

그러나 공부에 대해 콤플렉스를 가지고 있는 사람과 글을 잘 읽지 못하는 사람들은 불평을 했다. 참석율이 점점 낮아졌다. 결국 그들 중 한두 사람만이 남게 되었다. 이런 경우 목사는 별도의 성경공부 모임을 마련해야 한다. 즉 멀티미디어를 사용하고 예화를 많이 드는 강의식 성경공부를 개설하여 그들의 필요를 채워주어야 한다. 그렇게 하지 않을 경우 그들의 불평은 점점 더 확산되며 심화될 것이다.

교회가 남녀노소, 빈부귀천, 출신지역과 신앙의 연륜이 다양한 사람들로 구성되어 있다는 것은 갈등의 소지가 많다는 것을 의미하기도 하지만, 성장할 수 있는 잠재력이 큰 것을 뜻한다. 다양한 사람들을 접촉하고 전도하며 돌볼 수 있기 때문이다. 따라서 목사는 성도들의 다양한 필요를 세심하게 살피며, 그들의 영적 필요를 다양한 방법으로 채워주어야 한다. 또 교회가 그리스도의 몸이며, 성도들은 그 몸의 각 지체임을 강조해야 한다. 목사는 교인들의 은사의 다양성을 인정하여, 각자의 은사를 발휘하도록 도와야 한다. 그리고 그들이 질서 가운데 유기적으로 서로를 돕고 섬기도록 지도하여 그리스도의 장성한 분량에 이르도록 해야 한다. 교인들이 서로 사랑하면 갈등은 줄어들고, 세상은 그들이 그리스도의 제자임을 알게 된다. 그때에 전도의 문은 더욱 활짝 열리게 된다.

만인제사장직에 대한 오해

만인제사장직에 대한 오해가 교회 안에 갈등을 불러일으킨다. 종교개혁자 마르틴 루터(Martin Luther)의 중요한 공헌 중의 하나는 만인제사장직의 원리를 분명히 한 것이다. 곧 모든 그리스도인이 신부에게 고해성사를 함으로써가 아니라 하나님의 은혜의 보좌 앞에 담대히 나아가 죄를 고백하므로 사죄의 확신을 얻을 수 있음을 밝혔다. 또 그리스도인은 마리아나 성인(聖人)에게 기도하는 것이 아니라 직접 하나님 아버지에게 소원을 아뢸 수가 있음을 천명하였다. 만인제사장직의 원리는 사제(司祭)와 일반 신자 사이에 있었던 담을 헐어버리고, 모든 그리스도인이 하나님의 일군으로서 하나님의 일을 하게 됨을 알게 하였다.

그러나 오늘날 만인제사직의 원리를 빙자하여 교회의 질서를 문란케 하고 갈등을 야기시키는 경우가 종종 있다. 특별히 성경과 신학에 대한 깊은 연구 없이, 자신의 경험이나 꿈을 가지고 '계시'를 받았다는 이유로 비성경적인 가르침을 통해 교회에 문제를 일으키는 사례가 있다.

에베소서 4:11 이하에서, 승천하신 예수 그리스도는 어떤 사람들을 목사와 교사로 부르신다. 그리고 그들을 통해 그의 백성들을 가르쳐 온전케 하며 봉사의 일을 하게 하므로 그리스도의 몸을 세워 가신다. 곧 모든 그리스도인이 제사장직을 받았으나 목사는 교회에서 특별한 기능을 맡은 자이다. 따라서 교인들은 목사의 지도를 잘 따라야 한다. 그런데 때로 만인제사장직을 빙자하여 목사의 지도를 거부하는 교인들로 말미암아 갈등이 생기는 경우가 있다.

목사도 인간이므로 실수를 범할 수 있다. 그러므로 목사가 하나님의 말씀에 비추어 잘못이 있을 때에 그리스도인들은 겸손한 마음으로 그의 실수를 지적할 수 있어야 한다. 또 하나님의 말씀에 바로 서 있는 목사의 지도에 대해서는 성도들이 순종해야 한다. 만인제사장직의 원리를 들면서, 자신의 마음에 들지 않는다는 이유만으로 목사를 대적하는 것은 옳지 않다. 목사는 교인들의 조언에 대해 하나님 앞에서 자신을 겸손하게 성찰하므로 자신이 잘못한 것은 빨리 인정하고 고쳐야 한다. 그러나 교인들의 비성경적인 주장에 대해서는 그리스도께서 주신 권위를 가지고 지혜롭게 가르치고 엄격하게 지도해야 한다.

목사와 교인들의 미성숙

목사와 교인들의 미성숙이 교회 안에 갈등을 심화시킨다. 기대가 크면 실망도 클 수가 있다. 사람들은 그리스도 안에서 죄와 사망과 심판에서 구원을 얻을 뿐만 아니라 현실의 질병, 경제, 인간관계의 모든 문제가 단시일에 해결되기를 기대한다. 하나님은 그의 자녀들에게 구원의 은혜를 이미 주셨고, 또 장차 완전하게 주실 것이지만 현실문제에 대한 응답을 때로 미루심을 통해 그들의 신앙인격을 시험하고 훈련하는 기회로 삼으신다. 교인들 중 이러한 하나님의 뜻을 받아들이지 않는 사람들은 믿음이 약해지고 시험에 들기도 한다.

교인들 가운데는 목사에 대해 지나친 기대를 하는 사람이 있다. 목사가 자신의 형편을 소상히 알아주기를 기대하고, 거기에 상응하는 도움을 베풀어주기를 기대한다. 또한 설교도 잘하고, 심방도 잘하고, 상담도 잘하고, 가르치기도 잘하고, 찬양도 잘하고, 중매도 잘하고, 재(財)테크도 있고, 해결사 노릇도 잘하는 만능인물이기를 기대하는 교인들도 많이 있다. 기대에 미치지 못하는 면이 나타나면 실망하고 급기야 목사를 배척하는 데 앞장서기도 한다.

이에 반해 목사는 교인들의 지나친 요구에 부응하기 위해 자기 몸이나 가정을 돌보지 않고 일중독(workaholic)에 빠지며 초자연적인 능력을 나타내기 위해 불건전한 신비주의에 심취하기도 한다. 자기의 능력이나 업적을 과장해서 이야기하므로 교인들의 관심을 붙들어 보려는 부정직한 일을 하기도 한다. 이러한 외식적인 생활은 초기에는 목사의 마음에 괴로움을 불러일으킨다. 그러나 시간이 지나면서 무감각하게 되고 안면이 두꺼워진다. 목사는 이제 교인들을 위한 사역을 하는 대신에 자신의 지위와 체면을 유지하기 위해 교인들을 조작(操作)하며 지나친 권위주의로 교인들을 통제하게 된다. 이에 교인들은 마음에 분노와 미움을 가지고 목사의 권위에 도전하며 문제를 일으키고 속으로 곪고 있다가 급기야 이러한 감정이 폭발하므로 갈등에 휩싸이게 된다.[1]

이러한 문제를 해결하는 길은 목사나 교인들이 함께 신앙적으로 성숙해지는 것이다. 하나님 앞에서 그리고 하나님 중심, 성경 중심, 가정 중심, 교회 중심, 그리고 세상의 소금과 빛으로서의 가치관과 삶의 태도를 키워 가는 것이 필요하다. 이러한 개인적인 신앙과 삶의 성숙한 태도를 배양하면서 목사와 교인, 교인과 교인 사이에 진실한 관계를 발전시켜야 한다.

목사는 교인들로부터 수퍼맨이며 완전한 사람이기를 강요받는다. 그러나 자신의 유한성과 약점을 때로는 나타내며 교인들의 기도와 도움을 요청할 수 있어야 한다.2) 교인들은 담임목사에 대한 의존도를 낮추고 서로를 돌아보며 격려하는 관계를 형성해야 한다. 교회 안에서 발생하는 인간관계로 인한 부대낌은 성도가 그리스도의 형상을 본받는 데 큰 기여를 하게 된다. 잠언 27:17은 "철이 철을 날카롭게 하는 것 같이 사람이 그 친구의 얼굴을 빛나게 하느니라"고 말씀한다. 이 말씀은 긍정적인 면에서 언급되었지만, 반면 교사(反面敎師)에게도 적용될 수 있는 말씀이다. 목사나 성도들은 일부러 문제를 만들어서는 안 된다. 그러나 문제가 있을 때에는 두려워하거나 회피할 것이 아니라 예수 그리스도의 형상을 닮아 가는 기회로 삼아야 한다.

담임목사를 비롯한 교회의 지도자들은 말씀에 근거한 영적 권위를 지녀야 한다. 그러나 내가 목사이니 나의 말을 들으라는 식의 권위주의는 철저하게 배격해야 한다. 교회의 지도자들은 말씀의 권위를 가지나 섬김으로써 모범을 보이며 "내가 그리스도를 본 받는 자 된 것같이 너희도 나를 본 받으라"(고전 11:1)고 할 때에 화합과 기쁨이 넘치는 교회를 이룰 수 있다.

교회의 거룩성에 대한 견해차이

교회의 성성(聖性)을 지키기 위한 과정에서 갈등이 생기기도 한다. 교회는 거룩한 공동체이다. 그러나 교회가 지상에 위치하고 있기 때문에 교회 안으로 자주 죄가 침투한다. 궁극적으로 하나님께서 친히 교회를 완전히 거룩하게 하실 것에 대한 소망을 가지고 성도들은 죄와 더불어 싸워야 한다. 유해무는 그의 개혁교의학에서 이렇게 말한다. "교회는 거룩해야 한다. 그러므로 여기에는 투쟁이 뒤따른다. 의로워진 죄인들의 교회로서 교회 안팎의 거짓과 불의에 대항해야 한다."3)

교회의 거룩성은 이단사설(異端邪說)을 구별하여 배격하고, 도덕적인 죄악을 드러내어 징계하는 과정을 통해 현실로 나타난다. 그러나 이단의 가르침은 이단(異端: 끝이 다르다는 의미)이라는 단어 자체가 시사하는 바와 같이 교묘하여 말을 자주 바꾸면서 자신의 정체를 감추는 데 익숙하다. 그리고 도덕적인 범죄는 은밀한 가운데 이루어지므로 보통 숨겨져 있기가 쉽다. 이런 이단사설과 도덕적인 범죄는 특별히 교회 지도자들의 눈을 피하여 교회 안에 있는 믿음이 약한 자들 속에 침투한다. 목사와 장로들은 이러한 일로 말미암은 악영향이 교회 안에 많이 확산된 후에야 그 사실을 알게 되는 것이 보통이다.

사도행전 15장은 안디옥 교회에 일어났던 교리논쟁을 말하고 있다. 유대로부터 내려온 사람들이 안디옥의 그리스도인들에게 "너희가 모세의 법대로 할례를 받지 아니하면 능히 구원을 얻지 못하리라"(15:1)고 가르쳤다. 그들은 아마도 공공연하게 할례를 구원의 조건으로 주장하며 가르쳤던 것 같다. 여기에 대해 바울과 바나바는 가만히 있지 않았다. "바울과 바나바와 저희 사이에 적지 아니한 다툼과 변론"(15:2)이 일어났다.

교리적인 논쟁이 일어나면 사람들의 반응이 몇 가지로 나뉜다. 교리에 대해서 별로 관심이 없어서 관망하거나 자기가 하던 일에만 몰두하는 사람이 있는가 하면, 그것이 왜 그렇게 중요하다고 목청을 높이며 싸우느냐 하고 비아냥거리는 사람도 있다. 논쟁거리가 된 교리가 교회의 존립에 상당히 중요한 것이라고 생각하는 사람들은 성경적이며 역사적 근거를 최대한 제시하면서 자기들의 입장만이 옳음을 주장한다. 상대방의 잘못을 입증하기 위해 총력을 다 쏟는다. 교리논쟁은 현실교회에서 불가피하고, 진리를 확증하기 위해 필요하다. 그러나 논쟁에 참여하는 이들이나 관망하는 이들 모두를 신체적으로나 심리적으로 예민하게 만들고 피곤케 만드는 것임에는 틀림이 없다.

이제 이단논쟁이 결말을 보게 되어 일단의 사람이 이단으로 확정이 되거나, 도덕적으로 범죄한 사람이 당회 앞에서 유죄로 확정이 될 때에 새로운 문제가 발생하게 된다. 그것은 이단사설을 가르치는 자들이나 도덕적으로 범죄한 사람들을 어떻게 치리(治理)할 것인가와 관계되어 발생하는 갈등이다. 곧 그들에 대해 강한 처벌을 주장하는 사람과 관대하게 처리하자는 사람 사이에 논쟁이 있게 된다.

사도행전 15:36 이하에 보면 바울과 바나바가 심히 다투어 갈라서는 사건이 나온다. 그들의 다툼은 제1차 전도여행 때에 팀을 등졌던 마가를 용서하고 2차 전도여행의 사역자로 받아들일 것인가 아닌가의 문제를 두고 일어났다. 오늘날에도 범죄 자체가 교회에 소용돌이를 몰고 오기도 하지만, 오히려 그 문제를 처리하는 과정에서 벌의 경중(輕重)을 놓고 갈등이 발생하는 경우도 많다.

지도자들은 교회의 거룩성을 지키기 위해 교인들을 부지런히 살펴야 한다(잠 27:23). 교인들이 그리스도 안에서 성령의 능력을 입고 거룩한 나그네로서 살아가도록 지도해야 한다. 담임목사와 당회는 도덕적인 범죄와 이단사설의 가르침이 교회 안에 널리 퍼지기 전에 조치를 취해야 한다. 이러한 문제를 다루는 지도자는 자기 백성에게 은혜 위에 은혜로 주시는 은혜와 진리(요 1:14, 16)를 소유해야 한다. 이를 위해 교회의 지도자는 기도하며 성령의 인도하심을 구하고 순종해야 한다. 인간적인 계산에 의해 치리할 때에 또 다른 복잡한 갈등에 얽매일 수밖에 없다. 사람을 두려워하면 올무에 걸리게 되지만 여호와를 의지하는 자는 안전하며 사자와 같이 당당할 수 있다(잠 29:25; 30:29-30).

영적인 면에 국한된 교회의 치리

교회의 치리는 영적인 면에 국한되어 때로는 심각한 갈등을 초래한다. 예를 하나 들어보자. 교인 중 한 사람의 실수로 교회가 금전상 손해를 크게 보았다고 하자. 이때에 교회는 금전의 배상을 요청할 수는 있지만, 이를 물리적인 힘이나 압력을 사용하여 받아낼 수는 없다. 또 성경은 신자 사이의 문제를 세상법정에서 해결하는 것은 옳지 않다고 밝히고 있다(고전 6:1 이하). 고린도전서 6:7은 "너희가 피차 송사함으로 너희 가운데 이미 완연한 허물이 있나니 차라리 불의를 당하는 것이 낫지 아니하며 차라리 속는 것이 낫지 아니하냐"고 말씀하면서 교회 안의 문제를 바로 잡기 위해서 세상법정에 호소하기 보다는 손해를 보는 것이 낫다고 권한다.

교회의 문제에 대해 하나님이 직접 개입하셔서 물리적인 힘으로 치리하신 경우를 사도행전 5장의 아나니아와 삽비라의 사건에서 볼 수 있다. 그러나 교회가 하나님의 직접적인 개입을 기대할 수는 있으나, 교회 자체적으로 물리적인 힘을 사용해서는 안 된다. 교회 안에는 이런 입장에 대해 불만을 가지는 사람도 있고, 또 이런 한계를 역이용하여 자기 잇속을 챙기려는 사람이 있어 갈등을 심화시키기도 한다.

목사가 하나님 앞과 사람 앞에서 양심에 거리끼는 일이 없을 때에 영권(靈權)은 주어진다. 또한 목사는 교회 전체의 일들을 세심히 살펴 시험에 드는 일이 없게 하고, 모든 일을 투명하게 처리해야 한다. 특히 교회나 각 부서의 회계와 재정을 맡은 사람들을 세심하게 보살피며, 정기적으로 회계감사를 실시하며, 2년 내외의 임기를 정하여 책임을 맡기는 것이 유익하다.

목사와 장로들은 교회가 영적인 권세로 치리 됨을 잊어서는 안 된다. 목사는 가데스 바네아에서 하나님의 거룩하심을 나타내지 못하므로 말미암아 약속의 땅을 바라보기만 하고 들어가지는 못한 모세를 기억해야 한다. 그래서 혈기를 잘 다스리고 겸손과 온유로 교회를 돌아보아야 한다. 물리적 힘(폭력)이나 부도덕한 방법으로 문제를 바로 잡으려는 유혹을 물리치고, 기도로써 주님의 은혜를 구하고, 대화로써 문제를 풀어가야 한다. 교회에 주어진 영적 권세로써 문제를 처리해야 한다.

교회의 집중과 확장의 양방향성

교회는 에클레시아(세상에서 불러모음)의 성격과 디아스포라(세상에로 흩어짐)의 성격을 동시에 지닌다. 교회는 모이고 또 흩어지는 공동체이다. 하나님의 백성들은 모여서 함께 삼위 하나님을 예배하고, 주께서 분부하신 모든 것을 가르쳐 지키도록 하고 성도의 교제를 가진다. 또한 흩어져서 예수 그리스도의 구원의 복음을 전도하며 땅 끝까지 가는 선교든지 아니면 보내는 선교를 하며, 세상의 소금과 빛으로 살며 봉사하게 된다. 예배, 교제, 교육을 위해 모이고, 전도, 선교, 봉사를 위해 흩어진다. 교회는 이러한 두 가지 성격을 동시에 지녀야 한다. 이 양방향성은 때로 교인들의 의견을 나누어지게 만든다. 교인들 중에는 흩어지기를 주저하고 가능하면 현재의 상태에 안주(安住)하려는 성향이 강한 사람이 있는가 하면, 교회의 에클레시아적 성격을 소홀히 하고 흩어져 복음을 전하는 일을 지나치게 강조하는 사람들이 함께 존재한다. 이에 따라 교회 안에는 긴장이 있고 때로는 지나쳐 갈등을 일으킨다.

　루이스(G. Douglass Lewis)는 이것을 집중(concentration)과 확장(expansion)이라는 상호 배타적으로 보이는 교회의 두 가지 사역으로 설명한다.[4] 교회는 예배, 교육, 교제와 같은 기존의 교회원들의 신앙을 고양(高揚)시키는 집중의 활동을 해야 하는 한편, 전도와 선교, 사회봉사와 같은 확장의 활동을 동시에 해야 한다. 교회의 예산이나 인적자원을 어떻게 배분하느냐에 대해 의견이 나뉠 소지가 있다. 찬양대와 주일학교에 대한 재정지원의 문제에서 일어나는 다툼이나 교회당 건축과 선교사 후원 사이에서 겪게 되는 교회 안에서의 논란 등이 그 구체적인 예이다.

　교회의 집중과 확장의 양방향성은 일면 서로 배치되는 듯이 보이지만, 동전의 앞, 뒷면과 같고 새의 두 날개와 같다. 단기적으로 볼 때에는 교회의 교육과 전도의 일이 별로 관계가 없이 보일 수 있고 상대방의 일이 자기의 일에 지장을 주고 방해가 되는 듯이 보일 수 있다. 그러나 교회교육의 궁극적인 목표의 하나는 예수 그리스도의 증인을 양성하는 일이다. 또 교회에 새로운 사람이 들어오지 않으면 교육하는 의미가 반감되고 말 것이다. 따라서 집중과 확장은 상호 배타적이라기 보다는 보완적이다.

　교인들 가운데 에클레시아적 사역과 디아스포라적 사역 중 하나를 지나치게 강조함으로써 그리스도의 몸 전체의 균형된 성장을 저해하는 일이 일어날 수 있다. 목사는 성도들이 한 몸을 이루고 있으므로 상부상조할 필요성을 주지시켜야 한다. 나아가 장기적인 관점에서-단기적으로는 한 쪽을 소홀히 하고 다른 한 쪽에 힘을 쏟아야 할 경우가 없지는 않으나-각 부서의 일들을 바라보게 하므로 무엇을 먼저하며 자원을 어떤 비율로 나누어 사용할 것인가에 대해 여유를 가지고 조정해야 한다.

자원봉사의 성격

교회의 일들은 자원봉사의 성격을 지니고 있는 탓으로 갈등의 소지를 갖고 있다. 성령께서는 그 뜻대로 각 사람에게 은사를 나누어주고 유익하게 하신다(고전 12:7). 각 사람은 성령께서 주신 고유의 은사를 가지고 교회 안에서 봉사한다. 그러나 고린도 교회의 사람들이 그러했던 것처럼 교인들 가운데는 은사를 비교하며 은사의 우열을 가리며 경쟁심리에 사로잡혀 질서를 어지럽히는 사람이 있다.

교회의 일들 중 대부분은 자비량(自備糧) 봉사이다. 목사나 부교역자와 같이 전임(專任) 사역자들의 생활비는 고린도전서 9장이 밝힌 것처럼 교회가 부담하는 것이 옳다. 그러나 그 밖의 장로, 권사, 집사, 찬양대원, 주일학교 교사의 직분을 맡은 사람들의 생활에 대해 교회는 경제적인 책임을 지지 않는다. 그들은 교회 밖의 활동에서 생활에 필요한 것을 얻고, 교회 안의 일들은 자비량하여 수행한다.

일반적으로 한 개인이 어떤 조직 안에서 활동을 할 때에 그는 세 가지 종류의 목표를 가진다. 하나는 그가 개인적으로 가지고 있는 인생의 목표이다. 다른 하나는 그가 속한 조직이 추구하는 목표이다. 마지막으로는 개인이 그 조직 안에서 성취하고자 하는 목표이다. 이 세 가지 목표가 어느 정도 일치하면, 그는 그 조직 안에서 보람을 느끼며 활동을 하게 된다. 그러나 이 세 가지 종류의 목표들이 일치하지 않을 때에, 그는 그 조직 안에서 견디기가 어려워진다.[5]

예를 들면 교인이 약 800명 모이는 중형교회에 출석하는 40대 중반의 ○집사가 있다. 그는 빨리 장로가 되고 싶은 꿈이 있었다(I). 그가 가만히

 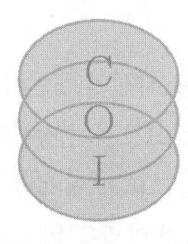

　　갈등 발생 가능성 높음　　　　갈등 발생 가능성 낮음

- 교회 고유의 목표(C)
- 교회 안에서 한 개인이 가지는 목표(O)
- 그의 개인적인 목표(I)

표-7 세 가지 종류의 목표

생각해 보니 현재의 교회에서 장로가 되려면 적어도 20년은 족히 걸릴 것으로 판단되었고 또 불가능해 보였다. 그래서 자기의 목표를 조기(早期)에 달성하기 위해 거리는 좀 더 멀지만 200명쯤 모이는 작은 교회로 옮겨 등록을 하였다(O).

　일년쯤 지나서 ○집사의 성실성이 인정을 받아 그는 주일학교 부장에 임명되었다. 주일학교에서 그는 교사들의 마음을 사기 위해 온갖 노력을 하며 열심히 일하였다. 몇 년 후 기다리던 장로선출 투표가 있었다. 투표의 결과를 보면서 ○집사는 크게 실망하였다. 자기가 기대했던 만큼 표를 얻지 못했기 때문이다. 그 교회의 사람들은 ○집사가 장로로서 교회의 일을 하기에는 아직 부족하다고 판단한 것이다(C). ○집사는 이런 상황에서 마음의 부대낌을 이기지 못하여 자기를 지지해 주지 않은 교사들에게 시비를 걸며 문제를 일으키던가 아니면 또 다시 교회를 옮길 수도 있다.

그와 반대로 자신의 개인적인 목표(I)가 하나님 앞에서 옳지 않았음과 주일학교 부장으로서의 자신의 동기(O)가 바르지 않았음을 인정하고 회개할 수 있다. 그리고 새 목표, 곧 무엇을 하든지 개인적인 유익을 구하지 않고, 하나님의 영광을 위해 교회 중심으로(C) 하겠다는 각오를 하고 새롭게 충성할 수 있다(C = O = I). 그리 함으로써 갈등은 사라지고 마음에 평강을 얻게 되며, 교회에도 평화가 있게 된다. 또 그의 성숙한 신앙인의 모습을 보는 교인들은 다음 번 장로선거가 있을 때에 그를 장로로 세우고자 할 것이다.

교회 안의 자비량 사역자들은 자기가 맡은 책임에 대해 양극단의 태도를 보일 수 있다. 하나는 하나님이 이 일을 자기에게 맡겼다고 믿기 때문에 두렵고 떨리는 마음과 헌신적인 자세로 충성하는 태도이다. 다른 하나는 억지로 맡았거나 비록 자원했지만 반대급부(反對給付: 월급이나 다른 형태의 물질적 보상)가 없는 일이기 때문에 자신의 맡은 일에 책임감 없이 건성으로 하는 경우이다.

자신의 직분을 하나님으로부터 받았다는 의식이 없는 사람은 자기의 일이 자원봉사임을 강조한다. 그래서 시키는 일만, 체면을 유지할 수 있을 정도로 하는 경우가 많다. 자신의 일에 열매가 없으면 흥미를 잃어 버리고, 일이 힘들면 그 직분을 그만 둘 생각을 쉽게 한다. 또 지도자가 자신이 하는 일에 대해 무관심한 듯이 보일 때에 섭섭해하며 불평한다. 그리고 교회 안의 유급(有給) 직원들과 자신의 처지를 비교하면서 유급직원들을 비판하고 그들에 대해 공격적인 태도를 지닌다. 이러한 사람들의 불평과 비난은 교회 안에 쉽게 확산되는 경향이 있고, 이에 따라 심각한 갈등으로 나타나기도 한다.

교회의 지도자는 성도들이 성령께서 각자에게 나누어 주신 은사를 발견할 수 있도록 도와야 한다. 은사에 합당한 책임을 맡기고, 교회를 유익하게 하는 일에 열매를 맺고, 신앙이 자라도록 지도해야 한다. 목사는 각 교인들이 인생의 목적이 무엇이며 교회가 세상에 존재하는 이유가 무엇이며, 교회 안에서 그들의 역할이 무엇인가를 잘 가르쳐야 한다. 각 지체의 사역이 몸 전체에 미치는 영향력과 기여하는 바를 잘 깨닫도록 도우며 격려하므로 서로간에 비교하거나 경쟁하는 태도를 갖지 않도록 가르쳐야 한다.

목사는 성도들이 교회의 머리이신 예수 그리스도의 뜻을 분별하고 그에게 복종하도록 가르쳐야 한다. 또한 목사 자신이 먼저 예수 그리스도께 온전히 복종해야 한다. 성도들을 주장(主掌)하려고 해서는 안된다. 목사와 장로는 특히 매사에 겸손하며 충성을 다하여 하나님과 성도들을 섬기는 모범을 보이므로(벧전 5:1이하) 성령께서 하나되게 하신 것을 지켜나가도록 해야 한다.

교회의 지역사회와의 관계

교회는 지역사회 안에 존재한다. 교회당이 위치하고 있는 지역의 변화에 영향을 받게 된다. 그런데 교회의 지도자들이 지역의 변화를 이해하고 그 변화에 합당하게 대처하지 못하면 갈등이 교회의 안팎에서 일어나게 된다. 교회가 지역들을 전도하는 일에 힘쓰면 그 지역의 사람들이 교회에 출석하게 될 것이다. 그리고 교회에 다니지 않는 지역 주민들에게

까지 좋은 교회라는 인상을 심는다면 그 교회는 주일 주차문제나 교회당을 증축하는 일에 있어서 주민들과의 사이에 큰 갈등을 겪지 않을 것이다. 그러나 교인들이 서로 싸우며 나쁜 소문이 지역사회에 퍼지면, 주민들은 조그만 일에도 트집을 잡으며 손해를 보지 않기 위해 문제를 일으키게 된다.

교회당이 위치하고 있는 지역에 상권(商圈)이 형성되어 주택지역이 상가(商街)로 변하는 경우, 주민의 수가 급속도로 감소하게 된다. 주민들이 떠나가면 전도의 대상자들이 줄어들고, 또 기존의 교인들도 다른 교회로 이명(移名)하는 경우가 생기게 된다. 교인의 감소는 재정의 감소를 가져오고, 전도의 대상자가 줄어들어 전도가 잘 되지 않아 활력을 잃고 교회의 활동에 제약을 받을 수 있다. 목사를 비롯한 교회의 지도자들이 이러한 변화를 예상하고 대처하면 갈등을 미연에 방지할 수 있다(예를 들면 교회당을 이전하거나 분립개척을 하거나 가정교회 형태로 전환하면 된다). 그러나 아무런 대책 없이 수수방관하면 교인들은 지도자를 불신하고, 원망하게 되어 갈등이 촉발된다.

교회당이 위치하고 있는 지역이 개발붐으로 아파트가 들어서고 주민이 급격하게 늘게 되는 경우도 마찬가지이다. 하나님은 지역교회를 통하여 그의 나라를 확장하신다. 하나님이 주시는 기회를 교회 지도자들이 주도적으로 붙들지 않으면, 교인들은 성장하는 이웃교회와 자기 교회를 비교하고, 책임 소재를 따지며, 이 과정에서 적지 않은 갈등에 부딪히게 된다.

도시교회 교인들 중 교회가 위치하고 있는 지역에서 나오는 사람들의 비율은 비교적 낮다. 따라서 교회와 지역주민 사이에 좋은 관계가 이루어지기가 어렵고, 도리어 갈등이 많이 일어나는 것을 본다. 이런 현상이 불가피한 경우도 있다. 그러나 많은 경우 교회가 지역의 복음화에 관심이 없고, 지역에 하나님의 나라를 확장하는 일에 소홀하므로 생긴 결과이다.

지역교회는 지역의 주민들을 그리스도에게로 인도하는 일에 관심을 가지고 최대한 노력해야 한다. 그 지역에 살고있는 그리스도인들은 매사에 그리스도의 사랑과 진리를 지역사회에서 나타내야 한다. 또한 교회의 지도자들은 지역사회의 변화를 분석하고 대처하여 하나님께서 그 변화의 때에 이루고자 하시는 뜻을 온전히 이루어야 한다.

진리를 추구함

교회는 진리를 사랑하는 자들의 모임이다. 진리(참과 거짓)와 관련된 문제에 대해 민감한 반응을 불러일으킨다. 교회는 그리스도를 구주와 주로 고백하는 사람들의 모임이다. 교회는 사랑을 중요하게 여김과 동시에, 진리를 위해 살고 죽으라고 가르친다.

루이스는 교회 내에서 일어나는 갈등이 갑작스럽게 파국현상으로 발전하는 이유를 잘 설명하고 있다.[6] 교인들은 교회 안에서 일어나는 문제들을 일정 기간 사랑으로 덮어준다. 다른 교인이나 지도자의 잘못에 대해 불만을 표현하는 것을 사랑이 부족한, 성숙하지 못한 태도로 간주하기 때문이다. 또한 사람들은 어떤 문제를 자신보다 위에 있는 사람에게 알려서 공식적으로 처리하는 것에 심리적 부담을 느낀다. 더욱이 자신의 지적이나 제안이 오해에서 비롯되었다든지 아니면 자기의 제안이 받아들여져 그대로 시행했지만 좋은 결과가 나오지 않을 때에 불이익을 당할 수도 있기 때문이다. "알아서 하겠지" 하는 안일한 태도나 "공연히 긁어 부스럼 만들 필요가 있나" 하는 방관하는 자세는 일단 문제를 덮어놓거나 회피하는 결과를 가져온다.

교회 지도자가 전제적이고 권위적인 자세로 성도들을 대하면, 불만은 지도자들에게 전달되지 않은 채 마음속에 점점 쌓이게 된다. 이러한 불만들이 쌓이고 쌓여 더 억눌려 있기 어려운 상태에 도달하면, 급기야 폭발하여 해묵은 불만과 분노의 감정이 분출하게 된다. 이러한 상태에서 서로가 하나님의 뜻을 들먹이며 '진리의 깃발'을 내세우고 부닥치면, 이러한 교회 안의 갈등은 다른 어떤 사회집단의 갈등보다 더 추하게 나타나게 된다.

하나님의 사람은 항상 은혜와 진리 두 가지를 예수 그리스도로부터 충만히 받아 누려야 한다. 은혜가 결여되고 진리가 두드러지면 교회는 비판적인 분위기에 휩싸이며 사람들은 상처를 받으며 기쁨 대신에 아픔을 갖게 된다. 반대로 진리가 드러나지 않고 은혜만 강조되면 사람들은 수술해야 할 병을 진통제로 무마시키는 것과 같은 잘못을 저지르게 되어 혼란에 빠지며 아무런 열매를 맺지 못하게 된다. 목사는 교회가 은혜와 진리를 함께 충만히 누릴 수 있도록 예수 그리스도의 충만하심 안에서 주를 본받도록 지도해야 한다.

교회 지도자는 모든 사람에 대해 개방적인 자세를 가져야 하며, 그들의 의견을 잘 수용하여 목회에 반영해야 한다. 그리스도의 몸의 유기적인 관계는 의사소통이 원활하게 이루어지고 서로를 인정하고 돕는 데서 구체적으로 표현된다.

2. 목사의 개인적 갈등

목사는 이 세상에서 아마도 가장 갈등을 많이 겪는 사람일 것이다. 어떤 목사는 교회가 평온하고 갈등이 없으면 "무슨 일이 일어나려고 이렇게 조용한가? 하는 생각이 마음에 갈등을 일으킨다"고 농담반 진담반으로 말했다.

먼저 목사가 개인적으로 갈등을 많이 겪게 되는 이유가 무엇인가에 대해서 생각해 보자.

일의 다양함

목사는 다양한 종류의 일들을 수행한다. 설교자, 성경을 잘 가르치는 교사, 교회의 대표자, 교회의 모든 일들을 기획하고 사람들을 조직하는 행정가이다. 교인 한 사람 한 사람을 사랑하고, 마음 속 이야기를 들어주고, 함께 울고 함께 웃는 상담자이다. 우리 주님의 지상명령을 따라 한 영혼에게 그리스도의 복음을 증거하며, 교회로 이끌어 들이는 전도자이다. 고전음악과 현대음악을 소화하며 회중찬송을 인도할 줄 아는 음악가이다.

목사는 때로 직장을 잃은 교인을 위해 직업소개의 일을 할 필요를 느끼기도 하고, 병원에서 사형선고를 받은 병자를 고치는 일을 떠맡는 명의(名醫)가 될 것을 강요 받기도 한다. 또 노처녀를 시집 보내는 중매쟁이가 되어야 하고, 가난한 자를 돌아보는 사회사업가가 되어야 한다. 심지어 어떤 경우에는 돈을 빌려간 교인의 빚을 받아내는 해결사 노릇도 해 달라는 부탁을 받기도 한다.

목사는 사도의 전통을 따라 말씀과 기도를 전무하는 사람이다. 그런데도 목사는 교인들로부터 그 외의 다양한 요구를 받게 된다. 그러나 목사는 만능재주꾼이 아니다. 교인들의 다양한 요구를 다 들어줄 수도 없고, 다 할 수도 없는 형편에서 목사는 갈등을 겪게 된다.

교인들은 목사에게 예수님처럼 되기를 요구 할뿐 아니라 예수님 이상(以上)이 되기를 원한다. 또 목사가 자신의 기대에 부응하지 못할 때에 실망하여 무능하다고 비난하고 배척하기도 한다. "좋은 목사의 자격"이라는 어느 미국인이 쓴 글에 교인들이 기대하는 목사상을 다음과 같이 피력한다.

> 황소와 같은 힘
> 불독(bulldog)과 같은 끈기
> 사자와 같은 모험적인 기상
> 부엉이와 같은 지혜
> 비둘기와 같은 순진무구함
> 해리(海狸: beaver)와 같은 근면함
> 양과 같은 온유함
> 카멜레온과 같은 융통성
> 독수리의 비젼
> 코뿔소의 듬직함
> 기린의 안목(眼目: perspective)
> 낙타의 인내심
> 캉가루의 활력
> 말(馬)의 식욕

> 천사와 같은 기질
> 사도의 충성심
> 선지자의 신실함
> 목자의 다정다감함
> 부흥사와 같은 열정
> 어머니와 같은 헌신

그는 위와 같이 열거한 다음에 "이러한 자질을 다 갖춘다 해도 모든 교인들을 기쁘게 할 수는 없을 것이다"라고 결론을 내린다.[7]

다양한 교인들

교회는 여러 종류의 사람들로 구성되어 있다. 남자와 여자, 노인과 어린이, 박사학위를 가진 사람과 한글도 모르는 무학자, 부자와 가난한 자, 농촌출신과 도시출신, 신앙의 연륜이 많은 사람과 교회를 처음 출석한 사람 등 다양한 사람들로 이루어져 있다.

사도 바울은 고린도전서 9:22에서 "여러 사람에게 내가 여러 모양이 된 것은 아무쪼록 몇몇 사람들을 구원코자 함이니"라고 고백하였다. 목사들은 누구나 사도 바울의 이런 심정을 조금이라도 가지고 있을 것이다. 그래서 한 사람이라도 더 그리스도에게로 인도하고 양육하려 하지만, 다양한 사람을 만나 그들의 각각의 형편을 따라 도움을 베푼다고 하는 것은 부담스러운 일이 아닐 수 없다. 따라서 목사는 사람들을 만나고 돕는 데 있어서 자신의 한계를 자주 느끼며 갈등을 경험하게 된다. 특별히 목사가 자의식이 강하고 소심한 경우, 자신과의 싸움이 계속되게 된다.

목사의 성격

사람은 누구나 성격상에 장점과 약점을 가지고 있다. 그러나 성장과정에서 상처를 많이 받았거나, 사회-경제적(socioeconomic)인 면에서 열악한 환경에서 자란 사람은 원만한 성격을 가지기 보다는 특별한 개성을 가지는 경우가 많다. 이러한 성격들이 사회생활이나 사역에서 다른 사람을 이해하고 돌보는데 유익이 되기도 하고 목표지향적으로 일을 추진해 나아가는 데 큰 힘이 되기도 한다. 그러나 다른 한편으로는 열등감이나 피해의식을 잠재의식 속에 갖기도 한다. 그리하여 대인관계를 두려워하고 기피하거나, 반대로 다른 사람으로부터 인정을 받기 위해 일중독에 빠지기가 쉽다. 또 다른 사람으로부터 오해를 받거나 비난을 받으면 쉽게 좌절하여 자기를 학대하거나, 반대로 지나치게 공격적이 되어 주위 사람들을 정죄하고 보복하는 언행을 거침없이 하기도 한다.

상담학자 크랩(Lawrence Crabb, Jr.)은 사람에게 두 가지의 기본적인 욕구가 있다고 한다.[8] 하나는 안전감에 대한 욕구(Need for security)이고, 다른 하나는 중요감에 대한 욕구(Need for significance)이다. 안전감이란 "자신이 진정으로 사랑받고 있으며 받아들여지고 있다는 느낌"이다. 또 중요감이란 "자신이 다른 사람에게 중요하고, 지속적으로 긍정적인 영향을 미치고 있다는 느낌"이다.

사람들은 이 두 가지 욕구에 굶주려 있고 이것들을 충족시키기 위해서 다방면으로 노력을 한다. 많은 사람들은 돈을 벌거나 높은 지위를 차지하거나 특별한 재주를 개발하여 사람들의 관심을 받음으로써 이러한 욕구를 충족시켜 행복해지려고 한다. 그러나 자신의 노력으로 인기와 명성과 돈과 권세를 얻어 안전감과 중요감을 채워보려고 하는 일은 신기루에 불과하다. 왜냐하면 그러한 것들은 항상 현재의 상황보다 "조금 더" 가져야 만족할 수 있고, 거기에 도달하는 것은 항상 가능한 것이 아니기 때문이다. 설사 그러한 목표를 성취한다고 해도 그는 곧 지금보다 "조금 더" 가져야 만족할 수 있다고 느끼기 때문이다.

모든 사람은 매일 새롭게 예수 그리스도 안에서 하나님의 사랑을 누려야 한다. 마귀의 종노릇하였고, 오늘도 허물투성이인 자신을 하나님이 그리스도의 십자가의 피로 죄를 용서하시고 그의 아들 삼으신 사랑을 인해 감격하고 감사해야 한다. 이를 통해 그는 안전감을 얻게 된다. 하나님은 예수 그리스도를 믿는 사람들을 그의 자녀로 삼으실 뿐만 아니라 하나님은 그들을 중요하게 여기시고 그의 일을 맡겨 주신다. 그들이 순종하며 충성할 때에 하나님은 영광을 받으시고 더욱 귀하게 여겨 주신다.

하나님의 사람들도 종종 실족하고 곁길로 가기도 한다. 하나님은 마음 아파하시고 그들이 돌이키기를 원하시고 끝까지 기다리신다. 그들이 돌이킬 때에 하나님은 그들의 죄와 허물을 그리스도 안에서 도말(塗抹)하신다. 그들을 하나님 나라의 중요한 일꾼으로 계속 여겨주신다. 그럼으로써 그리스도인들은 중요감의 욕구를 채움 받는다. 따라서 그리스도 안에 있는 사람은 과거의 상처나 열악한 환경에서 오는 열등감과 피해의식, 경쟁의식, 인정욕구 등으로부터 자유하게 된다. 하나님의 사랑과 그의 인정해 주심으로 말미암아 다른 사람이나 돈이나 권세나 명예를 통해 안전감과 중요감을 얻으려는 어리석음을 피할 수 있다.

목사는 날마다 새롭게 그리스도 안에서 하나님의 사랑과 인정해 주심을 누려야 한다. 목사가 그리스도 안에서 그의 은혜를 묵상하고 안전감과 중요감의 기본적인 욕구를 충족 받을 때에 그의 성격에 변화가 나타나게 된다. 그렇게 함으로써 목회를 자신의 안전감과 중요감을 충족시키는 수단으로 삼는 실수를 피할 수 있다. 목사가 자기의 욕구를 충족시키기 위하여 교인들을 조작(操作: manipulation) 하면서 목회를 해서는 안 된다. 그리스도 안에서 이미 자신의 욕구가 다 충족되었기 때문에 감사함으로 교인들을 섬기는 목회를 하면 그 목사와 교회는 더욱 풍성한 하나님의 은혜를 경험하게 될 것이다.

조작으로서의 목회를 하는가 아니면 섬김으로서의 목회를 하는가를 구분하는 척도는 교인들이 목사를 비난할 때에 목사가 어떤 반응을 보이느냐 하는데서 분명하게 나타난다. 만약 목사가 "내가 지금까지 이 교회를 위해 얼마나 수고를 했는데 알아주지도 않고…"하면서 교인들을 정죄하고 보복을 꾀한다면 그는 자신의 안전감과 중요감을 충족시키기 위해 조작적으로 목회를 한 것이다. 그러나 그런 상황에서 자신의 부족함을 돌아보고 인정하며 교인들을 보다 더 잘 가르치고 지도하며 섬길 수 있는 방법을 생각한다면 그는 섬김의 목회를 하는 목사이다. 물론 그런 상황에서 일시적으로 분노를 느끼는 것은 인지상정(人之常情)이라고 할 수 있다. 그러나 그리스도 안에 있는 목사는 곧 하나님 앞에서 자신을 돌아보며 교인들을 위하고, 교회를 위하여 더 낮아지고 더 섬기려고 한다. 그렇게 할 때에 교회는 갈등의 소지를 없애고 화평한 가운데 성장하게 된다.

언행일치(言行一致)가 어려운 현실

목사는 하나님의 진리를 가르치는 사람이다. 그는 모든 사람을 영접하시며 구원하사 자녀삼아 주시는 하나님의 사랑을 선포한다. 그러나 거기에 그치지 않는다. 그는 하나님께서 인간에게 요구하시는 높은 표준을 제시하며 하나님의 자녀로서 어떻게 살아야 할 것인가를 가르친다. 설교를 통해서 선포한 내용을 자신이 어떻게 순종하고 있는가를 점검해 보는 목사는 때때로 부끄러움을 느끼게 된다. 그리고 설교를 계속할 용기를 잃고 갈등에 빠지기도 한다.

  그래도 이러한 갈등은, 진실하고 영적으로 건강한 목사가 겪는 것이다. 목사는 이런 갈등을 하나님 앞에서 성실하게 극복해야 한다. 목사가 자기 합리화를 하면서 이런 문제를 해결해 나아가지 못하면, 그는 직업인으로 타락하게 된다. 또 하나님보다 사람의 눈에 옳게 보이려고 하다가 위선에 빠지며 하나님과 사람으로부터 책망받는 불행을 자초할 수 있다. 어느 누구도 이 세상에서 완전하게 될 수는 없다. 단지 예수 그리스도의 형상을 계속적으로 닮아갈 뿐이다. 목사는 어떤 경우에도 하나님과 사람 앞에서 거리끼는 일이 없도록 해야 하며 잘못이 있을 경우에는 진실되게 인정하고 최선을 다해 고치도록 해야 한다.

성과(成果)의 다소(多少)

  목사가 받는 많은 스트레스와 이로 말미암는 내적 갈등은, 사역의 성과가 많으냐 적으냐에서도 오게 된다. 목사가 열심히 사역을 하면 보통 이에 부응하는 결과가 있다. 교회가 성장하기도 하지만 정체나 침체를 경험하는 것도 일반적인 현상이다. 교회가 성장추세에 있으면 목사는 이러한 추세가 지속되게 하기 위해 노심초사하게 된다. 또 정체나 침체 상태가 지속되면 부담을 크게 느끼고 갈등에 빠지게 된다.

  그러나 때로는 목사가 아무리 열심히 기도하고 전도하고 설교해도 열매가 거의 나타나지 않을 때가 있다. 이런 경우 그는 자신의 무능력에 대해 깊이 고민하게 되며 소명에 대해 회의를 느끼기도 한다. 더욱이 자기와 신학교를 같이 졸업한 동기나 같은 동네에서 비슷한 조건에서 시작한 다른 교회가 크게 성장하게 되면 비교의식과 경쟁의식 가운데 열등감이나 질투심으로 마음이 상하기가 쉽다.

교회가 위치한 지역이 저소득층이 살고 있는 아파트 밀집 지역일 경우 인구의 유동(流動)이 심할 수 있다. 또 도심지역일 경우 상권이 형성됨에 따라 주거지역이 축소되어 주민들이 그 지역을 떠나는 경우가 생긴다. 이럴 때에 교회가 숫적으로 성장하기란 매우 어렵다. 교인의 이동이나 교인의 감소는 곧 재정의 감소로 이어지게 된다. 이러한 교인과 재정의 감소는 목사에게 큰 부담이 된다.

목사는 가능하면 지역의 변화를 미리 예측하고 대비할 수 있어야 한다. 그리하여 하나님께서 이런 변화에 어떻게 대처하길 원하시는지 지속적으로 묻고 계획을 세워야 한다. 목사가 교인들과 함께 교회성장(church growth)보다 하나님 나라의 확장(Kingdom growth)에 대해 관심을 가지는 의식전환(意識轉換)을 함으로써 갈등을 극복하며 하나님을 기쁘시게 할 수 있다.

자율적 특성

목사는 모든 교인들로부터 감독(?)을 받지만 사역은 자율(自律)에 맡겨져 있다. 많은 목사들은 출근시간이 일정하지 않으며 퇴근시간 역시 고정되어 있지 않다.

대부분 목사의 하루 일과는 설교 준비와 성경공부 준비, 심방과 상담, 행정적인 업무와 회의와 잡무(雜務) 등이 뒤얽혀 있다. 그의 하루 일정은 대체로 몇몇 교인들의 심방이나 면담 요청을 우선적으로 고려하여 계획

된다. 그 외의 일들은 전적으로 목사 자신에게 달려있다.

하루하루의 일들이 거의 목사의 마음먹기 나름에 달려있다는 것은 그가 일중독증에 걸리거나 아니면 시간을 효과적으로 사용하지 못하는 함정에 빠질 수 있다는 뜻이다. 일중독증에 걸린 사람들은 일반적으로 주위 사람들에게 과도한 일을 요구하여 피곤하게 만들고 심리적으로 불편하게 만든다. 반면에 시간을 효과적으로 사용하지 못하는 사람들은 대체로 책임을 미루고 완수하지 못하는 가운데 다른 사람들로부터 비난을 받고 자존감이 낮아진다. 목사가 사역을 수행하면서 대부분의 시간을 혼자서 계획하고 결정하는 자율적인 면은 많은 경우 일 중독증이나 시간 허비증(虛費症)에 빠지게 하여 목사에게 내적갈등을 초래하게 한다.

이러한 갈등을 극복하기 위해서는 목사가 하나님 앞에서 자신의 역량에 비추어 1일, 1주, 1개월, 1분기(3개월), 1년, 3-10년 계획을 세우고 조정해 나아가는 것이 필요하다. 시간관리 전문가들은 일반적으로 하루 가용(可用) 시간의 80퍼센트 정도만을 계획하고 이것을 충실하게 수행하라고 권한다. 예를 들면, 목사가 하루에 8시간을 일하겠다고 마음을 먹었다면 약 6시간 30분 동안(8시간의 80%)에 수행할 수 있는 일을 기준으로 계획을 세우고 나머지는 여유시간으로 남겨놓으라는 것이다. 그리하면 시간에 쫓기지 않으면서도 실제적으로는 생산적인 하루를 보낼 수 있다. 하루의 일과를 시작하기 전에 계획을 세우고, 하루를 마칠 때에 평가하고 조정함으로써 효과적인 시간관리자가 되며 갈등에서 자유하는 목회를 할 수 있다.

특히 목사의 자율적인 면을 조정하는 방안으로 당회나 운영위원회 또는 목회협력위원회 앞에 매월 또는 격월로 자신의 사역과 결과를 보고하고 조언을 구하는 방법도 생각해 볼 수 있다.

섬김과 다스림

흔히 목사의 리더쉽을 이야기할 때에 종-왕(servant-king)의 역할을 말하게 된다. 목사는 교회의 대표로서 왕적인 권위를 가진다. 그는 교회에서 일어나는 모든 일들을 지도 감독하며 문제가 발생하면 궁극적인 책임을 진다. 그러나 이 권위를 행사하는 방법은 섬기는 종으로서이다. 주장하는 자세나 명령하는 자세가 아니라 동역자, 코치(coach), 양육하는 자, 가르치는 교사, 나아가 섬기는 종으로서 역할을 해야 한다. 왕적 사역과 종의 사역, 이 두 가지의 성격은 표면적으로는 서로 반대된다. 한 사람이 이 두 가지 성격의 사역을 조화롭게 수행한다는 것은 쉬운 일이 아니다. 대체로 자신의 성격을 따라 왕적인 면이 많이 나타나던가 아니면 종의 성격이 많이 나타나기 마련이다. 그리하여 왕적 권위와 종의 섬김의 자세를 동시에 나타내지 못함으로 말미암아 갈등을 경험하게 된다.

예수님의 말씀 사역에는 권세가 있었다. 그는 제자들과 무리들 그리고 바리새인과 서기관들에 대해 권위를 가지고 가르치셨고 책망하시며 지도하셨다. 예수님은 머리 둘 곳이 없이 지내시며 세리와 죄인들의 친구가 되며 병자를 고치시며 굶주린 무리들에게 떡을 주셨다. 예수님은 자신이 섬기는 종이라는 것을 제자들의 발을 씻기시고 마지막으로 십자가에서 죽으심으로써 분명하게 나타내셨다.

목사도 예수님의 모습을 본받으므로, 종과 왕으로서의 모습을 드러내며 갈등을 극복할 수 있다. 목사가 하나님의 말씀 위에 굳게 서며, 하나님의 보호하심에 대한 확고한 믿음을 가지면 사람을 두려워하지 않고, 환경으로부터 자유할 수 있다. 또한 하나님의 뜻을 알고 이를 가르치고 선포하면 사람들이 목사의 권위를 인정하게 된다. 이러한 왕의 역할에 더

하여, 목사가 어떤 사람을 대하든지 진정으로 사랑하고 돕고 섬기는 종의 자세로 하면 예수 그리스도의 모습을 더욱 분명히 드러낼 수 있다.

발달위기로 말미암는 갈등

일반적으로 35세에서 55세까지(또는 40-60세)를 중년기라고 한다.[9] 이때에 대부분의 남성들은 자신의 인생을 돌아보고 평가하는 기회를 갖게 된다. 남성은 30대에 자신의 형편을 돌아보며 자신과 현재 상황을 평가한다. 그리고 현재를 기준으로 자신에게 주어질 미래를 전망하고 변화의 가능성을 점검한다. 이러한 가운데 때로는 지금까지의 일들을 정리하고 새로운 일들을 과감하게 시도하기도 한다. 목사의 경우 부교역자로서 사역을 하던가, 아니면 전통적인 방식을 따라 단독 목회를 하다가 자신의 현재의 사역에 대해 회의를 느끼며 갈등을 경험하기도 한다. 이들은 기도하며 고민을 하며 연구를 하면서 문제를 해결해 보려고 노력한다. 많은 목사들은 뾰족한 수가 없다고 생각하여 고민을 접어두고 다른 사람들이 하는 방식을 따라 사역을 계속한다. 그러나 일부 사역자들은 하나님과 씨름하며 고민하다가 교회를 새로 개척하던가 아니면 자기 나름의 목회철학과 목회전략과 프로그램을 개발하여 신선한 시도를 하기도 한다.

이런 상황에 있는 목사는 기도하면서 하나님의 인도하심을 구해야 한다. 또 아내와 깊이있는 대화를 나누면서 함께 지난 일들을 평가하고 미래를 계획해야 한다. 나아가 신뢰할 수 있는 선배 목사를 만나 자신의 생각을 나누고 지도를 받는 일이 필요하다.

남성은 50대를 전후하여 중년기 위기를 겪으며 탈진(burnout) 현상과 비슷한 경험을 하게 된다. 곧 현재의 일들에 의욕을 느끼지 못하고 무력감을 느끼며 때로는 우울증에 시달리기도 한다. 자신의 현재 상황에 대해 만족할 수 없기 때문에 그러나 자신의 능력에 대해 자신이 잘 알고 있기 때문에, 이들은 누구에게도 말할 수 없는 현실 속에서 답답함을 느낀다.

 목사들에게도 이런 현상은 비슷하게 나타난다. 신체적으로나 정신적으로 또 시간적으로 50대의 목사가 목회지를 바꾸거나 지금까지 해오던 목회방식에 변화를 시도하는 것은 극소수의 사람을 제외하고는 현실적으로 불가능하다. 따라서 이런 상황에 있는 목사들 역시 속앓이를 하며 내적인 갈등을 경험하게 된다.

 이런 상황에 있는 목사는 대체로 막연한 감상적(sentimental) 분위기에 빠지기 쉽다. 이를 극복하기 위해서 자신의 과거와 현재 사역에 대한 객관적인 평가를 하는 것이 필요하다. 또 미래에 자신이 시도할 수 있는 변화의 범위와 한계를 현실적으로 계산해 보아야 한다. 그래서 변화가 가능한 일에 대해서는 구체적으로 계획을 세우고 추진해야 한다. 그러나 자신이 변화시킬 수 없는 일들에 대해서는 자신의 한계를 인정하고 받아들여야 한다. 하나님의 주권과 섭리를 의지하므로 감사하고 평안을 누릴 수 있어야 한다. 후배 목사나 다음 세대의 사람들을 준비시킴으로써 장기적으로 하나님의 뜻을 이루도록 해야 한다.

 은퇴를 앞두고 사람들은 두려움을 느끼며 불안한 마음을 갖게 된다. 목사도 은퇴 후의 시간을 어떻게 보내야 할 것인가 하는 일과 노후의 경제적인 문제를 두고 갈등을 한다. 영어 속담 중 '끝이 좋으면 모든 것이 좋다'는 말과 같이, 목사는 은퇴를 전후하여 하나님의 인정과 사람의 칭찬을 들을 수 있어야 한다. 이를 위해 목사는 은퇴 후의 생활을 합리적으로 계획하고 준비해야 한다. 목사가 지나친 인간적 욕심을 부림으로 말미암아 교인들의 눈살을 찌푸리게 만들고 믿음과 인격이 의심받는 처지가 되지 않아야 한다. 지금까지 도우신 에벤에셀의 하나님, 앞 길을 미리 준비하고 계시는 여호와 이레의 하나님, 항상 함께 하시는 임마누엘의 하나님을 확실하게 믿고 의지해야 한다. 그럼으로써 목사는 믿음으로 사는 자의 아름다운 모습을 자신의 은퇴를 전후로 하여 말로만 아니라 삶으로 드러내야 한다.

3. 가족과의 관계에서

목사 가정의 특수성

목사 가족은 다른 직업인의 가족과는 달리 교회의 일에 원하든 원치 않든 깊은 연관을 가지게 된다. 공무원, 사업가, 의사, 노동자, 직장인의 가족들은 일하는 직장의 형편과 동료들에 대해서 잘 알지 못한다. 또 사람들은 함께 일하는 동료의 가족들에 대해 알지 못하는 경우가 대부분이다. 가족들이 직장의 형편을 모르거나 직장 사람들이 자기의 가족들을 알지 못해도 직장생활에 전혀 지장이 없다.

그러나 목사의 가정은 경우가 전혀 다르다. 교인들은 원하든 원치 않든 간에 목사의 아내나 자녀들에 대해서 듣게되고 보게되고 나아가 칭찬이나 비판을 하게 된다. 또 목사의 가족들은 남편이나 아버지가 하는 설교를 직접 듣고 교회의 일들을 보고 느끼며 그가 하는 일들에 대한 교인들의 평가를 직접 또는 간접적으로 듣게 된다. 더욱이 목사의 아내는 많은 경우에 사모로서의 특별한 역할을 자의든 타의든 간에 하게 되어 있다.

목사의 가정은 일반적으로 사생활(privacy)이 잘 보장되지 않는다. 특히 사택이 교회당 안에 있거나 가까이 위치하고 있을 경우, 목사와 그 가족들은 마치 유리로 만든 집에서 사는 것과 비슷한 느낌을 가지게 된다.

어떤 교인들은 목사가 전적으로 교회의 일에만 헌신할 것을 암암리에 강조한다.[10] '목회를 위해 가정의 희생은 불가피하다고 생각하십니까?'라는 질문에 대하여 표본이 되는 평신도들 중 57.9%의 사람들은 둘 다 희생되어서는 안 된다라고 대답하였고, 33%의 사람들은 어느 정도 희생이 불가피하다고 보았고, 2.4%의 사람들은 "전적으로" 불가피하다고 보고 있다. 또 "당신의 교회 목사님께서 부친의 병환으로 토요일에 시골로 내려가면서 주일예배 설교를 다른 목사님께 부탁했다면 어떤 생각이 드십니까?"라는 질문에 대해 아들로서 토요일에 내려갈 수 있다고 생각하는 사람이 45.3%, 주일저녁에 내려가야 한다는 사람이 30%, 그리고 모(母)교회에서 주일을 끝까지 지켜야 한다는 사람이 8.2%였다.[11] 목회를 위한 가정의 희생에 대해 표본이 된 신학생들의 37%는 어느 정도 불가피하다고 보았고, 5.6%는 "전적으로" 불가피하다고 했다. 57.9%의 신학생들은 둘 다 희생되어서는 안된다고 하고 있다. 목사가 가정의 일에 신경 쓰는 것을 못마땅하게 여기고 교회를 위하여 가정을 희생할 것을 요구하는 교인들이 많다.

이러한 일들은 목사의 아내나 자녀들에게 긴장을 가져오고 또 심리적인 압박감을 주게 된다. 물론 목사가 하나님 앞과 사람 앞에서 부끄럼이 없이 행하고, 교인들이 매사에 그를 인정해 주므로 그의 가족들에게 안정감과 자부심을 갖게 하는 경우도 많다. 그러나 목사가 문제가 있거나 또는 최선을 다함에도 불구하고 교인들이 불평하고 비난하므로 그 가족들이 심각하게 피해를 입는 경우가 더욱 많은 것이 현실이다.

셸리(Marshall Shelly)는 1980년대 중반에 미국 목사들을 대상으로 표본조사를 하면서, 목사가 가정과 관련하여 부담을 느끼는 부분이 무엇인가에 대해 물었다. 이에 대해 응답한 목사들의 83퍼센트가 시간적인 제약 때문에 부담을 느낀다고 했다. 또 교인들의 기대를 충족시켜야 한다는 부담에 대해 53퍼센트의 목사가 그렇다고 답했다. 배우자와의 관계를 발전시켜야 한다는 부담감을 가진 목사가 53퍼센트였다. 자녀들과의 관계 개선에 대해 목사들은 50퍼센트가 부담을 느끼고 있다고 대답했다. 도덕적으로 악한 세상에서 도덕적인 가정을 이루어야 한다는 부담감을 목사들 중 46퍼센트가 가지고 있다고 대답했다.[12]

《목회와 신학》이 1990년 8월에 제주도를 제외한 전국의 목사부인을 대상으로 표본조사한 결과를 보면, 목사의 부인들이 겪는 갈등요인의 1위는 경제적 어려움이고, 2위는 자녀교육이었고, 그리고 교인들과의 인간관계와, 신앙과 소명의 갈등이 각각 3위와 4위를 차지하고 있다. 그 다음으로 목사와의 성격차이, 교인들의 인정을 받지 못하는 문제, 그리고 해야 할 일이 너무 많다는 것을 들고 있다.[13]

목사는 대체로 시간에 쫓기면서 살아간다. 모처럼 가족들과의 시간을 가지려고 약속을 해 놓아도 생각지 않은 일들이 교인들의 가정에서 발생하여 가족들의 마음을 상하게 할 때가 많다. 또 많은 목사들이 가족들을 위해 시간을 가지는 것에 대해 자의반 타의반으로 죄의식을 느낀다. 목사 가족들은 교인들의 시선과 비현실적인 기대로 말미암아 부담을 느끼며 살아간다. 이러한 긴장과 부담은 목사의 가정 안에 갈등을 자주 불러일으킨다.

목사와 가족간의 갈등발생 이유와 처방

목사와 가족 구성원간에 갈등이 발생하는 가장 근원적인 이유는 첫째로 목사가 하나님 앞에서 올바르게 서 있지 못하고 사역에 충성하지 않음으로 말미암아 그의 마음에 죄책감과 불만과 원망이 있기 때문이다. 목사가 이런 마음의 불안정과 분노를 교인들에게 직접 표출하는 것은 목회를 더 이상 하지 않겠다는 것과 다름이 없다. 따라서 이런 감정들이 하나님께 부르짖음을 통해서 해결되고, 주어진 작은 일에 충성함으로써 목회의 열정을 회복해야 하고, 또 운동이나 예술 또는 취미생활을 통해서 승화(昇華)시키는 것이 바람직하다.

목사의 마음속의 분노는 보통 그의 아내나 자녀들을 향해서 폭발되는 경우가 많다. 더욱이 목사는 자신의 마음속의 잘못된 에너지를 가족들에게 쏟아놓고서 가족들에게는 굴종(屈從) 혹은 침묵을 요구하기가 쉽다. 이럴 때에 그들 사이에는 심각한 갈등상황이 형성되며 보통 자녀들의 반항과 탈선으로 나타나게 된다.

이런 문제를 해결하려면 목사가 먼저 하나님의 나라와 그의 의를 구하는 중심에 분명히 서야 한다. 그렇지 못할 때에 마음에 의와 평화와 기쁨을 잃어버리게 된다. 사람들의 눈치를 보며 두려워하게 되고, 그들의 조그만 비난에도 과민반응을 보이게 된다. 그러나 목사가 하나님 앞에서 소명을 따라 충성하려고 힘쓰며 그의 은혜를 구하며 담대하게 행할 때에 가족들은 그를 존경하고 협력자가 된다.

둘째로 목사 부인의 역할과 관련하여 갈등이 발생하게 된다. 목사의 아내가 교회 일에 무관심하여 교인들에게 덕이 되지 못하는 경우가 있다. 목사인 남편에 대한 불만이나 분노를 가진 부인은 목회에 걸림돌이 된다. 또 부인이 교인들로부터 많은 상처를 받아 인간관계 기피증에 걸림으로 말미암아 목회에 비협조적인 태도를 보일 수도 있다.

이와는 반대로 지나치게 목회에 관여하는 부인도 있다. 어떤 부인은 성령의 은사를 빙자하여 성경보다 자기가 받은 환상이나 '계시'에 권위를 더 부여하여 교회를 혼란에 빠뜨리기도 한다. 어떤 경우에는 부인이 당회장 위의 당회장 노릇을 하려는 나머지 목사 자신뿐만 아니라 교회에 두통거리가 되기도 한다.

이러한 양극단의 태도는 목사에게 큰 부담을 주고 갈등을 불러일으킨다. 건강한 가정, 건강한 목회를 이루기 위해서는 목사와 그의 아내의 관계가 무엇보다도 중요하다. 목사는 에베소서 5장에서 밝히고 있듯이 그리스도가 교회를 사랑하듯이 아내를 사랑해야 한다. 목사는 아내를 이용하여 목회에 성공하려는 생각을 버려야 한다. 이런 생각을 가지게 되면 아내를 있는 모습 그대로 사랑할 수 없게 된다. 특히 아내가 일을 잘못하거나 실수하면 싫어하고 미워하게 될 수 있다. 이럴 때 부인은 쉽게 주눅이 들고 점점 목회에 관심을 잃어버리게 된다. 목사는 아내에 대해 '불구하고의 사랑' (love in spite of)을 가져야 한다. 목사는 아내의 있는 모습 그대로 사랑하여 그녀가 실수하며 교인들이 비난함에도 불구하고 아내를 품어주고 격려해 줄 때에 갈등의 소지가 줄어들며 진정한 목회의 동역자로 점점 성장하게 된다.

목사는 아내와 매주 또는 격주로 개인적인 시간을 가져야 한다. 두 사람이 외출하여 식사하며 산책을 하며 이야기를 나누면서 친밀한 사귐을 가지는 것이 필요하다(물론 자녀들과도 따로 시간을 가져야 한다). 개인적인 생각과 자녀양육의 문제 그리고 교회의 미래에 대한 꿈을 함께 나누어야 한다. 그리할 때에 목사의 가족들 사이에 이른바 "팀 스피리트"

(team spirit)가 형성된다.

　목사 부인이 지나치게 활동적인 성격을 가진 경우에도, 목사가 개인적인 관심을 갖고 아내를 돌보며 덕을 세울 수 있는 사역을 맡기면서 동역자로 세울 때에 갈등을 줄이며 효과적인 목회를 할 수 있다. 활동적인 아내에 대해 그가 가진 은사나 에너지를 비판하고 억압하려고만 한다면 일시적으로는 가정과 교회가 잠잠할 수 있겠지만 얼마있지 않아 더 큰 문제가 발생하게 된다. 따라서 선천적으로 활동적이거나 성령의 은사를 받은 사모의 경우 합당한 사역을 맡겨 일을 하게 하면서 당회가 공식적으로 지도하는 것이 바람직 하다.14)

　셋째로 목사와 그의 가족(특별히 아내)의 성격의 차이 때문에 갈등이 발생한다. 사람마다 개성이 다르다. 그 개성은 사람들의 실존적인 상황 속에서 특별하게 작용하게 된다. 목사가 내성적인 반면에 부인이 외향적인 성격을 가질 때에 불화가 발생하기 쉽다. 또한 목사가 외향적이어서 인간관계가 좋고, 여자 교역자나 여자 성도들로부터 소위 인기가 있을 때에, 내성적이고 소극적인 부인이 남편에 대해 여러 가지로 오해를 하고 불평을 하며 심지어는 우울증이나 편집증(paranoia)에 걸려 민망한 일들을 벌이는 경우도 있다.

　이런 문제들은 목사가 아내를 동역자로 인정하여 처음부터 가정과 목회사역에 참여케 함으로써 예방할 수 있다. 무엇보다도 목사의 아내에 대한 애정이 식어지지 않아야 하고, 개인적으로 사랑을 표현하며 친밀한 관계를 발전시켜 나아감으로써 문제를 극복할 수 있다.

　넷째로 경제적인 문제가 목사와 그의 가족들 사이에 갈등을 야기시킨다. 미국 노동부(The Bureau of Labor)의 통계에 의하면 미국 내에서 목사 그룹의 평균 임금 랭킹(ranking)은 325위라고 한다. 이것은 농장노동자, 조리사(調理師: cook), 웨이터, 웨이츄레스 그룹과 비슷한 수준이다. 그러나 교육수준을 비교하면 목사 그룹은 전체 직업군 중 상위 10위권 안에 든다.[15] 이 통계는 목사가 그들이 받은 교육에 비해서 경제적으로 열악한 환경 속에서 살아가고 있음을 보여준다. 한 표본조사에 의하면 미국의 목사 아내 중 60퍼센트가 직장생활을 하는데, 그들 중 3분의 2가 경제적인 이유로 일한다고 밝히고 있다.

한국교회의 목사의 가정도 경제적인 면에서 대체로 열악한 상황에 있다. 따라서 오늘날 담임목사가 아닌 부교역자의 아내인 경우, 일반 직장을 가지는 것을 대체로 허용하는 추세이다.

속담에 '수염이 석자라도 먹어야 산다' '목구멍이 포도청이다' 라는 말이 있다. 이것은 사람에게 먹는 문제는 다른 어떤 일보다도 우선적으로 해결되어야 함을 보여준다. 따라서 목사에게도 먹는 문제 곧 경제적인 문제로 인해 자주 시험에 들고, 갈등을 겪게 된다.

예수님은 40일을 금식하신 후 주리셨을 때에 사단으로부터 돌로 떡덩이가 되게 하라는 유혹을 받았다. 이에 대해 예수님은 "기록되었으되 사람이 떡으로만 살 것이 아니요 하나님의 입으로 나오는 모든 말씀으로 살 것이라"고 하는 신명기 8:3을 인용하여 시험하는 자를 물리치신다. 예수님은 이 말씀을 통하여 하나님의 말씀이 인생에게 생명과 힘을 준다는 것을 가르쳐 주신다. 이 말씀은 또한 우리 인생들이 얼마나 떡에 대해 관심이 많은가를 보여준다. 앞서 언급한 바와 같이 목사가 하나님의 말씀에 굳게 서서 하나님의 나라와 그의 의를 구하면 특별히 예외적인 경우를 제외하고는 "이 모든 것"을 더해주시는 하나님의 은혜를 경험하게 된다. 그러나 믿음이 식어지고 충성하지 못할 때에 경제 문제는 목사 자신에게, 그리고 그 가족들 사이에 갈등을 불러일으키는 주원인이 된다.

대부분의 목사는 소명을 따라 교회를 섬기므로 어떤 경제적인 형편에서도 자족할 수 있을 것이다. 그러나 소명이 뚜렷하지 않은 목사의 아내나 목사를 아버지로 둔 자녀들은 다른 사람과 자신의 경제적인 형편을 비교하는 가운데 실망과 열등감을 느낄 수 있다. 나아가 목사와 교회와 하나님께 대해 반감을 가지므로 갈등을 유발하기 쉽다. 목사가 자녀들을 경제적으로 충분히 지원해 주지 못하므로 말미암아 부모를 불신하고 무시하므로 갈등을 겪는 경우가 많다.[16]

경제적인 이유로 말미암아 가족 사이에 일어나는 갈등을 극복하기 위해서는 무엇보다도 목사가 하나님 중심의 태도를 분명히 해야 한다. 나아가 자녀들이 청소년기에 이르렀다면 가정의 경제적인 형편에 대해 구체적으로 설명을 해주고 이해를 구하며 경제적으로 자립정신을 점진적으로 키워주는 것이 필요하다. 가족들의 경제적인 문제를 해결해 주기 위해 목사가 교인들 앞에서 지나치게 돈을 밝힌다던가, 실질적인 도움을 자녀들에게 주지 못하면서 허세를 부리려고 한다면, 결국 피차 어려움에 부닥치고 만다. 목사와 그 가족들이 하나님의 특별하신 부르심에 대해 긍지를 가지고 자족하는 마음을 가질 때에 현재의 고난은 얼마있지 않아 그 고난과 비교할 수 없는 영광으로 나타나게 될 것이다.

다섯째로 목사가 교인들 중심의 생각을 가지고, 가족들을 돌아보지 않고 그들에게 지나친 희생과 모범된 생활을 강요하므로 갈등이 발생한다. 어떤 목사는 자기 아이들에게 이야기할 때마다 "너는 목사의 아들이니까 1등을 해야 된다" "너는 목사의 딸이니까 그런 식으로 옷을 입으면 안 된다"라고 한다. 목사가 아내에게 대해서도 심리적 또는 물질적 욕구를 전혀 고려해 주지 않고 "목사부인이 되어서 그 정도도 희생하지 못해"라는 식으로 핀잔을 주고 판단을 하기가 쉽다. 루쩌(Erwin W. Lutzer)는 목사가 빠지기 쉬운 이러한 함정을 다음과 같이 설명한다.

> 목사들은 교인들에 의해 사역에 대한 평가를 받는다. 목회의 성공이나 실패 여부는 사무실 안에서의 몇 사람에 의해서가 아니라 많은 교인들에 의해 판가름나게 된다. 따라서 목사들은 여론의 압력에 예민해진다. 이러한 사실은 목사들이 자기의 아내나 자녀들의 필요보다는 교인들의 기대에 부응하는 쪽을 택하려는 강한 유혹에 직면하게 되는 현실을 잘 설명해 준다.17)

이러한 목사의 행동은 그의 가족들의 마음에 목사의 가족이 되었다고 하는 것에 대한 부담과 쓴뿌리를 내리게 할 수 있다. 그리하여 목사에 대해서 뿐만 아니라 교회와 심지어는 하나님께 대하여 감사 대신에 분노와 반항심을 갖게 만들기도 한다.

여섯째로 목사의 가정에서 문제가 발생하는 이유는 목사자신과 가족들의 생활리듬이 다르기 때문이다. 목사는 일주일 중 월요일이 제일 여유가 있고 휴식을 취할 수 있는 때이다. 그러나 목사의 가족들, 특히 자녀들은 토요일이나 주일에 여유가 있다. 목사의 자녀들은 목사인 아버지와 가족으로서의 친밀함을 나눌 기회가 상대적으로 부족하다. 이런 상황은 목사와 가족 사이에 갈등을 불러일으킬 빌미를 제공하기도 하고, 갈등이 발생한 경우 이를 해결할 시간이나 기회를 갖기 힘들게 하는 요소가 된다.

이런 문제들에 대해서 목사는 그의 가족들이 느끼는 부담과 어려움을 이해해 주고, 그들의 수고에 대해 감사하는 마음을 말이나 행동[정성이 담긴 조그마한 선물 또는 가족끼리의 외식(外食) 등]을 통해서 자주 표현할 수 있어야 한다. 될 수 있는 대로 저녁식사를 가족들과 함께 하거나 가정예배를 드리면서 하나님이 목사의 가정에 주시는 특권과 은혜를 지속적으로 진실되게 나누어야 한다. 또 그들의 마음과 생각을 진지하게 들어줌으로써 감정이나 의견을 억압하지 않고 드러낼 수 있도록 기회를 주어야 한다. 아내를 가장 가까운 목회의 동역자로 인정하여 교회의 일들을 나누고 조언을 구하며 함께 기도하는 시간을 가져야 한다. 또 목사 부인이 교회에서 어떤 역할을 해야 하는지에 대해 의견을 나누고, 집안일, 심방, 상담, 주일학교, 여전도회 등에서의 사역의 범위를 정하므로 보다 좋은 관계를 형성할 수 있다.

목사는 교인들로부터 가족들을 보호해야 한다. 교인들이 가족들의 문제에 대해 사랑으로 말해주는 조언은 귀담아 듣고 합당한 조치를 취해야 한다. 그러나 개성에 관계된 일을 가지고 교인들이 그의 가족들을 비난하면, 겸손하게 그러나 단호하게 그렇게 하지 않도록 가르쳐야 한다.

이 책의 부록으로 실은 "부부생활 설문"(〈부록-1〉)은 목사와 그의 아내와의 관계를 평가하기 위한 것이다. 목사와 그의 아내가 각기 질문에 따로 대답을 한 후 서로의 대답을 비교하면서 이야기를 나누면 하나님 보시기에 아름다운 가정을 만드는 데 도움이 될 것이다.

| 제 6 장 |

목사가 겪는 갈등 2

∽

1. 장로(또는 중직자)와의 관계에서

교회는 예수 그리스도의 몸이다. 예수님은 머리이시고, 성도들은 그 몸의 각 지체이다. 교회의 직분을 맡은 목사와 제직들은 상호 긴밀한 관계 속에서 협력하여 하나님의 뜻이 이 땅에서 교회를 통하여 이루어지도록 해야 한다. 그러나 오늘날 목사와 제직 간의 충돌이 많이 나타나고 있어서 하나님의 영광을 가리우고 있다. 그래서 어떤 목사는 장로교회 소속이지만 장로를 가능하면 안 뽑으려고 한다.

목사와 장로 사이의 갈등의 원인은 무엇인가? 첫째로 그들 사이에 존재하는 경쟁심리이다. 성경은 목사를 포함한 장로들을 "감독"이라고 부른다(행 20:28, 딤전 3:1, 딛 1:7). 감독이라는 말은 '돌본다' 는 의미를 지니고 있다.[1] 담임목사는 말씀과 기도로 한 영혼을 돌보아(Seelsorge) 재생산하는 제자로 양육하는 역할을 맡은 사람이다. 교회의 예배, 교제, 교육, 전도와 선교, 그리고 봉사의 기능을 원활히 수행할 수 있게끔 지도하는 교회의 대표이다.

장로는 목사와 동역하여 한 영혼을 돌보고 공동체로서의 교회가 건강하게 본래의 기능을 수행해 나아갈 수 있게 하는 책임을 가진 교인들의 대표이다. 장로가 교인들을 대표한다는 것은 국회의원과 같이 지역구 사람들의 권익을 대변하는 역할을 한다는 의미가 아니다. 장로가 때로 교인들의 형편을 당회에 전하는 일을 하지만, 그것은 그들의 이권을 보호하고 신장시키기 위한 것이 아니라 그들을 영적으로 감독하고 양육하기 위한 것이다. 이 문제에 대해 오스본(Larry W. Osborne)은 다음과 같이 지적한다.[2]

> 대표성을 강조하는 당회는 소수의 의견을 보호하는 집단이라고 정의할 수 있는데 이런 정의는 문제의 해결보다는 문제를 더 악화시킬 수 있다. 결국 그렇게 되면 당회원들은 일종의 로비스트가 되기 때문이다.
>
> 이런 저런 이유로 나는 당회가 지도력 중심의 당회가 되어야 한다고 생각한다. 당회는 사람들의 생각을 대변하기보다는 한 가지 초점에 중심을 맞추어 사람들을 이끌어주는 기관이어야 한다. 어려운 결정 앞에서 먼저 당회원들은 '사람들이 어떻게 반응할 것인가?' 를 묻는 것이 아니라 '하나님은 우리가 무엇을 하기를 원하시는가?' 를 물어야 한다.

당회원들이 대표자(representative)가 아니라 지도자(leader)라는 사실을 인식하면 당회의 갈등을 차단하는 데도 도움이 된다.

그러나 우리의 현실은 목회자와 장로들이 이러한 본분과 역할을 망각하고서 주도권 다툼을 하고 자기의 이름을 위하여 경쟁하는 가운데 갈등을 겪는 경우가 많다.

담임목사와 장로는 한 영혼과 교회 공동체를 감독하는 한 목적을 가지고 일하는 동역자이다. 그들은 서로 마음을 같이하여 돕고 섬기며 힘을 합하여 영혼을 돌보며 교회를 감독해야 한다. 그 목적을 이루는 과정에서 때로 의견이 대립되는 경우도 없지는 않을 것이다. 그러나 서로 존경하며 말씀과 성령님을 의지하는 가운데 이견을 조정하므로 하나됨을 지켜갈 수 있어야 한다.

둘째로 담임목사와 장로들 사이의 갈등은 신학과 목회철학의 차이로 말미암아 발생한다. 오늘날 대부분의 교인들은 교회가 소속된 교단이나 그 교단이 지향하고 있는 신학에 대해서 별로 개의치 않는다. 다만 교회의 분위기가 어떤가를 살피고, 담임목사의 설교가 들을만한가에 관심을 가지며 목사의 사람됨이 좋은가를 기준으로 교회 등록을 결정한다. 장로들은 조금 다르긴 하겠지만 그리 큰 차이는 없다. 그래서 장로들 가운데 다른 교단에서 성장한 사람들이 있게 된다. 이들이 구역모임이나 성경공부를 인도하던가, 대표기도를 하면서 교회가 소속한 교단이 지향하는 신학과 다른 입장을 개진(開陳)하게 될 때에 갈등이 발생하게 된다. 예를 들면 장로가 구원파나 지나친 은사주의의 신학을 가진 경우, 또는 장례식에서 죽은 자가 천국에 가도록 해달라고 하던가, "명복을 빈다"고 기도하는 경우이다.

신학의 차이로 말미암는 갈등은 그리 흔하지 않을지 모른다. 그러나 목회철학의 차이는 심각한 갈등을 목사와 장로 또는 실행위원 사이에 가져오고, 결국 교회 전체에 분열을 일으키게 된다. 이러한 차이를 가져오는 뿌리에 대해 스윈돌(Chuck Swindol)은 이렇게 말한다.

> 당회원들과 목사가 종종 서로 충돌하는 이유는 상황을 바라보는 시각이 서로 다르기 때문이다. 몇 가지 예가 있다.
>
> 목사들은 각자 신학적, 성경적 시각을 가지고 있고, 신학교에서 나름대로 좋다고 배웠던 문제해결 방법을 가지고 있다. 반면 당회원들은 문제를 좀 더 실제적으로 해결하려고 한다. 그래서 사업을 하면서 배웠던 그들의 검증된 방법들을 사용한다. 결국 이러한 이상과 현실의 충돌에서 갈등이 나오는 것이다.
>
> 목사들은 교회라는 환경에서 산다. 그들은 온실에서 문제와 씨름하며, 생각하고, 기도하고, 토의한다. 그러나 당회원들은 어떠한가? 그들은 '현실세계'에 살면서 교회와 관련된 문제들을 다른 쪽에서 바라본다. 당회는 목사에게는 익숙하나 평신도에게는 낯선 것이다.
>
> 목사들은 자신과 사역을 동일시한다. 그래서 그들은 항상 어려운 문제를 토론하는 것에 익숙하다. 그러나 당회원들은 보다 더 객관적이고 교회문제에 대해 목사들보다 둔감하다.[3]

대체로 담임목사는 목회에 대해 비전과 열정을 가지고 의욕적으로 일하려고 하는 반면에, 장로들은 교회에 큰 변화가 있는 것을 좋아하지 않는다. 현상유지보다 조금 더 성장하는 것으로 만족한다. 목사는 전도폭발훈련을 통해 많은 사람들이 전도에 참여하며 잃어버린 영혼들을 구원하기를 원한다. 그러나 장로들 중 많은 사람들은 지금까지 하지 않던 일을 목사가 벌리려고 할 때에 반대를 하는 경향이 있다. 목사는 제자훈련을 통해 교인들의 삶에 변화가 있기를 원하지만, 장로들은 이런 일에 솔선수범하라고 독촉을 받으면 저항을 하는 경우가 많다.

사람은 어떤 일이나 물건에 한 번 익숙해지면 더 좋은 것이 있어도 새로운 것에 힘겹게 적응하는 것보다는 현재의 편안한 것에 안주(安住)하려고 한다. "구관(舊官)이 명관(名官)"이라는 옛속담이 때로는 옳지만, 대부분의 경우 편안한 오랜 습관을 버려야 하기 때문에 비롯된 불평일 수 있다. 익숙해진 것(이른바 영어 표현에 있어서 comfort zone)을 벗어나 하나님의 뜻을 새롭게 찾고 이를 이루고자 하는 것이 프로테스탄트(Protestant)의 정신이요, 개혁정신(Reformed spirit)이다. 따라서 담임목사나 장로들은 교회의 일을 다루면서 자기 중심적인 관점과 주장을 절대화하는 어리석음을 범치 말아야 한다. 자기가 알고 믿는 바를 진실하고 분명하게 밝힘과 동시에 상대방의 의견을 경청하고 질문하고 평가하고 수용할 수 있어야 한다. 그리고 모든 판단의 근거는 하나님중심, 성경중심, 그리고 교회의 평안과 성장에 두어야 한다.

셋째로 당회나 실행위원회 안에 파워(power)가 담임목사 한 사람 또는 몇 사람의 장로에게 치우쳐 있으면 갈등이 일어나기 쉽다. 교회의 일들을 결정하는 과정에서 담임목사가 장로들의 의견을 묻지 않거나 묻는다고 해도 형식적으로 묻고, 자기의 생각대로 독주(獨走)하는 경우에 갈등은 발생한다. 물론 그 반대로 장로들이 담합(談合)하여 담임목사를 허수아비로 만드는 것도 갈등의 원인이 된다.

　전자의 경우 담임목사가 교회를 개척하여 성장시켰거나 오랫동안 목회를 하여 자신이 양육한 사람들 중에서 장로들을 세우므로 장로들이 목사의 말에 절대 복종해야 한다는 분위기가 형성되어 있을 때에 일어나기 쉽다. 후자의 경우는 막강한 리더쉽을 가진 담임목사가 은퇴하거나 다른 교회로 이동한 후, 그 동안 제 목소리를 내지 못하던 장로들과 새로이 부임하는 담임목사와의 관계에서 많이 발생한다. 더욱이 기존의 장로들의 나이가 많은 반면에 신임 목사의 연령이 상대적으로 적은 경우 이런 현상이 나타나기가 쉽다.

　교회당 건축을 위해 업자를 선정하는 과정에서 담임목사가 장로들의 의견을 들으려고 하지 않고 자신이 내정한 사람을 당회에서 일방적으로 밀어붙여 결정을 했다고 가정하자. 아무리 담임목사가 공정하게 판단을 해서 업자를 선정했다고 해도 장로들 대부분은 마음에 섭섭함과 불만을 가지게 될 것이다. 그들은 담임목사의 카리스마나 교인들의 목사에 대한 전폭적인 지지(支持) 때문에 당장은 아무 말도 하지 않을지 모른다. 그러나 교회당 건축의 과정에서 차질(差跌)이나 하자(瑕疵)가 발생할 경우 담임목사에 대해 불평을 쏟아내고 공격하게 된다.

　담임목사와 장로들 사이의 관계는 참다운 동역자의 관계가 되어야 한다. 당회 또는 운영위원회에서 누구의 발언이 강하고 영향력이 있는가에 관심을 두어서는 안 된다. 진정 하나님의 선하시고 기뻐하시고 온전하신 뜻을 찾는 일이 우선되어야 한다. 그리고 이를 이루는 일에 목사와 장로가 마음을 같이 하고 힘을 합하여 신실한 청지기의 사명을 다해야 한다.

　장기적으로 담임목사와 장로 사이의 문제를 해결하기 위해 다음 몇 가지를 제시한다. 무엇보다도 담임목사는 교회가 성경 디모데전서 3장과 디도서 1장이 제시하고 있는 기준을 따라 장로들을 선출하도록 지도해야 한다. 담임목사가 자신의 당회장권 확보나 과반수의 지지세력을 형성하기 위해 장로를 세우는 일이 있어서는 안 된다. 또 교회의 재정을 확보하기 위한 방편으로 특정인을 장로로 세우려 해서도 안 된다. 담임목사는 하나님의 뜻에 비추어 좌우로 치우침이 없어야 한다. 물론 성경적인 기준을 가지고 사람을 평가하면 그 조건을 다 충족시키는 사람은 없을 것이다. 그러나 그렇다고 해서 성경적 기준을 완전히 무시하고 정치적 경제적인 잣대만을 가지고 직분자를 선출하는 것은 일종의 성직매매(聖職賣買)에 해당한다.

공동의회를 통하여 직분자가 선출되면 담임목사는 그들을 가르쳐야 한다. 신학과 목회철학 및 목회전략을 가르쳐 목사와 동일한 견해를 지닌 협력자가 될 수 있도록 교육해야 한다. 또 자신과 다른 장로들과의 동역의 관계가 잘 이루어지도록 인간관계를 원활하게 만들어야 한다. 이를 위하여 주말 기도회나 일박 수련회 그리고 식사 모임을 자주 가지면서 이야기를 나누어야 한다.

담임목사는 무엇보다도 당회가 행정적인 일, 특히 재정문제에만 몰두하지 않도록 하는 것이 중요하다. 당회의 가장 중요한 기능은 교인들의 신앙을 감독(돌아봄)하는 것이다. 장로가 목사를 돕는 가장 중요한 일은 교인들의 가정을 심방하여 영적인 형편을 살피고, 신앙생활에 도움을 제공하는 것이다.

개혁교회에서는 가정심방을 장로의 봉사 중 가장 중요한 부분으로 여긴다. 가정심방을 목사의 일로만 생각하지 않는다. 장로의 책무는 교회를 다스리는 것이다. 그런데 교회를 다스린다는 것은 일반적인 의미에서의 통치를 뜻하지 않는다. 이것은 목자적인 돌봄을 의미한다. 양무리들의 형편을 잘 살피고, 돌보며, 인도하는 것이다. 이런 봉사는 결코 목사에게만 속한 것이 아니다. 바울은 에베소교회 장로들에게 "너희는 자기를 위하여 또는 온 양떼를 위하여 삼가라 성령이 저들 가운데 너희로 감독자를 삼고 하나님이 자기 피로 사신 교회를 치게 하셨느니라"고 하였다(행20:28).

장로의 가정심방은 개혁주의 교회생활의 전통이다. 칼빈이 제네바교회에 장로직분을 도입하면서 장로의 가장 중요한 책무를 가정심방을 통한 교회의 영적관리로 삼았었다.[4]

당회의 가장 중요한 안건이 재정관리나 교회당 건축이나 차량구입 같은 것이 되어서는 안 된다. 당회가 모여서 각자가 교인들의 가정을 방문하고 알게 된 영적인 문제를 이야기하고 해결책을 찾고 기도하는 것을 가장 중요하게 여겨야 한다. 그리할 때에 하나님과 사람 앞에 아름다운 교회로 드러나게 될 것이다.

당회 안에서 합의에 도달하기 어려운 안건에 대해서 당회장은 사전에 장로들을 만나 개인적으로 의견을 물어보는 것이 필요하다. 당회에서 다루게 될 안건은 사전에 기도하면서 의견조율을 거치는 것이 절대적으로 필요하다. 당회장은 당회로 모였을 때에 그 자리에서 오랜 시간 동안 왈가왈부 함으로써 서로의 관계가 악화되지 않도록 배려해야 한다.[5]

담임목사는 어떻게 하든지 당회원들이 동역자 의식을 철저히 갖고 그리스도의 한 지체임을 확실히 인식하도록 해야 한다. 그리고 하나님께서 교회에 두신 비젼을 나누고 목표를 세우며 전략을 강구하여 종의 자세를 가지고 주님의 몸된 교회를 섬기도록 해야 한다. 그렇게 하면 하나님을 기쁘시게 하는 교회, 성도들이 안식을 누리며 주의 일에 온전히 헌신하는 교회를 이루게 될 것이다. 임택진 목사는 다음과 같이 말한다.

> 교회가 발전하려면 목사와 장로 사이에 화합이 이루어질 때 가능하다. 아무리 목사가 훌륭해도 장로들이 협력하지 않으면 교회가 제대로 성장할 수 없고 그 반대로 장로들이 제 아무리 뛰어나도 목사가 협력하지 않으면 교회가 부흥할 수 없다. 그러나 좀 부족한 목사와 시원치 않은 장로들이라도 서로 돕고 협력하면 교회가 교회답게 아름다운 공동체를 이루어 나갈 수 있다.[6]

2. 부교역자와의 관계에서-원인과 처방 [7]

교회 안에서 담임목사와 부교역자(부목사, 강도사, 전도사 등) 사이에 갈등상황이 발생하는 경우가 종종 있다. 교역자 사이에서 일어나는 갈등은 자신뿐만 아니라 교인들의 마음에도 근심과 불안과 불신을 일으켜 교회 안에 분열을 가져올 수 있다.

정체감의 상실

《목회와 신학》(1990년 5월호)에 실린 신학생들이 겪는 갈등과 관련한 표본조사에서 그들이 가장 갈등을 겪는 교회 안의 인물을 보면, 31.6%가 담임목사이고, 다음이 교회 원로나 제직으로 28.6% 이다. 또 담임목사와의 갈등요인으로 첫 번째는 "담임목사의 권위적인 태도나 간섭"

(27.9%)이고, 두 번째가 "목회방법이 달라서"(20.5%)이며, 그리고 "신앙관 자체가 너무 다르므로"(18.6%)와, "담임목사의 신앙과 생활의 불일치"(13.2%)를 세 번째, 네 번째 이유로 들고 있다.[8]

제이콥슨(Wayne Jacobson)은 교역자 사이에 생기는 갈등의 주요 원인으로 다음의 것들을 들고 있다. 세대 차이, 신학적 견해 차이, 의사소통(커뮤니케이션)이 원활하지 못함, 관점과 의견의 다양성을 수용하지 못함, 목회에 있어서 우선순위의 충돌, 교회 질서와 자유에 대한 견해 차이, 유대관계가 친밀하지 못함 등 일곱 가지이다.[9] 앞에서 제시된 이유들을 종합해 보면 담임목사와 부교역자 사이에 일어나는 갈등의 가장 근본적인 원인은 정체감(正體感: identity)의 문제라고 할 수 있다. 담임목사와 부교역자가 자신의 역할이 무엇인지를 잊어버릴 때에 존경심과 신뢰감을 잃어버리게 된다.

담임목사는 교회의 대표자의 위치에 있다. 그는 교회의 모든 일들을 돌아볼 책임을 가지고 있고, 또 마지막 책임을 져야 하는 사람이다. 부교역자는 담임목사를 돕는 사람이다. 한국교회 초기에는 전도사를 흔히 조사(助事)라고 불렀는데, 목사를 돕는 사람이라는 뜻이다.

담임목사는 부교역자와의 관계에서 주도적인 역할을 한다. 곧 부교역자를 청빙하는 일에 담임목사는 절대적인 역할과 결정권을 가진다. 그는 자기와 비슷한 성격이나 은사를 가진 사람을 청빙하여 전력투구하여 한 방향으로 교회를 이끌어 가든지 아니면 자기와 다른 성격과 은사를 가진 사람을 불러들여 자기의 부족한 면을 보충하게 하므로 교회를 균형있게 성장시킬 수 있다. 담임목사는 부교역자와 동역하여 교회를 섬길뿐 아니라, 또 그를 교회의 내일을 위해 바람직한 목사로 양육하는 일을 하는 사람이다. 때로 담임목사는 부교역자를 사면(辭免)시킨다. 따라서 부교역자와의 관계에서 담임목사의 위치는 가히 절대적이다. 갈등이 발생하는 것도 담임목사가 책임을 질 일이고, 갈등을 관리하는 일도 담임목사가 주도적으로 해야 할 일이다.

갈등을 피하고 교회를 유익하게 하며 하나님의 영광을 드러내는 동역을 하려면 담임목사나 부교역자가 어떻게 해야 할 것인가? 원론적인 이야기이지만 무엇보다도 담임목사가 하나님 앞에서 바로 서야 한다.[10]

베드로전서 5장에서 말씀하듯이 "그리스도의 고난의 증인이요 나타날 영광에 참예하는 자"(1절)라는 정체감(正體感)이 담임목사에게 분명해야 한다. 이 말씀은 목사가 그리스도의 고난을 통한 구원의 복음의 증인이라는 의미를 가질뿐만 아니라 목회에 있어서 목사는 그리스도의 고난에 참예하는 자여야 함을 가르쳐 준다. 담임목사가 고난받기를 싫어하여 가능하면 설교나 전도, 심방과 상담을 부교역자에게 맡기고, 자신은 주일 오전 예배시간에 한번만 설교하고 다른 일에 바쁘다면 틀림없이 갈등은 일어나고야 만다.[11]

목사는 장차 나타날 영광을 사모하는 자이다(벧전 5:1). 담임목사가 교회를 위해서, 하나님의 나라를 위해서 사리사욕에 얽매이지 않고 헌신하면 부교역자의 존경을 받고 물불을 가리지 않는 충성을 얻게 될 것이다. 그러나 운동이나 목욕을 필요 이상으로 즐기고, 선교를 위해서라기 보다는 단순히 견문(見聞)을 넓히기 위해 선교지를 방문하고, 대접받는 것을 좋아하여 약하고 소외된 자를 찾기보다는 힘있고 돈많은 교인들만을 심방한다면, 부교역자도 역시 '잿밥'에 더 관심을 많이 갖던가, 아니면 교인들 사이에 분파('왕당파'와 '개혁파')가 조성되고 갈등은 발생하게 된다.

교인수가 많아지면 담임목사의 역할이 목자(shepherd)로의 기능에서 '목장주'(rancher)의 기능으로 어쩔 수 없이 바뀌게 된다. 교인이 200명

내외일 경우 목사는 각 사람의 형편을 알고 돌볼 수 있다. 그러나 교인이 500명을 넘어가면 더 이상 담임목사는 교인들을 개인적으로 알고 돌보기는 어려워진다. 결국은 부교역자들이 교인들을 교구로 나누어 목회를 하고, 담임목사는 부교역자들을 중심으로 교회를 돌보게 된다. 담임목사가 이런 위치에 있으면, 목사가 아니라 일반기업의 최고경영자(CEO: Chief Executive Officer)로 전락하는 위험을 경계해야 한다. 담임목사가 비록 기능적으로는 최고경영자와 같은 일을 한다고 할지라도 영적으로 깨어서 한 영혼을 귀하게 여기는 중심을 잃지 않는다면 건강한 교회를 이룰 수 있다. 그러나 사람보다 명예와 권세와 일을 더 사랑하면 그 목사는 자신뿐만 아니라 성도들의 영혼을 잃어버리는 실수를 범하게 된다. 사도 베드로는 성령의 감동하심을 입어 이렇게 권한다.

> 너희 중에 있는 하나님의 양무리를 치되 부득이함으로 하지 말고 오직 하나님의 뜻을 좇아 자원함으로 하며 더러운 이(利)를 위하여 하지 말고 오직 즐거운 뜻으로 하며 맡기운 자들에게 주장하는 자세를 하지 말고 오직 양 무리의 본이 되라(베드로전서 5:2-3).

오늘날 한국교회에 목사의 은퇴시에 퇴직금 문제로 갈등이 종종 생겨난다. 또 어떤 목사는 교회로부터 청빙을 받을 때에 그곳에서 원로목사가 될 수 있는지를 계산하고 결정하기도 한다. 또 원로목사가 되기 위한 조건인 20년을 채우기 위해서 어떤 목사는 더 이상 계속해서 교회를 섬길 형편이 안됨에도 불구하고 담임목사의 자리를 지키는데 남은 기력을 소진하는 경우도 있다. 또 은퇴를 앞두고 원로목사 투표를 추진하는 과정에서 불미스러운 일들이 있다. 이런 문제들은 목사의 정체감의 상실로 말미암은 것들이라고 할 수 있다. 자신이 맡은 사람들이 하나님의 양무리이며, 더러운 이(利)를 좇아서가 아니라 하나님의 뜻을 좇아 행할 때에 4절에서 보듯이 목자장이 나타나실 때에 칭찬과 영광의 면류관을 받는 목사가 될 것이다.

무엇보다도 담임목사가 정체감을 잃어버리면 교인들은 부교역자를 찾게 된다. 하나님의 뜻에 대해 관심이 없고, 하나님의 양무리에 대해 마음이 떠난 목사의 형편을, 양들은 어리석은 듯해도 빨리 눈치를 챈다. 그리고 그들의 상처입은 심령을 부교역자에게 하소연한다. 부교역자가 성숙한 사람이라면 담임목사의 편에 서서 성도들을 대할 것이나, 그렇지 못한 경우에는 담임목사와 교인들 사이를 이간(離間)시키는 언행을 하게 된다. 한술 더 떠 담임목사에게 교인들의 이름까지 들먹이며 그들의 비난을 전함으로써 서로 간의 관계를 더 악화시키기도 한다. 베드로전서 5:5-6은 이런 부교역자를 향하여 말씀하시는 듯하다.

> 젊은 자들아 이와 같이 장로들에게 순복하고 다 서로 겸손으로 허리를 동이라 하나님이 교만한 자를 대적하시되 겸손한 자들에게는 은혜를 주시느니라 그러므로 하나님의 능하신 손 아래서 겸손하라 때가 되면 너희를 높이시리라.

이런 부교역자의 언행은 잠시 동안은 그 동기가 숨기워질 수 있지만, 곧 담임목사가 알게 되어 갈등의 골이 깊어지게 된다. 하나님의 양무리를 맡은 목자라는 정체감을 잃어버리고 더러운 이(利)를 추구하는 담임목사와 부교역자는, 서로를 비난하고 그 동안 간직해 왔던 비밀들을 공개하면서 이전투구(泥田鬪狗: 진흙탕 속에서의 개싸움)를 벌이기까지 한다.

이런 문제를 극복하는 길은 우선 정체감의 회복이다. "너희 염려를 다 주께 맡겨 버리라. 이는 저가 너희를 권고하심이니라"(7절)는 말씀을 따라 자녀교육 문제나 은퇴 후의 생활 문제에 대해 하나님께 맡겨 버려야 한다. 그리고 하나님의 부르심을 따라 주님의 몸된 교회를 위하여 고난에 참여해야 한다. 진정 하나님의 사람이 어떻게 살아야 하는가를 가르치며 실천하므로 양무리의 본이 되어야 한다.

부교역자는 자신이 담임목사보다 낫다는, 자기가 하면 더 잘 할 수 있다는 교만을 버려야 한다. 그리고 담임목사의 좋은 협력자로서 때로는 조언도 지혜롭게 하지만, 그의 약점을 보완해서 건강한 교회가 되도록 해야 한다. 그리할 때에 우는 사자와 같이 두루 다니며 삼킬 자를 찾고 있는 마귀의 노리개나 밥이 되지 않고, 도리어 마귀를 대적하여 물리쳐 하나님의 양무리를 건강하게 양육할 수 있다.

동역의 관계, 경쟁의 관계

담임목사와 부교역자 사이가 동역자(coworkers)가 아니라 경쟁자(competitors)의 관계로 변하면 갈등은 발생한다. 이것은 양쪽이 그런 생각을 가지면 물론 나타나거니와, 담임이던 부교역자이던 간에 한쪽이 경쟁의식을 가져도 나타난다.

대표적인 예는 사울왕과 다윗의 경우이다(삼상 18장 이하). 사울왕이 만약 유능한 다윗을 계속해서 아껴주고 세워주었다면, 그는 이스라엘의 초대(初代) 왕으로서 찬란한 위업(偉業)을 이루었을 것이다. 또 비참한 최후를 맞이하지 않았을 것이다. 그러나 "사울이 죽인 자는 천천이요, 다윗이 죽인 자는 만만이로다"라는 여인들의 노래는 불화살[화전(火箭)]처럼 그의 마음에 깊이 박혔고, 자기의 왕위를 넘보는 경쟁자로 다윗을 인식하게 되었다. 그리하여 번뇌로 괴로워 하며 국력을 다윗을 색출하는데 낭비하였고, 블레셋에게 틈을 보여 백성들을 전쟁의 소용돌이에 빠지게 만들었다.

사울왕은 자신이 왕이고, 다윗은 신하이자 자기의 사위이며, 자신과 다윗이 힘을 합하여 이스라엘 왕국을 발전시켜야 함을 망각하였다. 도리어 다윗이 반역을 일으켜 사울왕가(王家)가 몰락하지는 않을까 하는 불신과 염려로 말미암아 갈등을 일으키고 멸망을 자초(自招)하였다. 한마디로 사울이 다윗을 동역자가 아닌 경쟁자로 오해한 데서 빚어진 결과이다.

성경에서 볼 수 있는 담임목사와 부교역자의 관계는 바울과 디모데 사이에서 볼 수 있다. 오늘날 담임목사와 부교역자 사이에 사도행전이나 목회서신에서 볼 수 있는 것과 같은 바울과 디모데 사이에 있었던 관계가 재현되어야 마땅하다. 바울은 디모데를 진심으로 사랑하고 아끼면서, 좋은 목사가 되도록 훈련시키고 지도하였다. 바울은 디모데를 부를 때에 "믿음 안에서 참 아들된 디모데"(딤전 1:2)라고 하였다. 또 디모데는 바울에 대해 스승이요 영적인 아버지로 인정하고, 그의 뜻을 충실히 따랐다. 디모데는 바울 앞에서 눈물을 보이는 여린 마음을 가진 사람이었지만(딤후 1:4), 바울이 원했을 때에 선교여행의 수종자가 되었고(행 16:1-5), 바울이 투옥되었을 때에 감옥에까지 따라갔다(빌 1:1). 디모데는 또 에베소교회의 담임목사로 사역에 헌신하였다(딤전 1:3). 그들의 동역을 통하여 하나님의 나라가 소아시아와 유럽에까지 확장되었다.

오늘날은 담임목사와 부교역자 사이에 이런 아름다운 관계를 보기가 쉽지 않다. 많은 경우, 고용주(employer)와 피고용인(employee) 사이에서 볼 수 있는 상황이 벌어진다. 곧 주일학교가 성장하지 않으면 담임목사는 쉽게 부교역자를 내보낸다. 또 부교역자는 기회만 있으면 사례를 더 많이 주고, 자동차나 사택을 주며, 일이 적거나 힘들지 않은 곳으로 사역지를 이동하려고 한다. 이러한 상황에서 갈등은 불가피하게 발생한다.

담임목사와 부교역자 사이에 동역의 관계를 발전시켜 나아가기 위해서는 함께 기도하는 시간을 가져야 한다. 진정 하나님 앞에서 교회의 일들을 놓고 기도하고 의견을 나누며 다시 기도하고 결정한 일들을 추진하면 성령의 하나되게 하심을 지킬 수 있다.

갈등을 방지하려면 일들을 지혜롭게 분담할 수 있어야 한다. 특히 부교역자들이 여러 명이 있는 경우, 사역 분담을 공평하게 또는 모두가 납득할 수 있도록 해야 한다. 그렇지 않을 때에 불만을 품게 되고 원망이 생기게 된다. 일을 분담하여 수행해 나아가는 과정에서 담임목사는 지도와 감독을 하며 필요한 도움을 베풀어야 한다. 일반 기업은 생산성을 강조한다. 교회의 일은 생산성도 무시하지는 않으나 개인의 성숙에 더 관심이 많다. 따라서 담임목사는 일을 수행하는 과정에서 전체적인 진행과 더불어 각 개인을 잘 돌볼 수 있어야 한다.

담임목사는 교회의 성장만을 생각하여 업적만을 기준으로 부교역자를 평가하고 면직시키는 일은 없어야 한다. 부교역자를 청빙할 때에, 그의 과거의 사역의 결과를 참고해야 한다. 그러나 일단 청빙을 하여 사역의 동역자로 세웠으면, 하나님의 나라의 사역자를 양육한다는 자세로 그를 격려하고 지도해야 한다. 부교역자들로부터 성급하게 열매를 거두려고 하기보다 신학의 훈련을 신학교에서 받았으니, 목회의 훈련을 이제부터 담임목사가 시킨다는 생각을 가지고 가르치며 지도할 필요가 있다. 그리할 때에 바울과 디모데와 같은 관계가 형성되어 사단이 틈을 타지 못하며 진정한 하나님 나라의 확장이 이루어지게 된다.

　담임목사는 부교역자와 친밀한 관계를 이루어야 한다. 담임목사로서 부교역자의 가정의 형편을 살펴 도움을 베풀어야 한다. 경쟁자가 아니라 동역자로 인정하므로 교회의 일들에 대해 허심탄회하게 이야기를 나눌 수 있도록 담임목사는 부교역자들을 격려하고 그들의 말을 경청해야 한다. 또 자신의 가정에 부교역자 가족들을 초대하거나 음식점에 불러 음식을 나누며 교제하는 시간을 가지므로 동역의 관계를 돈독히 할 수 있을 것이다.

신학, 목회철학, 사역 스타일의 차이

　담임목사와 부교역자는 사역 스타일에 차이가 있을 수 있다. 그러나 신학과 목회철학에 있어서는 하나가 되어야 한다. 만약 담임목사는 개혁주의 신학(Reformed theology)을 가지고 있는 반면에 부교역자는 알미니안 신학(Arminianism)을 가지고 있다면, 그들의 설교를 듣는 교인들은 혼란에 빠지고 말 것이다. 또 담임목사는 교인들의 수적성장에 초점을 맞추고 전도에 힘쓰는 목회철학을 가지고 있는데, 부교역자는 양적성장에는 별로 관심이 없고 성경공부 중심의 제자훈련에 집중한다면 이들 사이에는 긴장이 있게되고 불화와 갈등으로 발전될 것이다.

　담임목사는 이런 갈등을 미연에 방지하기 위하여 부교역자를 청빙할 때에 그의 신학과 목회철학과 사역하는 스타일을 묻고 확인해야 한다. 목회팀 안에서 이런 문제로 말미암아 분쟁이 일어나는 일이 없도록 해야 한다. 또 부교역자를 목사의 일원(一員)으로 받아들였다면, 개인적으로 대화하며 교역자 회의 시간에 공개적인 토론을 통하여 신학과 목회철학에 통일된 입장을 가지도록 힘써야 한다.

담임목사가 비성경적인 이단적인 신학을 가지고 있음을 알게 되었을 때에 부교역자는 교인들에게 이를 떠벌리고 공개적으로 비난해서는 안 된다. 마태복음 18장이 가르치는 대로, 부교역자는 먼저 개인적으로 담임교역자를 찾아가 겸손하고 진실된 마음으로 이를 지적하고 성경의 진리로 돌이킬 것을 요청해야 한다. 이러한 충언을 받아들이지 않으면 노회나 교단 안의 신뢰할만한 지도자를 찾아가 사정을 이야기하고 도움을 요청할 수 있다. 이런 조치가 효과가 없을 경우 그리고 담임목사의 신학과 가르침이 성경 진리에 명백히 위배되는 것일 경우에는 당회나 실행위원회에 이야기하거나 교회 앞에 공개편지를 보낼 수도 있을 것이다.

이런 상황에까지 가게 될 때에 담임목사는 자신의 잘못을 인정하고 사과하던가, 아니면 부교역자를 파면시킬 것이다. 부교역자가 파면을 당할 경우 사사로운 감정을 가지고 교인들을 선동하면 안 된다. 교회의 법을 따라 당회나 노회 또는 법이 정하고 있는 교단의 기관에 진정(陳情)하므로 문제를 해결할 수 있다.

부교역자가 담임목사와 소속교단이 지향하는 신학과 다르게 가르칠 때에, 담임목사는 그를 개인적으로 불러 마음을 열고 그 문제에 대해 이야기를 나눌 수 있어야 한다. 그리고 성경과 교단의 교리적 표준을 근거로 해서 서로의 신학을 점검해 보고 잘못된 것이 있으면 누구를 막론하고 겸손히 고쳐야 한다. 그러나 부교역자가 성경적 근거도 없이 자신의 주장을 되풀이 하면 담임목사는 당회에 알려서 당회 차원에서 해결을 시도해야 한다. 그래도 효과가 없을 경우에는 유급휴가를 1-2개월 주어 교회의 사역에서 손을 떼게 하고, 면직시키는 조치를 취할 수 있을 것이다. 담임목사는 부교역자를 처리하는 문제를 정확한 근거와 신속한 판단으로 공적으로 처리함으로써 부작용을 최소한 줄이면서 갈등을 관리할 수 있다.

담임목사는 부교역자의 목회 스타일에 대해서는 관용적인 태도를 보여야 한다. 목회 스타일은 각 사람의 성격과 밀접한 연관이 있다. 바꾸기가 쉽지 않다. 목회 스타일을 바꾸는데 도움이 되는 방법은 부족한 점을 지적하기 보다는 한번씩 잘하는 면들을 부각시켜 칭찬해 주고 발전시켜 나아가도록 격려해 줌으로써 가능하다. 그렇지 않고 마음에 안드는 점들을 반복적으로 들추어 낼 때에 관계도 나빠지고 갈등을 불러일으키기가 쉽게 된다.

담임목사는 영적인 권위와 부교역자에 대한 개인적인 사랑을 가져야 한다. 바울과 디모데와 같은 관계 속에서 부교역자를 키운다는 중심에서 그를 가르치며 지도하고 동역하면서 교회를 섬기면 하나님과 교인들에게 큰 기쁨이 될 수가 있다.

담임목사와 부교역자와의 관계를 평가하기 위해 설문조사를 해 볼 필요가 있다. 이 책의 〈부록 2〉에는 교역자간의 관계를 점검하기 위한 설문조사가 있다. 담임목사와 부교역자가 각기 질문에 따로 대답을 한 후 서로의 대답을 비교하면서 이야기를 나누어 보라. 교회를 섬기는데 큰 도움이 될 것이다.

3. 교인과의 관계에서

목사는 교인과의 관계에서 갈등을 겪는다. 대부분의 교인들은 일반적으로 목사를 존경하고 그의 가르침을 잘 따른다. 그러나 그들 중 어떤 사람은 목사의 마음에 상처를 주고 교회의 분위기를 흐려 놓기도 한다.

갈등 유발자들

갈등을 잘 일으키는 사람들은 어떤 사람일까? 오우츠(Wayne E. Oates)는 교회 안에서 담임목사를 힘들게 하는 사람들을 다섯 부류로 나누어서 설명한다.[12]

뒷전에서 험담하는 자(back-biting person)
세력을 가진 권위주의자(Power-ridden person)
경쟁적으로 이간질하는 자(Competitive divider)
거머리같은 자(Clinging vine or dependent person)
공주병에 걸린 자(Star performer)

이와 대조적으로 셸리(Marshall Shelley)는 아홉 부류의 문제아(問題兒)들[13]을 비유적으로 열거한다.[14] 그 아홉 부류의 문제아들은 다음과 같다.

사냥개(Bird dog-문제를 일일이 찾아내서 고자질한다)
젖은 담요(Wet blanket-부정적인 언행으로 찬물을 끼얹는다)

기업가(Entrepreneur - '젖은 담요'와 완전히 반대의 사람으로서 적극적으로 교인으로 등록하고 교회의 일을 하지만 장삿속으로 한다)

고함치는 선장(Captain Bluster - 남의 의견은 들으려고 하지 않고 자기 주장만을 고집하고 큰소리 친다)

물주(物主, Fickle financier - 헌금을 많이 한다는 이유로 교회를 좌지우지하려 한다)

참견꾼(Busybody - 주위 사람들이 하는 일에 일일이 간섭하고 참견한다)

저격수(狙擊手, Sniper - 간접적으로 목사에 대해 의심하게 만들고 루머를 퍼뜨린다)

회계(Bookkeeper - 마음에 들지 않는 목사의 언행을 유사시 사용하기 위해 일일이 기록으로 남겨둔다)

오물(汚物)장사(Merchant of muck - 교회의 약점을 사람들 사이에 퍼뜨리며 불만을 조장한다)

갈등 유발자를 구분하는 방법

갈등을 일으키는 사람들은 다시 크게 두 부류로 나눌 수 있다. 첫째 부류의 교인들은 단지 다른 사람의 주의를 끌고(attention-getting), 특히 목사의 관심을 얻기 원해서 불평을 하고 원망을 하는 경우이다. 둘째 부류의 교인들은 적대감을 가지고 공격을 하며 자신의 존재를 부각시키려는 사람들이다.

이 둘을 구분하는 방법은 악의(惡意)나 의도성(意圖性)을 살펴 보는 것이다. 첫째 부류의 사람들은 목사가 자기에 대해서 더 관심을 가져 주기를 바라는 평범한 마음을 잠재의식으로 가지고 있다. 그러나 둘째 부류의 사람들은 목사의 관심보다는 교회의 유익을 빙자하여 자신이 교회의 왕이 되려는 의도를 지니고 있다. 또 이들의 행동이 피동적인 반응인가 아니면 적극적인 행동인가를 통해서도 구분할 수 있다. 첫째 부류의 사람들은 목사에 대해서 불평을 하다가도 목사가 다시 관심을 가져주면 그들의 불만이 해소되어 다시금 좋은 관계를 회복하게 된다. 그러나 둘째 부류의 사람들은 자신이 주장하던 일들을 목사가 긍정적으로 받아들이는 경우 잠시 공격의 고삐를 늦추기도 한다. 그러나 곧 새로운 문제를 만들어 교회를 혼란케 만든다.

갈등 유발자의 성격

이러한 문제를 가지고 있는 교인들의 성격은 다음과 같다.

첫째 부류의 교인들은 성격이 소극적인 사람들일 경우가 많다. 또 열등감이나 마음에 상처를 가지고 있을 가능성이 크다. 대체로 이들은 유아기적 성향을 가지고 있다. 신체적으로는 성인이지만 정신적 또는 영적으로는 어린 상태에 있다.[15]

유아기적 특성을 가진 사람들은 자기중심적으로 모든 상황을 해석한다. 자기에게 잘하면 좋은 목사이며, 자기를 무시하는 듯 하면 나쁜 목사로 평가한다. 어떤 개척 교회에서 생긴 일이다. 축도가 끝난 후 강 목사는 처음 교회에 나온 어떤 사람이 교회당을 빠져나가는 것을 보고 급히 강단에서 내려와 그를 붙잡고 인사를 하고 이야기를 나누었다. 그런데 몇 일 뒤에 박 집사의 불평이 다른 사람을 통해 들려왔다. 목사가 자기를 무시했다는 것이다. 내막을 알아보았더니 자기가 처음 교회에 나온 사람과 인사를 나누려고 급히 서두르다가 박 집사와 인사를 나누지 않고 그냥 지나쳤다고 불평하는 것이었다. 이처럼 유아기적 성향을 가진 사람들은 다른 사람을 이해하려고 하기 보다는 모든 사람이 자기를 중심으로 행동해 주기를 바란다. 그렇게 되지 않을 때에 불평을 늘어놓는다.

유아기적 특성을 가진 사람은 또한 자신이 원하는 것이 즉각 이루어지기를 기대하고, 그렇게 되지 않으면 원망한다. 아이들이 사탕을 먹고 싶다는 생각이 한번 들면 사탕이 입에 들어가기 전까지 부모를 못살게 구는 것을 볼 수 있다. 최 집사가 목사에게 찾아와서 설교가 어려우니 좀 쉽게 해달라는 요청을 하였다. 목사가 그 제안에 대해 긍정적으로 생각하고 다음 주일 설교는 쉽게 하려고 노력을 하였다. 그러나 목사가 최선을 다한다고 그의 설교 스타일이 생각대로 쉽게 바뀌는 것은 아니었다. 다음 날 최 집사는 자기의 요청을 들어주지 않는다고 목사에게 전화를 걸어 불평하였다. 또 다른 사람들에게 목사의 설교에 대해 불만을 퍼뜨렸다.

어린 아이들의 특성 가운데 의존적인 성향을 들 수 있다. 자기가 할 수 없는 일을 다른 사람이 해 주기를 바라는 태도를 가리킨다. 또 자기를 인정해 주고 돌보아 주는 사람을 필요로 하는 성향을 말한다. 성숙한 그리스도인은 궁극적으로 예수 그리스도 안에서 하나님 아버지와의 관계에서 이러한 의존욕구를 채운다. 물론 사람들로부터의 도움과 인정이 전혀 불필요한 것은 아니지만 사람들로부터 어느 정도 자유함을 누린다. 그러나 미숙한 사람들은 하나님보다 사람을 더 의존한다. 특히 눈에 보이지 않는 하나님보다 목사를 더 절대시한다. 그리하여 목사가 자기를 전적으로 책임지고 돌보아 주기를 기대한다. 또 목사가 자기의 기대를 완전히 충족시켜 주기를 요구하고, 그가 자기에 대해 소홀히 하거나, 자기의 기대에 부응하지 못할 때에 이를 이해하고 용납하려 하지 않는다. 따라서 이들은 목사에 대해 자기의 간(肝)을 내줄 듯이 좋아하다가, 갑작스럽게 목사를 미워하는 태도를 나타내 보이기도 한다.

유아기적 특성 가운데 책임을 지려고 하지 않고 남에게 책임을 전가(轉嫁)하기를 잘하는 태도가 있다. 어떤 문제가 발생하면 자기가 잘못한 부분이 무엇인가를 알아보려고 하기보다 즉각적으로 누구 누구 때문에 일이 이렇게 되었다고 비난한다. 교인들 가운데도 교회에 문제가 발생하면 목사에게 책임을 다 뒤집어 씌우는 이들이 종종 있다. 곧 자기 눈에 있는 들보는 보지 못하고 다른 사람에게 있는 티를 문제삼는다. 일부의 교인들에게 있어서 목사는 교회에서 일어나는 모든 문제의 책임을 지우는 가장 편한 '동네북' 이다. 마음대로 두들기고 비난하고 심지어는 욕을 서슴치 않는다.

이와 대조적으로 둘째 부류의 교인들은 과거나 현재에 돈이 있던가 지위(地位)나 파워(power)를 소유했거나 언변(言辯)이 있거나 지적이나 영적인 능력을 소유한 자일 경우가 많다. 그들은 이런 세력을 이용하여 많은 사람들을 자기의 뜻대로 좌지우지한다. 이들은 교회의 질서를 따라 봉사하기 보다는 사조직(私組織)을 형성하여 우두머리가 되기를 좋아하기도 한다. 목사와 동역을 이루기 보다는 그를 경쟁자로 여긴다. 그래서 암암리에 목사를 폄하한다. 특히 목사가 사람들로부터 지지를 받게 되면 불편해 하며, 그를 사적인 자리에서 모함을 하며 공식 회의 석상에서 공격하기도 한다.

갈등 유발자 관리방법

목사와 교인들 사이에 생기는 갈등을 관리하는 데 가장 중요한 것은 목사와 하나님과의 관계이다. 만약 목사가 하나님 앞에서 진실하고 충성되게 사역을 하고 있으면 그는 교인들과의 관계에서 권위를 가지게 된다. 따라서 문제가 생길 가능성은 줄어든다. 잠언 16:7에서 "사람의 행위가 여호와를 기쁘시게 하면 그 사람의 원수라도 그로 더불어 화목하게 하시느니라"고 말씀한다. 설령 갈등이 발생한다고 해도 반석이신 하나님의 도우심을 확신하기에 두려워하지 않을 수 있다. 잠언 29:25에는 "사람을 두려워 하면 올무에 걸리게 되거니와 여호와를 의지하는 자는 안전하리라"고 했다. 따라서 목사는 갈등 문제가 생기면 상대방을 비난하고 자신을 변명하기 전에 하나님 앞에서 자신을 먼저 살펴야 한다. 자신의 죄와 허물을 자복하고 용서와 은혜를 구해야 한다. 그리고 상대방을 정죄하기 전에 하나님의 관점에서 문제를 바라보고 해결책을 찾아야 한다. 목사가 하나님을 진정으로 두려워하고 그의 뜻을 이루려고 하면-자신의 거취(去就)까지도 하나님께 맡기면-문제는 의외로 쉽게 풀리게 된다.

목사가 문제 교인들을 대하는 방법에는 세 가지가 있다. 곧 문제를 모르는 척하고 지나치는 방법, 문제교인을 개인적으로 직접 만나 해결하는 방법, 그리고 당회를 통해 공적으로 접근하는 방법이다.

문제를 관망함

목사에 대한 비방이나 공격은 제3자를 통해 목사의 귀에 들어오게 된다. 이런 이야기를 들으면 목사의 마음은 섭섭함과 분노와 슬픔으로 파문이 일게 된다. 그러나 목사는 자신의 감정을 잘 다스려야 한다. 이러한 이야기를 전해주는 사람에게 자신의 섭섭함이나 불만을 직설적으로 표현하지 않아야 한다. 왜냐하면 그 사람의 이야기가 몇 사람의 입을 거쳐 전해졌을 가능성이 있고, 이에 따라 사실 여부가 불분명할 수 있기 때문이다. 그리고 목사를 찾아와 이야기하는 사람이 불순한 동기를 가지고 말을 전했을 가능성도 배제할 수 없기 때문이다. 따라서 목사가 기분이 상하여 무심결에 한 말이 그에게 말이 전해진 역순(逆順)으로 상대방의 귀에 들어갈 가능성이 크기 때문이다. 그렇게 되면 갈등의 골은 더 깊어지고 싸움은 확대되기 마련이다.

　이런 경우에 목사는 우선 듣기만 하고 말하기는 더디해야 한다. 일단은 사태를 관망하면서 사실여부를 확인하고 대처방안을 연구해야 한다. 변명을 하거나 반응을 보이지 않으면 비방이나 소문이 잠잠해질 수가 있다. 잠언 25:26 말씀은 이렇게 말한다. "의인이 악인 앞에서 굴복하는 것은 우물의 흐리어짐과 샘의 더러워짐 같으니라." 비록 목사의 마음이 괴롭고 화가 나기도 하지만, 잠잠히 기다릴 때에 아무 일도 없었던 듯이 문제가 해결되는 경우가 많다.

대화함

　목사는 문제의 인물을 직접 찾아가 만나서 해결할 수 있다. 목사에 대한 비방이나 공격이 예사롭지 못한 경우이다. 그냥 내버려 두면 문제가 확산되고 교회가 더 큰 어려움에 부닥치겠다는 판단이 설 때에는 직접 만나서 이야기를 나누는 것이 필요하다.

　이런 방문의 경우 두 가지로 접근할 수 있다. 목사는 자신의 그 사람에 대한 관심과 사랑을 말과 행동으로 나타내고 다른 이야기는 하지 않는 것이 한 가지이다. 자신이 들었던 이야기에 대해 확인하거나 따지지 않고, 그저 자신의 사랑과 관심을 전하는 것이다. 그럼으로써 그 사람의 마음속에 있던 상처나 감정이 봄바람에 눈이 녹듯이 스러져버리는 경우가 많다.

그러나 목사에 대해 악의가 있고 경쟁적인 태도를 느낄 경우에는 겸손한 자세로 문제를 이야기해야 한다. 진정 그를 사랑하고 섬기는 마음으로 성령께서 하나되게 하신 것을 지킬 수 있도록 이야기를 나누는 것이다. 이렇게 목사가 개인적으로 만나 마음을 열고 이야기를 나누었음에도 불구하고 문제가 해결될 기미가 보이지 않을 때에는 문제를 공식적으로 다루어야 한다.

마태복음 18장 방법

마태복음 18장에서 예수님이 가르쳐 주신대로 목사는 믿음이 좋은 한, 두 사람의 증인과 함께 문제교인을 찾아가 권면을 해야 한다. 그럼에도 불구하고 잘못을 뉘우치지 않을 때에는 당회차원에서 그 문제를 다룰 수 있다. 곧 문제교인을 당회에 불러 문제의 상황을 확인하며, 그의 언행에 대한 동기를 밝히도록 요구해야 한다. 진정으로 그를 사랑하는 은혜와 옳고 그름을 분별하는 진리를 가지고 당회는 문제와 사람을 구분하여 접근해야 한다.

먼저 문제를 성경과 성령님의 조명(照明) 아래 좌우로 치우침이 없이 분변해야 하며, 그 다음에 문제교인을 다루어야 한다. 권징은 문제를 일으킨 사람을 깨우쳐 잘못에서 돌아서도록 하는 것이 일차적인 목표이다. 다음으로 그러한 잘못이 교회 안에 전염되지 않도록 경계하며, 재발(再發)되지 않도록 조치하는 것이다. 권징이 필요한 경우 신중하게 결정해야 할 것이며, 그의 영혼을 진정으로 사랑하므로 불가피하게 내리는 벌이어야 한다. 따라서 때로는 단호한 결정과 치리가 요구되기도 한다.

목사의 주의사항

셸리(Marshall Shelley)는 문제를 일으키는 교인을 용(龍, dragon)이라고 부른다. 그리고 "가장 나쁜 용은 처음에는 목사의 가장 열렬한 지지자였을 수도 있다"(The worst dragons may be, in the beginning, the pastor's strongest supporters.)고 말한다. 그리고 그 이유로 그들이 목사에 대해 다른 사람들보다 더 큰 기대를 했기 때문이거나, 교회에 강한 애착과 주인의식을 가지고 있기 때문이라고 한다. 또 아마도 그들이 자신들의 리더쉽에 위협을 느끼거나 개성이 강한 사람들이기 때문일 수도 있다고 말한다.16)

이러한 그의 주장은 여러 가지 면에서 타당성이 있다. 그러나 여기서 목사가 특별히 주의를 기울일 일이 있다. 그것은 때로 목사가 '용'이 아닌 사람을 '용'으로 간주(看做)하거나 '진짜 용'으로 만드는 경우가 있다는 것이다. 교인, 특히 제직 중에는 하나님을 사랑하고 교회를 위해 헌신적인 일군들이 있다. 그들은 목사가 교회에 처음 부임하면 그를 지지하고 돕기를 원한다. 목사가 도움을 요청하거나 부탁하는 일에 발벗고 나서 충성한다. 신혼생활이 그러하듯이 신임 목사와 교인 사이에 있어서도 1-2년 정도의 허니문(honeymoon) 기간을 갖는다. 이 기간이 지나면 서로의 약점이 눈에 띄기 시작한다. 목사는 목사대로 교회가 자기의 비전과 계획대로 움직여지지 않는 것에 대해 불만을 느낄 수 있다. 또 교인이나 제직들은 목사의 자질이나 목회능력에 대해 단점과 한계를 알아차리게 된다. 목사가 교인들의 건의나 조언 또는 불평을 들으면, 자신에 대한 공격으로 받아들이기가 쉽다. 목사가 그런 이야기를 들을 때에 기분이 나쁘고 낙심이 되는 것은 인지상정(人之常情)이다. 그러나 목사가 그런 이야기를 하는 사람을 싫어하고 멀리하고 자기를 반대하는 자로 낙인을 찍어버리면, 두 가지의 반응이 나타난다. 목사로부터 그런 대우를 받은 사람이 마음이 좋은 사람이면 교회일에 소극적이 되거나 교회를 떠난다. 또 그가 마음이 좋지 않은 사람이면 이른바 용이 되어 자신의 중심을 몰라주는 목사를 대항하게 된다.

  목사는 교인들이나 제직들의 의견에 대해 항상 귀를 기울여 들어야 한다. 그들의 조언과 충고를 귀찮게 생각하지 않아야 한다. 마음을 열고 그들의 말을 듣고, 일단 수용하고 그들의 관심과 사랑에 대해 감사를 표해야 한다. 그리고 하나님 앞에서 그들의 말을 평가해 보고, 목회에 반영할 것은 반영하고 무시할 것은 무시할 수 있어야 한다.

  목사는 자기에 대해 쓴소리 곧 고언(苦言)을 하는 사람들을 잘 분별해야 한다. 때로는 괴롭히려는 악한 동기를 가지고 목사를 찾아와 비판하는 사람도 있다. 그러나 진정 교회를 사랑하고 목사를 사랑하기 때문에, 어려워하면서 찾아와 조언을 하는 교인들도 있다. 목사가 선한 마음을 가지고 조언을 하는 사람들을 귀하게 여기면, 동역이 이루어지고 목회사역에 성장과 발전이 있게 된다. 목사는 선량한 교인들을 용으로 만들고 키워, 불필요한 갈등에 빠지지 않도록 해야 한다. 그러기 위해서 그는 마음을 열고 귀를 기울여 조언을 경청하고 뜻과 힘을 합해서 동역의 관계를 이루어 가도록 해야 한다.

4. 지역주민과의 관계에서

  갈등은 현재 상대방에 대해 가지고 있는 감정과 이미지에 따라 발생하기도 하고, 계속 잠재되어 존재하기도 하고, 사라져 버리기도 한다. 목사와 지역주민과의 관계에서도 이런 면을 볼 수 있다. 주민들이 교회와 담임목사에 대해서 좋은 이미지를 가지고 있으면 특별집회를 한다거나(주차문제 발생) 교회당을 건축할 때(소음, 먼지, 위험)에 심하게 시비를 걸거나 방해를 하지는 않을 것이다. 그러나 주민들이 교회의 일에 대해 못마땅하게 생각하고 불만을 갖고 있으면 조그만 불편도 참지 못하고 데모를 하고 소송을 제기할 것이다.

목사는 지역주민과의 관계에서도 교회의 대표자이며 하나님의 대사이다. 읍이나 면(面) 정도의 지역의 목사는 지역 유지(有志)이기도 하다. 이러한 위치에 있는 목사는 따라서 지역 주민과의 관계를 적극적으로 발전시켜야 한다. 목사의 성격이 소심하여 목회 사역을 교회와 교인들의 일들에 그 범위를 국한시키므로 말미암아 주민들로부터 스스로 자신을 고립시킬 경우 지역주민들과의 갈등이 쉽게 생길 수 있다.

목사는 교회가 위치하고 있는 지역의 주민 모두를 자기의 목회 대상으로 생각해야 한다. 그들을 전도의 대상으로 삼아 축호전도를 꾸준히 해야 하며, 그들의 생활에 일어나는 일들(출산, 입원, 결혼, 별세 등)을 계기로 그들을 돌보아야 한다. 교회의 소식을 그들에게 지속적으로 알리며(주보를 보낸다던가 소식지를 만들어 배포하므로), 교회의 예배와 행사에 주민들을 초청해야 한다. 나아가 지역의 어른들을 예의를 갖추어 대해야 한다. 또 가난하고 병들고 소외된 자들에게 구제의 손길을 펼치므로 그리스도의 사랑을 실천하는 일에 목사가 주도적인 역할을 해야 한다. 그렇게 하면 지역주민과의 관계에서 갈등 대신에 화목을 이루며 전도의 문을 열어 갈 수 있다.

교회당 건축을 하려고 할 때에 이웃주민들과 마찰이 일어날 수 있다.

주민들은 건축할 때에 생기는 소음(騷音)과 분진(粉塵)과 위험 그리고 교회당이 서면 집 값이 떨어진다는 이유로 교회당 건축을 반대한다. 어떤 경우에는 보상금을 타 주는 브로커가 개입되어 문제를 더욱 복잡하게 만든다. 그러나 교회는 이런 이유 때문에 건축을 중단할 수는 없다. 이해관계의 대립은 문제 해결을 매우 어렵게 만든다. 자기의 주장을 강하게 내세우며 양보의 여지를 보이지 않기 때문이다.

이런 상황에서 목사가 해야 할 일은 교회당 건축이 법적인 요건에 하자(瑕疵)가 없는가를 먼저 살펴야 한다. 교회가 불의와 타협을 해서는 안 된다. 건축을 할 때에 교회는 많은 유혹을 받게 된다. 건축을 조속히 추진하고 의도했던 대로 건물을 짓기 위해 법에 저촉되는 것을 알면서도 관행에 의지하여 뇌물로써 문제를 해결하려 할 때가 있다. 이런 식으로 문제를 해결하는 것은 잘못이다. 이런 일들을 교회가 자행하면 교회는 세상의 소금과 빛으로서의 사명을 수행하기가 어렵게 된다. 또 주민들이 트집을 잡으면 꼼짝없이 당하게 된다. 건축법 상 교회당 건축이 전혀 하자가 없다면 목사는 주민들의 반대에 당당하게 대처할 수 있다.

목사는 건축을 반대하는 주민들을 만나 법적으로 하자가 없음을 밝혀야 한다. 그리고 법적으로 모든 조건을 구비하여 시행하는 일에 반대하는 것은 잘못이라는 것을 가르쳐야 한다. 그러나 공사로 말미암아 주민들이 입게되는 불편에 대해서는 양해를 구해야 한다. 나아가 어느 정도의 보상안을 제시하는 가운데 타협을 볼 수 있을 것이다. 이러한 타협은 주민의 대표와 교회의 대표(담임목사는 표면에 나서지 않는 것이 좋다)가 만나서 해야 한다.

목사는 이러한 갈등에 대해 주님께서 말씀하신 것처럼 뱀과 같이 지혜롭고 비둘기 같이 순결하게 대처할 수 있어야 한다. 이를 위해 교회적으로 기도하며 하나님으로부터 오는 지혜를 구해야 한다. 또 이런 일에 목사가 직접 나서기보다는 경험이 있고 믿음과 지혜가 있는 사람을 세워 일을 처리하는 것이 바람직하다.

| 제 7 장 |

갈등관리 스타일

갈등상황에 부닥칠 때에 사람들은 여러 가지 반응을 보인다. 이러한 반응의 차이는 대개 가정환경, 교육배경, 개인적인 경험과 해석, 그리고 현재의 상황과 미래에 대한 전망 등에 의해 생겨난다. 이것을 갈등관리 스타일(style)이라고 한다. 갈등에 직면하면 각 사람은 일반적으로 일관된 스타일을 보인다. 이 장에서는 먼저 자신이 어떤 갈등관리 스타일을 지니고 있는가를 설문조사를 통해 알아보고, 각 스타일의 특성과 각각의 장점과 단점 등을 성경에 나타난 예를 중심으로 살펴보고자 한다.

1. 갈등관리 스타일 확인 설문

다음의 설문은 토마스(Kenneth W. Thomas)와 킬먼(Ralph H. Kilmann)이 개발한 토마스-킬먼 갈등행태조사서(Thomas-Kilmann Conflict Mode Instrument)1의 방법을 응용해서 필자가 한국실정에 맞게 설문을 개발한 것이다. 다음의 지시사항을 읽고 설문에 답해 보라. 그리한 후 부록에 있는 확인표를 사용하여 자신의 스타일을 확인하라. 그리고 무엇보다도 합력의 태도를 증진시켜라. 그러나 합력이 이루어지기 어려운 상황에서 차선의 스타일을 택하라. 갈등을 통해 더욱 하나됨과 효과적인 사역을 도모하라.

아래의 "자기 갈등 스타일"의 결과를 확인하려면 〈부록 3〉 "갈등 스타일 확인표를 찾아 점검을 하기 바란다.

현유광 갈등관리 스타일 확인 설문서 [2]

1. 먼저 교회(세부적으로 당회, 제직회, 위원회, 또는 부서모임 중 하나), 가정, 또는 직장 중 한 곳을 택해서 그곳을 중심으로 생각하면서 각 문항에 답하십시오.

2. 각 문항(1-30번)에는 A와 B의 두 가지 상황이 제시되어 있습니다. 이 두 가지 상황을 비교하여 당신의 행동에 더 가까운 것을 택하여 A나 B, 둘 중의 하나에 ○표를 합니다.

3. A나 B 모두가 당신의 형편을 묘사한다고 할지라도 둘 중에 귀하의 스타일을 보다 잘 묘사하는 한 곳에만 ○표를 하십시오.

설 문

1. A) 나는 나의 마음에 들지 않는 상황이나 사람을 만나면 더 이상 말하고 싶은 생각이 사라진다.
   B) 나는 나의 마음에 들지 않는 상황이나 사람을 만나도 그들의 의견을 참고 들어주며 따르는 편이다.

2. A) 나는 대립되는 의견이 나오면 한 걸음씩 물러나서 적당한 선에서 결정하는 것이 좋다고 생각한다.
   B) 나는 나의 의견과 상대방의 의견을 비교 종합해 보고 모두에게 최선의 결정을 내리려고 한다.

3. A) 나는 다른 사람의 의견보다 나의 의견이 더 낫다는 생각을 자주 한다.
   B) 나는 다른 사람이 발언할 때에 그의 의견이 탁월함에 대해 감탄할 때가 많다.

4. A) 나는 다수의 사람이 어떤 안건에 대해 대립하면, 절충안을 제시하길 잘한다.
   B) 나는 상대방의 희생을 요구하기보다는 내가 좀 손해를 보는 것이 낫다고 생각한다.

5. A) 나는 항상 상대방의 이야기를 잘 들을 뿐 아니라 나의 의견도 분명하게 제시한다.
   B) 나는 다른 사람이 나를 싫어하는 듯하면 말을 잘 안하는 편이다.

6. A) 나는 혼자 조용히 살았으면 할 때가 많다.
   B) 나는 많은 사람들 앞에서 나의 의견을 이야기할 때에 신이 난다.

7. A) 나는 사람들이 논쟁을 그치지 않는 것을 보면 적당하게 합의를 보면 될 것을 가지고 왜 저러나 싶어 한심하게 생각될 때가 종종 있다.
   B) 나의 마음이 썩 편하지 않은 일이라 해도 다수가 주장하면 반대를 좀 하다가 포기하고 따라가는 편이다.

8. A) 나는 다른 사람의 의견을 들을 때에 답답하게 생각할 때가 종종 있다.
   B) 나는 상대방의 의견이 모두에게 유익이 된다고 생각하여 항상 진지하게 듣고 질문도 잘한다.

9. A) 나는 말도 하고 싶지 않고 다른 사람의 의견을 듣고 싶지도 않다.
   B) 나는 여러 가지 방향에서 나의 주장을 전개하므로 사람들의 동의를 얻어내려고 힘쓴다.

10. A) 나는 내가 낸 의견에 대해 다른 사람들이 잘 받아들이지 않아 답답할 때가 많다.
    B) 나는 자기의 주장이 100% 옳다고 고집하는 사람을 보면 이해가 안간다.

11. A) 나는 나와 상대방이 모두 만족할 수 있는 답을 찾으려고 항상 노력한다.
    B) 상대방이 자신의 생각이 옳다고 확신하고 있으면 나는 그의 의견을 지지해 준다.

12. A) 나는 다른 사람이 일을 잘못하고 있는 것을 볼 때에 그에게 잘못을 말해 주기보다는 그냥 지켜보는 것이 낫다고 생각한다.
    B) 나는 다른 사람이 일을 잘못하고 있는 것을 볼 때에 그에게 잘못을 이야기 해 주나 그가 내 말대로 다 하는 것은 기대하지 않는다.

13. A) 나는 의견의 일치를 보기 위해 나의 주장 중 몇 가지를 양보하기를 잘 한다.
    B) 나는 갈등이 발생할 때에 상대방을 항상 동역자로 생각하므로 나 뿐 아니라 상대방도 완전히 만족할 수 있는 답을 찾기 위해 힘쓴다.

14. A) 나는 항상 상대방이 하는 이야기를 이해하려고 최선을 다해 노력한다.
    B) 나는 상대방이 하는 주장을 들을 때에 내 생각이 더 옳다는 느낌을 자주 받는다.

15. A) 다수가 원하면 그것이 좀 틀렸다고 생각이 되도, 나는 그들의 의견을 존중한다.
    B) 나는 회의가 어떻게 진행되든지 관심이 없다.

16. A) 다른 계획이 있어도 지금 함께 있는 사람들이 좀 더 같이 있어주기를 원하면 나는 그렇게 하는 편이다.
    B) 나는 계획을 세운 일은 누가 무어라 해도 계획대로 마치기 위해 애쓴다.

17. A) 나는 목적이 좋으면 가능한 수단을 다 사용해서 그 일을 이루려고 노력한다.
    B) 다수가 원하면 나는 그 생각이 좀 틀린 것임을 알아도 아예 입을 다물어 벌인다.

18. A) 나는 다른 사람의 체면을 세워주는 것을 중요하게 생각한다.
    B) 나는 다른 사람의 체면을 세워주는 것도 중요하게 생각하나 내가 원하는 것을 완전히 희생시키면서까지 그렇게 하지는 않는다.

19. A) 나는 사람들 사이에 여러 가지 의견이 있는 것은 매우 바람직한 것으로 생각한다.
    B) 나는 의견이 대립되는 것을 좋아하지 않는다.

20. A) 나는 토론하는 중에 언성이 높아지는 것은 자연스런 일로 본다.
    B) 나는 사람들이 어떤 안건에 대해 언성을 높이며 말다툼하는 것을 보면 간단하게 해결할 수 있는 문제를 가지고 왜 저러나 싶을 때가 많다.

21. A) 나는 내 주장에 반대되는 의견을 이야기하는 사람이 있으면, 내 의견을 철회한다.
    B) 나는 나의 의견에 반대되는 의견에 대해 전혀 불쾌하게 생각지 않으며, 좋은 점은 적극적으로 수용한다.

22. A) 나는 나 자신이나 상대방이 얻는 것과 잃는 것이 비슷하기를 노력한다.
    B) 나는 다른 사람이 무어라 하든지 내가 세운 목표를 달성하기 위해 최선을 다한다.

23. A) 나는 내 의견에 대해 사람들이 반대하면 반대의 이유를 알아 보고 가장 좋은 답을 함께 찾는다.
    B) 나는 내 의견에 대해 사람들이 반대하면 그들의 의견을 따른다.

24. A) 나는 다른 사람이 잘못하고 있는 일을 지적할 때에 상대방이 들어주면 좋고 안들어 주어도 상관없다는 자세를 취한다.
    B) 나는 다른 사람이 잘못하고 있는 일을 지적할 때에 그가 나의 조언을 최소한 어느 정도는 받아들이기를 바란다.

25. A) 나는 고집이 센 편이라는 말을 듣고 있다.
    B) 나는 고집이 없다는 말을 듣고 있다.

26. A) 나는 갈등이 발생할 때에 상대방이 적이라는 생각이 종종 든다.
    그러나 싸우면 피차 손해이니 적당한 선에서 문제를 마무리 지으려 한다.
    B) 지금보다 더 좋은 기회(직장, 목회지)가 생기면 나는 주위 사람들의 조언을 구하며 모두에게 최선이 되는 결정을 내린다.

27. A) 나는 공연히 긁어서 부스럼이 생기는 것을 싫어하여 잠잠히 있는 것을 좋아한다.
    B) 나는 불의에 대해 시정을 요구하나 결과에 대해서는 당사자에게 다 맡긴다.

28. A) 지금보다 더 좋은 기회(직장, 목회지)가 생기면 나는 주위 사람들이 반대를 해도 강행한다.
    B) 나는 다른 사람의 의견에 대해 옳지 않은 점을 조목조목 지적하므로 그가 내 의견에 전적으로 따르기를 원한다.

29. A) 다른 사람이 강하게 의견을 주장하면 나는 맞대응하기 보다는 우회적으로 나의 의견을 제시하여 절충을 시도한다.
    B) 나는 별 것 아닌 것 가지고 열을 올리며 다투는 것을 보면 그 자리를 떠날 기회를 찾는다.

30. A) 나는 아주 좋은 계획이 있어도 사람들이 반대하면 보통 추진을 미룬다.
    B) 나는 많은 사람들이 반대하는 계획일찌라도 깊이 있게 토론하므로 최선의 결정을 추구한다.

2. 갈등관리 스타일

사람들이 갈등을 만나게 되면 대체로 다섯 가지 중 하나의 반응을 보인다: 회피(回避), 양보(讓步), 경쟁(競爭), 절충(折衷), 합력(合力).

위 다섯 가지 스타일을, 일과 진리 그리고 자기를 중심으로 하는 한 축(X)으로 하고, 또 다른 축(Y)은 관계와 은혜 그리고 상대방을 중심으로 하는 그래프를 그리면 〈표-8〉과 같은 모양이 된다. 곧 양보 스타일의 사람은 일보다는 관계, 진리보다는 은혜, 자기보다는 상대방을 더 많이 배려하는 사람이다. 이에 반해 경쟁 스타일을 가진 사람은 다른 사람에 대해 별로 개의치 않고 자기가 추구하는 목표에 더 많은 관심을 기울이는 사람이다. 합력 스타일을 가진 사람은 관계와 일, 은혜와 진리, 그리고 자기와 상대방 모두를 고려해서 일을 결정하고, 갈등을 해결하려고 한다. 타협 스타일은 상대방의 요구와 자신의 요구의 중간 지점에서 해결을 시도한다. 회피 스타일의 사람은 갈등상황이 벌어지면 잠잠히 관망하던가 아니면 집에 틀어박혀 나오지 않던가 또는 교회를 옮긴다.

이러한 갈등관리 스타일에 있어서 가장 바람직하고 효과적인 것은 합력이다. 합력이란 갈등에 관계하고 있는 사람들이 허심탄회하게 마음을 열고 대화를 하며 양편이 다 유익하고 만족스런 답을 찾는 방법이다. 나도 이기고 상대방도 이기게 하는 윈/윈(win/win)전략이다. 이를 위해서는 서로에 대한 신뢰가 있어야 하고, 자신의 생각을 정확하고 진실되게 전하며, 상대방의 이야기를 겸손한 마음으로 진지하게 들어야 한다. 그리고 하나님 중심, 성경 중심, 교회 중심 그리고 이웃을 섬기는 중심에서 창조적인 해결책을 찾아 문제를 해결하는 것이다.

그러나 현실에 있어서 합력을 통해 갈등이 해결되는 경우는 많지 않다.

관계중심, 은혜중심, 상대방중심

×양보(패/승)　　　　　　　　　×합력(승/승)

　　　　×절충(절반승/절반패)
　　　　　　(절반패/절반승)

×회피(패/패)　　　　　　　　　×경쟁(승/패)

일중심, 진리중심, 자기중심

표-8 갈등관리 스타일

왜냐하면 갈등상황에 있는 양측이 마음을 열고 서로의 유익을 함께 추구하기가 쉽지 않기 때문이다. 갈등을 겪고 있는 양편 사람들은 대체로 어떻게 하든지 상대방에게 피해를 주고 자기는 손해를 보지 않으려는 태도를 취한다. 이런 경우에 합력으로 갈등을 풀어나가기는 불가능하게 된다. 따라서 합력 이외의 차선책을 택해야 할 때가 있다. 회피, 양보, 경쟁, 절충의 갈등관리 방법이 최선은 아니지만, 합력이 불가능한 형편에서 차선책이 될 수 있다.

　이제 갈등에 대처하거나 관리하는 다섯 가지 스타일에 대해 살펴보자. 각 스타일에 대해 성경에 나타난 예를 제시하고, 이런 관리 스타일을 사람들이 택하는 이유를 알아볼 것이다. 그리고 각 관리 스타일을 택할 때에 있게 되는 결과와 이의 장단점을 살펴볼 것이다.

회피(Avoidance)

회피는 갈등이 일어났거나 일어날 수 있는 상황에서 수동적인 태도를 보이며 자기의 견해를 밝히기를 보류하는 관리 스타일이다. 또 갈등에 휘말리지 않기 위해 그 자리를 피하는 행동이다. 이러한 회피의 태도는 모임에 불참하거나 다른 교회로 옮겨가는 것으로 나타난다. 이런 태도를 가진 사람은 때로 문제를 잊어버리기 위해 텔레비전, 비디오, 인터넷에 탐닉하거나 술을 마시거나 도박에 몰두하거나 배우자나 어린아이에게 상처를 주는 언어를 쓰고, 물리적인 힘으로 학대하기도 한다.

샤우척(Norman Shawchuck)은 회피의 태도를 거북이가 위기를 느낄 때에 목을 몸통 안에 집어넣는 것에 비유한다.[3] 회피는 어떤 면에서 비겁한 태도이다. 그러나 회피가 항상 연약한 사람의 태도는 아니다. 어떤 경우, 회피는 지혜로운 선택일 수도 있다.

먼저 잘못된 회피의 예를 생각해 보자. 사무엘하 13장에는 다윗의 장자 암논이 자기의 이복 여동생 다말(압살롬의 친동생)을 욕보이는 사건이 나온다. 이에 대한 다윗의 반응을 21절은 이렇게 전해 준다. "다윗왕이 이 모든 일을 듣고 심히 노하니라." 다윗은 자기의 집안에서 일어난 부도덕한 사건에 대하여 분노한다. 그러나 밧세바와의 사건 때문에 자격지심이 들어서였는지 암논에 대해 다윗이 어떤 조치를 취했다고 하는 말이 전혀 나오지 않는다. 다윗은 심히 노하기는 했으나 그 문제를 마무리 짓는 일은 회피하였다. 이로 말미암아 2년 후 암논은 압살롬에 의해 살해를 당하고, 또 몇 년이 지난 후 압살롬의 반란으로 말미암아 다윗 왕가와 이스라엘 나라는 큰 어려움을 겪게 된다. 문제를 마무리 짓는 일을 회피하므로 말미암아 더 큰 어려움을 자초하였다.

다음으로 바람직한 회피의 경우를 예로 들어보자. 요한복음 4장을 보면 사마리아 수가에서 예수님이 과거가 복잡한 한 여인을 만나 구원의 은혜를 베푸시며, 또 그 여인을 통해 많은 수가성 사람들을 구원의 길로 이끄시는 사건이 나온다. 이 사건은 예수님이 유대를 떠나서 갈릴리로 가시는 길에서 생긴 일이다.

예수님은 당시 예루살렘을 중심으로 유대 지방에서 전도를 하고 계셨다. 성전을 청결케 하시고, 니고데모에게 물과 성령으로 거듭남을 통해 들어가게 되는 하나님의 나라를 증거하셨다. 예수님이 유대를 떠나시려 한 이유는 무엇인가? 요한복음 4:1은 그에 대한 답을 준다. "예수의 제자를 삼고 세례를 주는 것이 요한보다 많다 하는 말을 바리새인들이 들은 줄을 주께서 아신지라." 예수님은 자신의 이름이 드러나고 소문이 퍼져 바리새인들의 귀에까지 들어가게 된 것을 아셨다. 그 다음에 따라올 일은 바리새인들의 압력과 이에 따르는 충돌이 될 것이 뻔했다. 예수님은 이 시점에서 바리새인들과의 갈등을 표면화 시키는 것은 그의 공생애 사역에서 유익이 될 것이 없다고 판단하셨다. 지금 형편에서 그들과 논쟁을 벌이기보다는 사마리아를 거쳐 갈릴리로 가서 거기서 전도하는 것이 옳다고 판단하셨다.

사람들이 갈등에 부닥쳤을 때에 이를 직면하여 관리하려 하지 않고 회피하는 이유는 무엇일까? 갈등이 대수롭지 않아 보이고 그냥 내버려두는 것이 낫겠다고 판단되기 때문일 수 있다. 또 자기의 능력으로는 도저히 문제를 해결할 희망이 보이지 않기 때문에 '시간이 약이다' 또는 '될대로 되라' 하는 생각으로 내버려 둘 수가 있다. 현재의 형편에서 갈등에 개입하기보다는 정보도 수집하고 좀 더 상황을 지켜보면서 타이밍을 맞추기 위해 잠시 회피하는 태도를 취하기도 한다.

어떤 상황에서 회피의 태도를 취했느냐에 따라 전혀 다른 결과를 가져온다. 앞의 다윗의 예에서 볼 때에 다윗이 단지 분노하는 데 그치지 않고 암논의 악한 행동에 대해 압살롬을 비롯하여 이 일을 아는 사람들이 납득할 만한 징계를 했다면 압살롬이 암논을 죽이는 비극을 방지할 수도 있었을 것이다. 그러나 다윗이 적극적으로 문제를 관리하는 행동을 보이지 않고 회피하므로 말미암아 더 큰 어려움을 가져오게 했다. 갈등상황을 회피하는 사람은 자신에 대해 무력감과 좌절감, 피해의식을 갖게 된다. 또 이를 지켜보는 사람들에게는 불만과 원망을 가져오게 하고 질서를 문란케 하는 결과를 가져온다.

어느 교회의 김장로의 아들이 어떤 처녀와 교제하다가 넘지 말아야 할 선을 넘고 말았다. 교회 안에 소문이 퍼져 알만한 사람은 이 사실을 알게 되었고 목사도 소문을 듣게 되었다. 이런 형편에서는 목사가 당사자를 불러 사실을 정확하게 알아내야 한다. 그리고 당회에서 문제를 제기하고 합당한 권징을 시행해야 한다. 만일 목사가 김장로의 심기를 건드리는 것을 원치 않고 자기의 입장이 곤란해지는 것을 두려워하여 수수방관한다면 교회는 거룩성을 잃어버리게 되고, 영적인 권위를 잃어버리게 되어 혼란에 빠지게 될 것이다.

예수님의 예에서 볼 수 있듯이 갈등이 잠재되어 있는 상황에서 목사가 이를 표면화시키기보다 그대로 내버려두고 충돌을 피하는 것이 옳을 때도 있다. 특별히 목사가 새로운 교회에 부임하였을 경우 그는 시간을 두고 교회의 형편을 살피는 것이 필요하다. 교회의 현황을 파악하지 못한 상태에서 그 교회가 겪고 있는 갈등상황에 섣불리 개입한다면, 두고두고 후회할 수도 있다.

  목사가 새로 오면 여러 사람들이 인사를 하기 위해 찾아간다. 그들은 이때에 교회의 돌아가는 형편과 장로와 집사들에 대한 개인적인 평가를 목사에게 이야기한다. 특히 목사를 청빙하는 과정에서 누가 누구를 지지 했고, 누가 반대를 했다는 이야기가 나오게 된다. 이런 이야기를 들을 때에 목사는 신중해야 한다. 자신이 직접 상황을 파악하여 교회 전체의 형편을 이해하기 전까지는 자신의 태도나 견해를 밝히는 일을 삼가는 것이 지혜롭다.

양보(Accommodation)

  양보는 갈등상황에서 자기의 주장이나 원하는 바를 밝히기는 하지만 상대방의 의견을 더 중요하게 생각하여 쉽게 자신의 생각을 포기하고 상대방의 뜻을 따르는 경우를 말한다.

  먼저 갈등상황에서 양보가 옳지 않은 경우를 살펴보자. 출애굽기 32장에는 아론이 금송아지를 만드는 사건이 나온다. 모세가 시내산에 올라가 율법을 받고 있을 때에 이스라엘 백성들은 모세가 더디 내려오므로 불안을 느꼈던 모양이다. 그들은 아론에게 나아와 자기들을 애굽에서 구출해 낸 신을 만들어 달라고 요구한다. 이 요구에 대해 아론은 그들의 요구를 거절하지 못하고 금송아지를 만들고, 우상을 숭배하는 일을 주도한다. 나중에 모세가 아론에게 어떻게 이런 일이 생기게 되었냐고 묻자 아론은 다음과 같이 대답한다. "이 백성의 악함을 당신이 아나이다. 그들이 내게 말하기를 우리를 위하여 우리를 인도할 신을 만들라…. 내가 그들에게 이르기를 금이 있는 자는 빼어 내라 한즉 그들이 그것을 내게 가져왔기로 내가 불에 던졌더니 이 송아지가 나왔나이다"(22-24절). 아론은 백성들이 하나님 대신에 금송아지를 섬기겠다고 함에도 양보하여 그들의 원하는 바를 들어줌으로써 하나님의 진노가 회중 가운데 임하게 만들었다. 아론은 그들의 요구를 거절하고 그들을 책망해야 했다. 목사는 하나님 앞에서 올바르지 않는 일에 대해서는 어떤 압력과 위협이 있어도 양보해서는 안된다.

다음은 양보가 유익한 경우이다. 열왕기하 2장에 보면 엘리야가 회리바람을 타고 승천하는 기사가 나온다. 엘리야는 승천하면서 자신의 겉옷을 떨어뜨려 엘리사에게 준다. 엘리사가 여리고에 있는 선지자의 생도들에게 돌아오자 그들은 엘리야가 추락하여 어딘가에서 구조를 기다리고 있으므로 자기들이 가야하겠다고 요구한다. 엘리사는 엘리야는 승천하였고 그의 겉옷이 떨어진 것뿐이라고 설득하였다. 그러나 그들은 끝까지 자기들이 옳다고 주장하면서 가기를 허락하라고 엘리사에게 강청한다. 성경은 이렇게 기록하고 있다. "무리(선지자의 생도들)가 저(엘리사)로 부끄러워하도록 강청하매 보내라 한지라…"(17절).

엘리사는 선지자의 생도들의 요구가 쓸데없는 일임을 잘 알고 있었다. 그러나 그들의 요구가 너무 강하다는 것을 안 엘리사는 그러면 고생을 한번 해 보라고 중얼거리면서 결국 허락하였다. 그들 중 50명이 나가 사흘 동안 그 일대를 수색하였지만 엘리사의 말대로 아무 것도 찾지 못하고 빈손으로 돌아올 수 밖에 없었다. 엘리사는 힘이 빠져 돌아온 사람들에게 말한다. "내가 가지 말라고 너희에게 이르지 아니하였느냐?"(18절) 엘리사는 양보를 통하여 그들로 하여금 누가 옳은가를 직접 경험하고 판단할 수 있는 기회를 주었다. 그리하여 "엘리야의 영감이 엘리사의 위에 머물렀다"(15절)고 입으로는 인정하지만 행동으로는 부인하는 사람들에게 엘리야의 후계자로서의 자신의 위치를 확실하게 보여줄 수 있었다.

 사람들이 갈등상황에서 양보의 태도를 보이는 이유는 무엇인가? 경험에 비추어 볼 때에 상대방은 고집쟁이여서 말을 해야 입만 아프다는 생각을 가지면 쉽게 양보하게 된다. 또 어떤 경우에는 자신의 주장에 대해 확신을 가지지 못하기 때문에 양보한다. 자신의 과거의 경험이나 직관적인 느낌으로는 그렇게 하면 안될 것 같은데, 자신의 입장을 주장할 뚜렷한 근거를 제시하기가 힘들 때에 양보를 하게 된다. 더욱이 자기와 반대되는 입장에 있는 상대방은 확신을 가지고 있는 듯이 보이면 슬그머니 항복해 버리는 것이다. 양보를 잘하는 사람들은 "저 사람은 명예욕이 강하다"라는 말을 듣거나 그러한 오해받기를 싫어한다. 또 나중에 일이 잘 안될 때에 자기에게 쏟아질 비난을 원치 않는 사람들은 양보하는 데 익숙하다. 나아가 상대방의 주장에 반대하므로 그의 기분을 상하게 하면 자신에게 불리할 것(괘씸죄와 같이)을 예측하는 사람들은 양보하게 된다.

 아론의 예에서 보듯이 진리의 문제일 경우 양보를 한다는 것은 아주 잘못된 일이다. 그러나 엘리사의 예에서 보는 것처럼 진리의 문제가 아니라 방법상의 문제일 때에는 양보를 하므로 그들이 시행착오를 통해 무엇이 옳은가를 배우도록 하는 것도 지혜로운 일이다.

 어느 교회가 연말 결산을 해서 건축헌금으로 2억 원의 수입과 경상수지에서 1억 원이 남게 되었다. 당회는 경상수지 1억 원을 건축기금으로 돌리기로 합의하였다. 이제 건축기금 3억 원을 어떻게 관리할 것인가에 대해 의논하게 되었다. 장로 중 한 사람이 이런 제안을 했다. 자기 친구 중에 사채업자가 있는데 교회의 여유자금을 자기에게 맡겨 주면 월 10%의 이자를 지급하겠노라고 하니 그에게 맡기자는 것이었다. 이에 대해 다수의 장로들이 반가와 하면서 그렇게 하자고 동의하였다. 그러나 당회장 박목사는 과연 그 사채업자가 믿을만한 사람인가에 대해서 염려가 되었다. 그리고 10%나 되는 높은 이자를 받는 것이 법적으로 하자가 없는 일인지, 또 그리스도인이 할 수 있는 일인가에 확신이 서지 않았다. 나아가 교회가 공신력이 없는 개인에게 헌금을 빌려줄 수 있는 것인가에 의문을 품게 되었다. 자신이 우려하는 바를 당회원들에게 이야기했으나 그들은 염려할 것이 없다는 당당한 태도를 보였다. 박목사는 재정적인 일에 자신이 별로 조예가 없다는 변명을 하면서 자신의 의견을 뒤로 감추고 다수결로 일을 결정하였다. 그후 얼마 있지 않아 재정파탄(IMF)이 터졌고, 3억의 건축기금은 사라져 버렸다. 박목사는 자신의 우려하는 바를 전문가에게 의뢰하여 정확하게 알아보아야 했다. 그러나 당회의 분위기에 압도되어 자신의 생각을 포기(양보)하므로 교회가 어려움을 겪게 되었다.

어느 교회의 선교부는 C국에서 활동하는 함선교사를 지원하기로 하고 당회에 계획서를 제출하였다. 당회장인 박목사는 평소 C국의 S지역 선교가 공산당의 통제 아래 있기 때문에 시기상조라는 것을 알고 있었다. 더욱이 함선교사가 선교사역에 헌신적인 사람이 아니라는 것을 여러 사람들을 통해 듣고 있었다. 선교위원장이 당회에서 계획을 발표한 후 토론할 때에 박목사는 직접 간접적으로 자신의 생각을 밝혔다. 그러나 선교위원장은 상황이 달라졌음을 강조하면서 담임목사의 의견을 들으려 하지 않았다. 그리고 개인적인 영향력을 발휘하여 대다수의 장로들의 동의를 얻어내어 그 계획을 통과시켰다. 교회는 매월 100만원 씩을 2년 동안 지원하였고, 교회당 건축을 위해 3,000만원을 또 송금하였다. 함선교사는 선교위원장에게 편지를 보내어 추가공사비로 3,000만원을 더 요청하였다. 박목사는 당회에서 선교위원장과 선교위원 중 한 사람을 선교지에 보내어 현지 사정을 확인한 후 추가 지원을 결정하는 것이 좋겠다고 제안하였다. 이번에는 장로들이 담임목사의 의견에 동의하였다. 교회는 두 사람을 현지에 파송하였고, 그들은 현지를 방문한 후 함선교사의 지금까지의 사역보고가 대부분이 사실이 아님을 확인하게 되었다. 이후 선교위원회와 당회는 담임목사의 의견을 보다 적극적으로 수용하게 되었다.

교육학 용어 가운데 "행함으로 배운다"(Learning by doing)는 말이 있다. 이 말이 경험주의에서 나온 말이어서 항상 옳은 것은 아니다. 성경은 하나님을 시험하지 말라(마 4:7)고 하시기 때문이다. 곧 성경이 분명히 금하고 있는 것을 해봄으로써 하나님의 뜻을 알려고 하는 것은 아담과 하와가 선악과를 먹은 것처럼 옳지 않은 일이다. 하나님을 만홀히 여기는 행위이다. 그러나 말라기 3:10은 십일조를 통해 하나님을 시험하여 십일조를 하는 사람이 복을 받는지 받지 않는지를 확인해 보라고 하신다. 또 "주께 기쁘시게 할 것이 무엇인가 시험하여 보라"(엡 5:10)고 말씀하시므로, 하나님이 "하라"고 하는 명령은 순종을 통해 결과를 확인할 수 있음을 가르쳐 준다. 따라서 목사는 교인들이 해보고 싶은 것이 있을 때에 자신의 생각과 경험으로는 별로 좋지 않은 일이라고 할지라도, 하나님의 법에 어긋나는 일이 아닌 경우에는 한 번 허용해 주는 것이 필요하다. 모든 일에 목사가 자신의 주장을 고집하다 보면 교인들이 피동적이 되거나 또는 목사에 대해 입을 다물고 반감을 가지게 된다.

목사가 자신의 주장을 제시하고 설득하기 보다 계속 양보만 하면 부작용이 생기기도 한다. 목사가 장로나 교인들의 의견에 양보를 계속 하다 보면 그들의 입장이 점점 강화된다. 그리하여 목사를 무시하는 경향이 생길 수 있다. 이렇게 되면 서로 간에 불신이 생기고 진정한 협력이 이루어지지 않게 된다. 어떤 계획에 대해 결정은 한쪽의 양보를 통하여 신속

하게 이루어지나 합력이 이루어지지 않아 일의 열매가 많지 않은 현상이 생길 수 있다.

경쟁(Competition)

경쟁은 자기의 주장을 관철시키며, 자기의 원하는 대로 일들을 이루어 가기 위해 다른 사람의 의견을 반박하여 무력화 시키거나 억압하는 태도를 가리킨다. 경쟁 스타일을 가진 사람은 대체로 자신감이 넘치고 때로는 공격적이며 오만한 태도를 보인다. 자존심이 강하고 상대방의 감정이나 의견을 무시하는 경향이 있다. 이러한 경쟁 태도는 공동체의 분열을 가져오는 악한 성격도 있고, 하나님의 뜻을 이루어 가기 위해 불가피한 경우도 있다. 다음의 두 예에서. 첫 번째는 경쟁이 나쁜 경우이며, 두 번째는 경쟁의 태도가 당연한 경우이다.

열왕기상 12장에 보면 솔로몬이 죽은 후 르호보암이 왕위를 계승하였다. 이때에 여로보암이 백성들과 함께 찾아와 선정(善政)을 베풀 것을 요청한다. 르호보암은 원로들에게 자문을 구했는데, 그들은 "이 백성의 종이 되어 저희를 섬기도록" 조언한다. 르호보암은 다시 자기 친구들과 의논한다. 그들은 백성들을 풀어주면 안되고 더욱 숨통을 조이는 강압 정치를 하라고 권한다. 르호보암은 원로들의 의견을 무시하고 친구들의 정책을 채택하므로 이스라엘 국가를 남과 북으로 분열시키는 빌미를 제공한다. 르호보암 왕은 자신의 책임이 무엇인가를 살피고 백성들이 진정으로 원하는 것이 무엇인가에 관심을 가지므로 여러 의견들을 종합적으로 검토할 필요가 있었다. 그러나 자기의 마음이 끌리는 의견을 고집하고 다른 의견들을 무시하다가 큰 실수를 저지르고 만다.

사도행전 4장에는 복음을 전하다가 체포된 사도들이 산헤드린 공회 앞에서 심문을 받는 사건을 보여준다. 공회는 사도들이 예수 그리스도의 죽으심과 부활의 도를 전하는 것을 원하지 않았다. 그래서 그들을 위협하며 이렇게 경고하였다. "도무지 예수의 이름으로 말하지도 말고 가르치지도 말라." 사도들은 그들의 위협에 굴복하여 복음 전하는 일을 포기하고, 그들의 뜻을 따를 수도 있었다. 그러나 베드로와 요한은 그들의 요구에 대해 이렇게 답변한다. "하나님 앞에서 너희 말 듣는 것이 하나님 말씀 듣는 것보다 옳은가 판단하라. 우리는 보고들은 것을 말하지 아니할 수 없다"(행 4:19-20). 사도들은 상대방이 위협을 하든 회유를 하든 그들의 주장을 아랑곳하지 않았다. 자기들에게 어떤 곤란이나 핍박이 있더라도 복음 전하는 일은 하나님의 뜻이기에 양보할 수 없고 포기할 수도 없다고 사도들은 담대하게 밝힌다.

이 사건은 출애굽기 32장에 나오는 아론의 행동과 완전히 대조되는 것이다. 목사는 이단적인 가르침에 대해 양보하지 않아야 한다. 교회에 침투하는 죄에 대해 죄인은 사랑하나 죄는 미워하고 경계하면서 은혜와 진리로 권징을 시행해야 한다. 그럼으로써 목사는 범죄한 자로 하여금 죄에서 떠나 하나님께로 돌아오도록 깨우칠 수 있다. 그리고 성도들이 죄에 대해 경각심을 가지도록 가르쳐 교회가 거룩한 공동체로 유지되게 할 수 있다.

사람들이 갈등의 상황에서 경쟁의 태도를 보이는 이유는 자기의 생각이나 주장이 옳고 가장 좋다는 확신 때문이다. 자신의 의견에 대해 소신을 갖는 것은 좋은 일이다. 그러나 그것이 지나쳐서 다른 사람의 의견을 들으려고 하지 않는다면 그것은 교만이 되고 패망의 선봉이 되고 만다.

목사는 하나님의 말씀이 명하는 바에 관하여 확신을 가지고 가르치며,

성도들이 그 말씀에 순종하며 살도록 지도해야 한다. 또 그렇게 살지 않는 이들에 대해 경계하며 때로는 지혜롭게 징계도 해야 한다. 그러나 교회의 교육이나 선교나 봉사, 그리고 이와 관련된 행정적인 일들에 대해서는 가능하면 책임을 위임(delegation)하여 성도들이 분담하여 교회의 일들을 수행해 나가도록 함이 옳다. 에베소서 4:12이 보여주는 대로 목사는 성도들로 하여금 봉사의 일을 하게 하는 사람이다. 따라서 목사는 성도들의 은사를 계발하고 그들에게 책임을 맡기므로 동역자로 세워야 한다. 목사는 모든 일을 감독(overseeing)하고 궁극적인 책임을 지는 사람이지만 교회를 돌아볼 때에 성도들의 의견을 경청하며 수렴하여 목회에 반영시켜야 한다. 그렇게 하면 성도들은 목사의 리더쉽을 더 존중하고 더 좋은 동역이 이루어지게 된다.

송목사는 교회당이 도심상가 지역에 위치하고 있어 더 이상 성장의 가능성이 없다고 판단하였다. 그는 신문을 통하여 신개발지구에 종교부지를 판다는 광고를 보게 되어 직접 그곳을 찾아가 보았다. 기도하는 중에 양떼들이 자기에게로 몰려드는 환상(?)을 본 그는 당회에 그 종교부지와 자기가 본 환상에 대해 이야기하고 교회당 이전을 역설하였다. 송목사는 서둘지 않으면 그 종교부지가 다른 교회로 넘어갈지도 모른다고 하면서 장로들을 재촉하였다. 그러나 대부분의 장로들은 다음 달 정기당회 때까지 상황을 좀 더 살펴보고 결정하자고 하므로 송목사는 마지못해 결정을 미루기로 했다. 당회는 3명의 조사위원회를 선출하여 한 달 동안 그 종교부지의 시가(時價)와 그 지역의 개발일정 등을 조사하여 보고하도록 했다.

다음 당회에서 조사위원들은 조사기간이 너무 짧아 충분한 검토를 할 수 없었음을 밝혔다. 그리고 땅값은 그리 비싸지 않은 반면에 그 지역의 개발일정이 아직 불투명하고, 기존신자들이 그곳으로 왕래하는데 교통이 불편할 것을 들어 그곳으로의 이전을 부정적으로 보고하였다. 송목사는 조사위원들의 보고에 대해 조목조목 반박하며 자신의 견해를 강력하게 주장하였다. 송목사는 결론적으로 이렇게 말했다. "교회는 민주주의(民主主義)가 아니라 신주주의(神主主義)로 일을 결정해야 한다. 따라서 모두가 반대해도 나는 이 일을 추진하겠다. 그러니 나의 계획에 협조하는 장로들이 되기를 바란다. 언제 누가 나타나서 그 종교부지를 살지 모르니 내일 당장 계약을 하도록 하자."

송목사는 당회에 가부를 물었다. "가하면 '예' 하십시오"에 7명의 당회원 중 두 사람이 마지못해 '예'라고 대답하였다. "반대(부)하시면 '아니오'라고 하십시오"라는 물음에 아무도 '아니오'라고 반대하는 사람이 없었다. 당회장 송목사는 종교부지를 구입하는 안이 가결되었음을 선포하였다. 그리고 다음날 계약금으로 5천만원을 지불하고 땅을 구입하는 서류에 서명하였다.

경쟁적인 태도로 일을 결정하고 추진하면 장로들은 마지못해 동의하거나 자신의 의견을 표명하는 것을 보류하고 방관한다. 또 목사의 독단적인 태도에 반발하는 사람은 교회를 떠나는 경우도 생길 수 있다. 설혹 장로들의 동의를 목사가 얻어낸다고 하더라도 그들의 마음에 은밀한 적대감이 뿌리를 내릴 가능성이 크다. 또 목사가 기대했던 결과가 나타나지 않을 때에 장로들이나 교인들 사이에 내재되었던 불만이 표출되어 결국 극한대립으로 나타날 수 있다. 이러한 갈등은 목사가 그 교회를 떠나든지, 아니면 교회가 분열되는 아픔을 가져올 것이다. 교회당 이전이라는 문제 때문에 교회가 분열되는 것을 주님은 결코 기뻐하지 않을 것이다.

따라서 목사가 신주주의를 빙자하여 자기의 뜻을 경쟁적으로 추진하는 것은 잘못이다. 하나님의 뜻은 (당회나 공동의회에서) 자주 다수결의 "민주적" 방식을 통해서 나타난다. 토론을 통해서 일을 결정할 때에 그 결정은 법적인 정당성(legitimacy)을 가질 뿐 아니라 토론에 참여한 사람들은 그 일에 대해 종합적인 이해를 가지게 된다. 그리고 그 일이 진행되는 과정에서 자기의 일로 인식하여(ownership) 헌신적으로 참여하게 된다.

중대한 결정이 신속히 이루어지게 하기 위해 경쟁적 태도로 일을 추진해야만 할 경우가 때로 있다. 누군가가 주도적으로 교회적인 합의를 짧은 시간 안에 이끌어 내야 할 형편에서 목사가 경쟁적으로 자신이 확신하는 방향으로 회의를 진행시켜 일을 결정할 수 있다. 이 경우 목사는 결과에 대해 자신이 전적으로 책임을 지고자 하는 자세를 가져야 하고, 또 그렇게 해야 한다.

절충(Compromise)

절충이란 갈등상황에 부닥친 양측이 각각 약간의 손해를 감수하면서 얼마의 이익을 챙기는 관리 스타일이다. 자기가 원하는 바를 다 추구하다가는 관계가 깨어져 버리고 양측이 다 손해를 보게 될 경우에 절충을 하게 된다. 시간이 흐를수록 모두에게 손해가 된다고 생각하면 절충은 쉽게 이루어진다. 그러나 절충을 이루어 가는 과정에서 양측은 보다 많은 이익을 확보하려는 욕심을 가지게 되고, 이에 따라 엄살을 부리면서 자신의 좋은 상황은 축소해서 말하고 나쁜 상황은 과장해서 이야기하게 된다. 각자가 자신을 솔직하게 드러내기를 꺼려한다. 자기를 숨기고 '연극' 을 해서라도 상대방으로부터 더 많은 것을 얻어내려고 노력한다. 따라서 서로를 존중하는 그리스도인의 인격적인 관계가 아니라 상대방의 생각과 감정을 조작해서(manipulating)라도 자기의 유익을 도모하게 된다. 갈등을 절충의 방식으로 관리하는 것은 노사협상에서 많이 볼 수 있다.

절충을 통해 합의에 도달하여, 기대했던 이상의 결과를 얻게 된 사람은 상대방의 어리숙함에 대해 조소를 보낸다. 기대에 못미치는 성과를 얻게 된 사람은 상대방의 교활함에 대해 못마땅해하며 반감을 가진다. 절충 과정에서 갈등에 관련된 사람들은 서로를 이용하여 자기의 잇속을 챙기려는 경향이 있다.

절충과 관련하여 성경의 예를 알아보자. 하나는 바람직하지 못한 경우이고 다른 하나는 바람직한 경우이다. 사무엘하 14장에 요압이 다윗 왕에게 요청하여 그술에 가 있는 압살롬을 예루살렘으로 불러들이는 사건이 나온다. 압살롬은 자기의 여동생 다말이 다윗의 장자이며 자기의 형인 암논에 의해 성폭행을 당하자 그를 살해하므로 복수한다. 그리고는 자기의 외가(外家)가 있는 그술로 도피한다. 요압은 다윗이 압살롬을 그리워하는 것을 눈치챈다. 그는 압살롬이 다윗의 왕위를 계승할 가능성이 많다고 스스로 판단한다. 그리하여 압살롬 귀환운동을 적극적으로 추진한다. 요압의 노력이 빛을 보게 되어 다윗은 압살롬을 예루살렘으로 불러들인다. 그러나 다윗은 압살롬을 만나지 않는다. 다윗은 절충의 태도를 보인 것이다. 군부(軍府)의 세력가인 요압의 요구를 무시할 수 없었기 때문인지, 압살롬을 불쌍히 여겼기 때문인지 정확히는 알 수 없다. 하여간 다윗은 압살롬을 예루살렘에 돌아오도록 한다. 그러나 그를 만나주지는 않으므로 자신이 그를 완전히 용서하지 않았음을 보인 것이다(후에 압살롬은 요압의 보리밭에 불을 놓아 만남을 주선하게 하므로, 결국 다윗과 입을 맞추게 된다).

다윗은 형 암논을 죽인 사건에 대해 압살롬을 문책하여 징계를 하거나 아니면 완전하게 용서하거나 하지는 않았다. 이러한 다윗의 절충적인 자세는 압살롬의 마음에 깊은 상처를 남겼을 것이다. 결국 압살롬은 사람들의 마음을 도적질하고 부왕(父王)에 대해 반역을 일으킨다. 절충적인 자세로 문제를 얼버무리므로 화근(禍根)을 키운 경우이다.

사도행전 15장은 예루살렘 회의와 관련된 사건을 다룬다. 안디옥교회에 할례를 받아야 구원을 얻는다고 가르치는 사람들이 있었다. 바울과 바나바는 믿음으로 얻는 구원을 주장하며 그들과 다투고 변론하였다. 두 주장은 팽팽하게 맞서 해결이 나지 않았다. 안디옥교회는 바울과 바나바 그리고 몇 사람을 예루살렘의 사도와 장로들에게 보내어 유권해석을 받아오도록 한다. 사도와 장로들은 모여 이 일을 의논한다. 많은 변론이 있은 후 베드로가 일어나 주 예수의 은혜로 구원을 얻음을 천명한다(그후 바나바와 바울은 선교보고를 한다). 다음으로 야고보가 여러 선지자들의 글을 인용하여 베드로의 말이 옳음을 밝힌 후 다음과 같이 결론을 내린다. "그러므로 내 의견에는 이방인 중에서 하나님께로 돌아오는 자들을 괴롭게 말고 다만 우상의 더러운 것과 음행과 목매어 죽인 것과 피를 멀리하라고 편지하는 것이 가하니 이는 예로부터 각 성에서 모세를 전하는 자가 있어 안식일마다 회당에서 그 글을 읽음이니라"(행 15:19-21). 야고보의 의견이 모두에게 받아들여졌고 예루살렘 회의의 공식적인 결정이 되었다. 이 결정을 보면 구원은 오직 믿음으로 되어짐을 인정하면서도 네 가지의 금령을 주어 지키도록 한 것은 당시의 시대적인 상황을 고려한 절충적인 결정이었다.

예루살렘 회의는 새로운 법을 정할 때에 입법예고를 하고 경과조치를 두었다. 현재의 법이 잘못된 점이 있고 불충분한 면이 있어 당장 바꾸어야 하지만 갑작스런 변경은 혼란을 초래할 수 있으므로 점진적인 변화를 시도한 것이다. 예루살렘 회의는 유대교의 전통을 지켜오던 율법주의적 기독교인들과 이방인으로서 예수님을 믿게 된 사람들의 두 부류의 사람들을 모두 수용하기 위해 절충안을 지혜롭게 채택하였다.

절충은 문제의 임시적인 해결책으로서는 적당하다. 그러나 갈등에 관계하고 있는 양측의 사람들이 만족하는 결정이 되기는 어렵다. 절충적인 해결책은 얼마 있지 않아 다시 갈등을 야기한다. 그러므로 갈등을 겪는 당사자들은 합력의 태도로 갈등을 해결하는 방안을 추구해야 한다.

합력(Collaboration)

합력은 갈등에 관련된 사람들이 모두 힘을 합하여 모두가 만족할만한 창의적인 해결책을 찾는 관리 스타일이다. 갈등상황에 부닥칠 때에 사람들은 자신이 원하는 것(일: task)을 이루고자 하는 목표와 상대방을 어느 정도라도 만족케 함으로써 그와의 관계(relationship)가 손상이 되지 않도록 하려는 목표를 가진다.

회피 스타일은 일이나 관계 어느 것에도, "나는 모르겠다, 될 대로 되라"는 식의 태도이다. 양보는 "내가 원하는 일은 안 이루어져도 좋다. 너의 의견을 따를 테니 관계를 계속 유지하자"는 스타일이다. 경쟁은 "너와의 관계는 깨져도 상관없다. 내가 목표하는 일만 이루어지면 나는 만족한다"는 스타일이다. 절충은 "내가 원하는 목표도 조금 이루고, 너와의 관계도 깨어지지는 않았으면 좋겠다"는 자세이다. 합력은 "내가 원하는 바도 100% 이루고, 네가 원하는 바도 100% 이루도록 해서 너와 나의 관계를 더욱 좋게 만들자"는 적극적인 자세이다. 곧 합력은 일의 성취와 서로 사이의 관계를, 하나를 이루고자 하면 다른 하나를 희생시켜야만 하는 상호 배타적인 것으로 보지 않는다. 도리어 일과 관계를 동전의 앞뒷면과 같이 하나로 받아들여서 일도 이루고 관계도 증진시키려 한다.

합력의 방법으로 갈등을 해결하려는 당사자들은 자신의 견해와 자신의 원하는 바를 분명하고 진실되게 이야기하며 설득력 있게 표명한다. 이와 동시에 상대방의 말을 겸손하게 진지하게 받아들인다. 서로의 의견을 충분히 이야기하므로 서로를 잘 이해하고 서로에게 가장 유익한 방법을 찾아 문제를 해결해 간다.

합력과 절충은 비슷해 보이나 근본적인 차이가 있다. 절충은 갈등에 관련된 양편이 서로의 마음을 충분히 열지 않고 자기에게 이익이 될 만큼만 연다. 그리고 자기 혼자서 이익을 다 챙길 수는 없다는 것을 알기 때문에 양쪽이 받아들일 수 있는 중간지점에서 결정을 짓고자 한다. 이에 반하여 합력은 자신의 마음을 활짝 열고 양편이 다 최고의 만족을 얻을 수 있는 새로운 해결책을 힘을 합하여 독창성 있게 만들어 나가는 것이다.

이 책에서 '협력'(協力)이라는 말 대신에 '합력'(合力)이라는 단어를 사용하는 데는 이유가 있다. '협력'은 한편이 주도적이고 다른 편은 보조적인 뉘앙스가 있다. 그러나 '합력'은 양편이 다 주도적인 위치에서 모두에게 가장 최선의 결과를 얻도록 하고, 서로의 관계도 더 발전시키려는 형편을 '협력'보다 더 잘 나타내는 단어라고 여겨지기 때문이다.

합력과 관련된 성경적인 예를 사도행전 6장에서 찾아볼 수 있다. 예루살렘 교회에 3,000명이 모이고, 5,000명이 교회에 들어오게 되었다. 이렇게 수가 많아지자 교회 안에 문제가 생겼다. 히브리파 유대인들에 대해 헬라파 유대인들이 불평을 하며 원망한 것이다. 아마도 히브리파 유대인들은 다수요 헬라파 유대인들은 소수였을 것이다. 교인들의 수가 적을 때에는 구제하는 일이 어렵지 않았을 것이다. 그러나 교인들의 숫자가 많아지고, 이에 비해 헌물이나 헌금이 충분치 않자 모든 어려운 사람들을 돕는 것이 쉽지 않게 되었다. 히브리파 유대인들 중 어려운 사람들은 그런대로 구제가 이루어졌으나 상대적으로 헬라파 유대인들은 소외되었다. 이런 상황이 지속되자 헬라파 유대인들이 불평하기 시작했다. 히브리파 사람을 향한 원망이 사도들의 귀에도 들어갔다.

사도들은 교회 내에 생긴 히브리파와 헬라파 사이의 갈등을 어떻게 해결해 나갔는가? 합력의 방법을 통해서이다. 사도들이 문제를 차근차근히 정리해 나아간 것을 보면, 그들이 사전에 문제를 정확하게 파악하고 해결방안을 세워놓고 교인들을 만났음을 알 수 있다. 그들이 성령충만한 가운데 하나님의 지혜를 구하므로 이런 일이 가능했을 것이다.

갈등상황에서 사도들로부터 배워야 할 합력의 구체적인 자세 몇 가지가 있다. 첫째로 하나님 앞에서 자신의 잘못을 찾는 것이다. 문제가 발생하면 대부분의 사람들은 상대방의 허물을 들추어낸다. 사도들은 교회 내에 일어난 갈등을 해결하기 위해 모든 제자들을 소집했다. 그리고 헬라파와 히브리파 사람들의 잘못들을 지적하고 책망하는 대신에 자신들의 잘못을 먼저 공개적으로 인정한다. 사도들은 결코 직접적인 잘못이 없었을 것이다. 그럼에도 불구하고 자신들이 말씀을 소홀히 하며 기도를 등한히 했기 때문에 결국 이런 어려움이 있게 된 것으로 인정하였다. 지도자는 궁극적으로 책임을 지는 사람이다. 그런 의미에서 사도들은 올바른 지도자들이었다.

갈등상황을 극복하는 첫 단추는 갈등에 관계된 사람들중 자신의 잘못을 먼저 찾고, 책임을 지려고 하는데 있다. 예수님도 형제의 눈 속에 있는 티를 빼려고 하기 전에 자신의 눈에 있는 들보를 먼저 알고 빼라고 명하셨다(마 7:1-5).

목사는 교회 안에 일어나는 사건들에 대해 책임을 져야 한다. 어떤 교회가 선교사업을 하면서 불법으로 환전(換錢)하여 외국에 송금한 일이 검찰에 적발된 일이 있었다. 이런 경우라면 담임목사가 스스로 모든 법적인 책임을 지겠노라고 하는 것이 마땅하다. 그러나 그는 선교담당 교역자와 선교위원장이 알아서 한 일이요 자기는 전혀 책임이 없는 일이라는 식으로 말하며 법망을 피해 빠져나갔다. 선교담당 교역자와 선교위원장은 법정에서 유죄판결을 받았고, 교회는 결국 세상사람들로부터 조롱거리가 되고 말았다. 비록 자기가 직접 관여하지 않았더라도 교회 안에서 일어난 모든 문제에 대해 목사는 책임을 져야 한다.

둘째로 사도들은 "모든 제자"들을 불러모으고 함께 문제를 해결하도록 하였다. 교회 안에 일어난 문제에 대해 성도들이 어느 정도 알고 있느냐를 목사는 파악해야 한다. 그리고 문제를 알고 있는 사람들을 그 해결과정에 참여시키든지, 아니면 최소한 어떻게 교회가 그 문제에 대해 관심을 가지고 정리하고 있는가를 알려 주어야 한다.

목사는 개인적으로 정보를 수집하고 갈등에 관계된 사람들을 접촉하므로 전체 상황을 빠른 시일 안에 정확하게 파악할 수 있어야 한다. 그리고 문제에 대한 해결방안을 구상해 놓아야 한다. 그리한 후에 관계되는 사람들을 한자리에 불러모아 해결책을 제시하고 그들의 의견을 들어보아야 한다. 그렇게 하여 합력의 차원에서 문제를 접근하면 해결책을 찾을 수 있다.

사도들은 공궤(供饋)의 직분을 맡을 사람의 자격으로 "성령과 지혜가 충만하여 칭찬 듣는 사람"을 제시하였다. 그리고 일곱 사람을 택하도록 숫자를 제한하였다. 사도들은 일곱 사람을 자기들이 직접 뽑지 않고 교인들이 뽑도록 하였다. 그리고 자기들은 기도하는 것과 말씀 전하는 것에 전무하겠노라고 밝혔다. 성경은 교인들의 반응을 이렇게 전한다. "온 무리가 이 말을 기뻐하여…"(5절). 목사는 교인들의 합의와 헌신이 필요한 일에는 그 결정에 교인들이 참여할 수 있는 기회를 반드시 주어야 한다. 그리할 때에 교인들은 기뻐하며 더욱 자발적으로 교회의 일에 참여하며 헌신하게 된다.

결정하는 과정에 참여하며 기여하지 않은 사람들은 그 일을 자기와 상관이 없는 것으로 여기기 쉽다. 그러나 토론에 참여하고 자기의 의견이 반영되면, 그 일에 책임을 느끼며 헌신하게 된다. 따라서 목사는 많은 사람의 헌신적인 참여가 필요한 교회당 건축이나 이전(移轉) 같은 중요한 문제일수록 당사자들을 결정 과정에 참여시켜야 한다. 그럼으로써 합력이 이루어진다.

셋째로 사도들은 기도하고 일곱 사람에게 안수하여 직분자로 세웠다. 사도들은 구제 문제로 일어난 갈등이 일과성(一過性) 갈등이 아님을 알았다. 그래서 공궤를 전담할 직분을 만들고 사도들은 기도하는 것과 말씀 전하는 것만을 전적으로 담당하겠다고 선언하였다. 그들은 조직개발(organization development)을 함으로써 갈등 문제를 해결할 수 있는 제도적 장치를 만들어 놓았다. 목사는 반복적으로 일어나는 문제들에 대해서 근본적인 해결 방안을 만들 필요가 있다. 이러한 조직의 변경과 책임자를 정하는 문제는 모든 성도들의 참여와 동의가 있어야 한다. 그럼으로써 조직을 위한 조직이 되지 않고, 생산적인 조직으로서 기능하게 된다.

사도들은 자기들의 주과업이 무엇인가를 분명히 제시했고, 구제를 담당할 사람들이 어떤 자격을 갖추어야 할 것인지를 확실히 밝혔다. 조직을 만드는 데는 각 직책의 책무(責務) 명세서(job description)가 먼저 있어야 한다. 또 직분자의 자격을 구체적으로 기술(記述)해 놓으면 갈등의 소지를 줄이고 효과적인 사역을 하게 할 수 있다.

어떤 목사는 개척교회를 시작하면서 자신이 설교자, 반주자, 찬양인도자, 성경공부 인도자, 주일학교 교사, 차량운전기사, 관리집사, 그리고 환경미화원의 역할까지 하였다. 교회가 50명이 되고, 100명으로 증가해도 자기의 역할이 축소되는 것이 두려웠다. 또 성도들을 고생시키지 않으려는 마음에서 그는 책임을 위임하지 않고 자기가 계속 모든 일을 맡아 처리하였다. 몇 년이 지난 후 몸이 몹시 아파 고생을 하자 그는 자기 능력의 한계를 느껴 교사를 몇 사람 세워 주일학교를 가르치도록 하고, 몇 사람의 대원을 확보해서 성가대도 조직하였다. 그러나 모든 결재는 자기가 했다. 자기의 동의 없이 어떤 일을 하면 심하게 책망하였다. 그 결과 교회는 더 이상 성장하지 못하고 감소추세를 보였다. 열심 있는 교인들은 답답함과 불만을 가슴에 품고 교회생활을 했다.

목사는 교인들을 목회의 동역자로 인정해야 한다. 가능한대로 많은 책임을 교인들에게 위임(委任)하고 자신은 감독자의 역할을 하면서 합력의 분위기를 만들어야 한다. 그때에 교인들도 성장하고 교회의 사역도 확장되어 더 많은 사람들을 섬기고 제자로 삼는 목회를 할 수 있게 된다. 그리스도인은 사람을 중요하게 여긴다. 합력은 사람과 일을 모두 중요하게 생각하고, 이 두 가지 모두를 함께 성취하려는 목표를 지향한다.

사도들이 합력의 방법으로 갈등을 처리한 결과는 어떠하였는가? 성경은 이렇게 말한다. "하나님의 말씀이 점점 왕성하여 예루살렘에 있는 제자의 수가 더 심히 많아지고 허다한 제사장의 무리도 이 도에 복종 하니라"(행 6:7). 사도들이 기도와 말씀 전하는 일에 전무하자 하나님의 말씀은 점점 왕성하여졌다. 또 제자의 수가 더 심히 많아졌다. 일의 분담은 효과적인 사역을 할 수 있게 했다. 갈등을 줄이고 서로 사랑하는 교회가 되게 했다. 이에 따라 더 많은 사람들이 교회로 들어왔다. 유대교의 핵심요원이라고 할 수 있는 제사장의 무리도 예수 그리스도의 복음에 무릎을 꿇고 주께 복종하였다.

영어 격언에 "사람의 역경은 하나님의 기회이다"(Man's adversity is God's opportunity.)라는 말이 있다. 사람이 살아가는 동안 여러 가지 어려움을 만나게 된다. 사람은 역경 속에서 도움을 구하고 해결책을 찾지만 희망이 보이지 않을 때에 낙심하며 절망한다. 더욱이 죄로 말미암아 고난이 닥쳤을 때에 사람들은 체면 때문에 하나님께 나아가기를 거부하는 경우도 있다. 그러나 하나님은 긍휼과 자비가 풍성하신 분이시다. 그러므로 자기가 의롭지 않기 때문에 하나님의 도우심을 바랄 수 없다는 생각을 버려야 한다. 예수 그리스도 안에서 주시는 죄 용서함을 믿고 하나님께 나아가면, 그는 우리를 용서하시며 우리 지각에 뛰어난 평강과 문제 해결을 주신다(빌 4:6-7). 예루살렘 교회는 큰 문제가 생겼으나 그 문제를 성령 안에서 합력의 방법으로 해결해 나아가므로 더 큰 은혜를 누렸다. "제자가 더 많아지므로"(행 6:1) 생겨난 갈등이 합력의 방법을 통해 해결되어 "제자의 수가 더 심히 많아졌다"(행 6:7).

3. 합력 스타일을 위한 자기점검

갈등에 부닥쳤을 때에 자신이 어떤 관리 스타일을 가지고 있는가를 설문서를 통하여 확인할 수 있다.

합력의 자세가 항상 가능한 것은 아니다. 목사 자신은 합력의 자세로 문제에 접근하려고 하지만 상대방이 회피를 하거나 끝까지 경쟁적인 태도를 취하면 합력을 이룰 수 없다. 그럼에도 불구하고 목사는 모든 갈등 상황에서 합력의 자세를 견지해야 한다. 최종적으로는 합력이 아닌 차선의 관리 스타일을 택하는 것이 불가피할지라도, 목사는 마음을 열고 상대방을 수용함으로써 합력으로 문제를 해결하는 태도를 보여야 한다.

자신의 갈등관리 스타일을 다시 한번 확인하고, 합력으로써 갈등을 관리하기 위한 자기점검을 위해 아래의 질문에 답을 해 보라. 〈부록 3〉을 이용하여 당신의 점수를 아래에 옮겨 적고, 합력을 향해 어떻게 할 것인가를 확인해 보라.

___점	___점	___점	___점	___점
경쟁	합력	절충	회피	양보
(강요)	(문제해결)	(타협)	(빠져나감)	(무리안함)

합력을 향하여

1. 자신을 개인적으로 돌아볼 때에 설문조사를 통해 얻은 결과가 타당하다고 인정하는가?

2. 갈등상황에서 현재의 관리 스타일을 그대로 사용할 때에 가정이나 교회에서 어떤 결과가 있으리라고 예상하는가?

3. 자신과 상대방이 갈등상황에서 합력의 스타일을 취하면, 가정이나 교회에 어떤 결과가 있으리라고 예상하는가?

4. 갈등상황에서 자신이 먼저 합력의 스타일을 가지고 접근할 때에 현실적으로 상대방은 어떤 스타일로 반응을 보이리라고 예상하는가? 왜 그렇게 생각하는가?

5. 상대방이 합력의 자세로 문제를 접근하지 않을 때에 귀하는 어떤 반응을 나타낼 것 같은가?

6. 끝까지 합력의 스타일을 가지고 갈등에 접근하려고 할 때에 무엇이 이러한 합력의 스타일을 견지하는데 훼방을 할 것 같은가?

7. 자신이 그러한 방해를 극복하고 합력의 방식으로 갈등을 관리하려면 어떤 방식으로 리더쉽을 발휘해야 하겠는가?

8. 현재 자신이 당면하고 있는 갈등상황에서 합력의 스타일로 문제를 해결하기 위해 당신이 소원하고 있는 결과를 하나님 앞에서 점검해 보고, 또 하나님이 기뻐하시는 결과를 이루기 위해 자신에게 필요한 지혜와 능력을 구하는 기도의 내용을 아래에 적어보라.

| 제 8 장 |

갈등관리의 과정

1. 갈등관리 단계

프랑스의 어느 농부가 개구리의 울음소리 때문에 몇 일 동안 밤에 잠을 잘 수가 없었다. 그는 레스토랑을 찾아가 자기 밭에 수백 마리의 개구리가 있는데 싸게 팔겠다고 제안하였다. 흥정을 마친 농부는 집에 돌아와 소매를 걷어 부치고 개구리 소탕 작전에 나섰다. 그러나 농부가 잡을 수 있었던 개구리는 10여 마리에 지나지 않았다. 농부는 개구리의 울음소리가 너무 시끄러워서 수 백 마리가 있을 것으로 추측했으나 그것은 사실이 아니었다.

목사가 교회 안에 갈등이 있음을 알게 되는 경로는 여러 가지가 있다.

교인들 중에는 교회의 안과 밖에서 일어나는 일들을 목사에게 부지런히 알리는 '은사'를 가진 사람이 종종 있다. 그들이 전해주는 소식은 때로는 목사에게 큰 도움이 되기도 하고, 때로는 목사의 생각을 혼란스럽게 만들어 목회에 지장을 가져오기도 한다.

교회 안에 돌아다니는 불평을 들으면 목사는 모든 교인들이 자기에게 대해서 불만을 가지고 있고 배척하고 있다는 생각에 사로잡힐 수 있다. 이런 생각은 목사의 마음에 큰 부담으로 닥아오고 교인들에 대해 섭섭함과 배신감을 느끼게 만든다. 심지어는 교인들을 향한 미움이 싹트기도 한다. 그러나 실제는 단지 몇 사람의 불평에 불과한 때가 많다. 물론 소수의 불평이라도 무시해서는 안된다.

갈등이 발생하면 목사는 어떻게 해야 하는가? 갈등관리의 순서와 방법을 단계별로 알아보자.

예수 그리스도 안에서 긍정적이고 적극적인 자세를 취하라

목사는 갈등상황에 부닥치면, 자신은 의롭고 교인들은 악하다고 단정하여 막연한 불안이나 패배의식에 사로잡히기 쉽다. 때로는 교인들을 적으로 인식하여 '정의 또는 복수의 칼'을 날카롭게 갈며 공격적이 되고, 불필요한 싸움을 유발하는 어리석음을 범할 수도 있다.

필자는 교회갈등관리 강의 첫 시간에 학생들에게 다음과 같은 질문을 한다. "'갈등'이라는 말을 들을 때에 머리에 떠오르는 단어나 말은 무엇입니까? 다섯 개 이상 적어보십시오." 이 질문에 대해 대부분의 학생들이 제시하는 단어는 다음과 같은 것들이다. "다툼, 불평, 불만, 괴로움, 고민, 실망, 나누어짐, 미움, 아픔, 슬픔, 분열, 회의, 분노, 외로움, 고통,

대결구도, 리더쉽, 죄, 충돌, 차이" 등이다. 간혹 "성장, 개혁, 발전"과 같은 단어도 나온다. 그러나 대부분의 사람들의 마음에는 '갈등 = 나쁜 것'이라는 등식(等式)이 고정관념으로 자리잡고 있다. 따라서 갈등에 직면한 목사에게 가장 시급한 작업은 갈등을 부정적으로만 생각하는 고정관념을 극복하는 일이다.

마귀가 우는 사자같이 삼킬 자를 찾으며 다가오면 목사는 그리스도 안에서 하나님을 앙망하여야 한다(벧전 5:7-11). 교인들을 두려워하고 싫어하며 미워한다면 더 깊은 갈등의 수렁에 들어가게 된다. 그러나 하나님을 의지하면 그는 갈등을 통하여 더 큰 하나님의 은혜를 누리게 된다. 왜냐하면 하나님은 그를 의지하는 자의 피난처가 되시며 힘이 되시며 구원이 되시기 때문이다. 예수 그리스도 안에서 모든 것이 합력하여 선을 이루게 하시는 하나님을 사랑하고 의지하면(롬 8:28), 목사는 현실에 연연하지 않고 자유로울 수 있다. 또 자기의 유익을 구하지 아니하고 하나님의 영광을 구하면, 하나님을 전적으로 신뢰하므로 담대함을 얻을 수 있다. 은혜와 진리가 충만하신 예수 그리스도를 바라봄으로 그의 은혜와 진리로 충만함을 받을 수 있다. 좌로나 우로나 치우치지 않고 갈등 문제를 사랑과 공의, 은혜와 진리로 처리할 수 있다(요 1:14, 16).

갈등 그 자체는 가치중립적이다. 갈등을 만난 사람이 어떤 자세를 가지느냐에 따라 발전과 성장의 결과를 얻을 수도 있고, 반대로 분열과 파괴의 아픈 결과를 자초할 수도 있다. 잠언 17:22은 다음과 같이 말씀한다. "마음의 즐거움은 양약이라도 심령의 근심은 뼈로 마르게 하느니라." 그래서 야고보서 1:2은 "내 형제들아 너희가 여러 가지 시험을 만나거든 온전히 기쁘게 여기라"고 말씀한다. 따라서 갈등에 개입하고 있는 목사는 반드시 그리스도를 믿는 믿음 안에서 긍정적이고 적극적인 마음을 가져야 한다.

어떻게 갈등 속에서 온전히 기뻐할 수 있을 것인가? 기도하며 성령님의 충만하신 은혜를 덧입음으로 가능하다. 목사가 갈등을 만나면 마음이 답답해진다. 마음 속에 끓고 있는 무엇을 누군가에게 이야기하지 않으면 가슴이 터질 것 같은 충동을 느낀다. 그래서 사람들을 만나 자기의 처지를 설명하며, 변호하며, 설득하려고 한다. 또한 자기를 반대하거나 교회에 문제를 일으키는 사람을 다른 사람들 앞에서 비난하며 정죄한다. 이러한 행동은 일시적으로는 마음에 시원함을 느끼게 할 수 있다. 그러나 이러한 언행들은 불에다 기름을 끼얹는 행동과 별 차이가 없다. 더 첨예한 대립과 더 격렬한 충돌을 불러일으키며 그 결과 더 깊은 절망감과 죄책감, 그리고 원망과 증오심을 가져오게 될 뿐이다.

목사는 은밀한 중에 보시는 하나님께 나아가야 한다. 전지전능하신 하나님 앞에 자신을 온전히 드러내놓고 그분의 판단을 받아야 한다. 그리고 그의 선하시고 기뻐하시고 온전하신 뜻이 무엇인가 분별해야 한다. 그의 뜻을 알고 순종할 마음을 가질 때에, 그는 비로소 자유를 얻게 되고, 나아가 주님의 사랑을 가지고 담대한 마음으로 문제와 사람을 직면할 수 있게 된다. 신앙인이라면 누구나 이것을 알고 동의한다. 그러나 이것을 행하는 사람은 드물고, 갈등상황에서 하나님의 영광을 드러내는 사람들이 적다. 당신은 갈등을 만나게 될 때에 어떻게 하는가? 무엇보다 먼저 은밀한 중에 계신 하나님께 나아가는가?

갈등의 상황을 파악하라

하나님을 의지한다는 것은 때로 아무 것도 하지 않고 잠잠히 기다리는 것이다(출 14:14). 그러나 아무 것도 하지 않고 가만히 있는 것이 전부는 아니다. 때로 하나님이 주실 아름다운 결과를 확신하는 중에 적극적으로 상황을 살피고 대처해야 할 때도 많이 있다. 예수님은 제자도를 말씀하시면서, 상황을 살피고 결정을 내릴 필요성에 대해 말씀하셨다. "너희 중에 누가 망대를 세우고자 할진대 자기의 가진 것이 준공하기까지에 족할는지 먼저 앉아 그 비용을 예산하지 아니하겠느냐"(눅 14:28). "또 어느 임금이 다른 임금과 싸우러 갈 때에 먼저 앉아 일만으로써 저 이만을 가지고 오는 자를 대적할 수 있을까 헤아리지 아니하겠느냐"(눅 14:31).

교회 안의 갈등을 파악한다면 누가, 언제, 어디서, 무엇을, 왜, 어떻게라는 여섯 가지 질문을 따라 갈등을 살펴보는 것을 말한다. 먼저 갈등에 직접 연관된 사람들이 누구며, 또 어떤 사람들이 간접적으로 연관되어 있는가를 알아 보아야 한다. 다음으로 이 문제가 오래 전 일을 배경으로 하고 있는 것인지, 아니면 최근에 갑자기 발생한 것인지를 확인해 볼 필요가 있다. 다음으로 갈등이 성가대나 여전도회 같은 한 기관에 국한되어 있는지, 아니면 교회 전체나 교회 밖의 변화를 배경으로 하고 있는지를 알아보아야 한다.

교회 안에서 일어나는 갈등 중 상당수는 교회가 숫적으로 감소되거나 정체되어 있기 때문에 생기는 경우가 많다. 그런데 숫적성장이 이루어지지 않는 이유를 목사의 능력부족에만 돌릴 수 없는 경우가 많다. 지역의 인구가 전체적으로 감소하고 있다든가, 저소득층이 사는 아파트 지역이기 때문에 인구의 이동이 많다든가, 또는 고소득층이 사는 지역이므로 전도가 어렵다든가 하는 따위의 이유이다. 이와 같이 갈등의 장(場)을 정확하게 살필 때에 희생양(scapegoat)을 만들어 그에게 책임을 떠맡기는 횡포를 방지할 수 있다.

사람들의 마음이 무엇 때문에 나뉘어져 있고, 그들이 다투고 있는 문제가 무엇인지를 찾아보아야 한다.

첫째로 목사는 갈등상황에 있어서 관계(relationship)적인 요소와 물질(substance)적인 요소를 고려해야 한다. 그리스도인들 사이에서 서로 사랑하고 용납해야 하는 것은 주님의 명령이다(마 5:43-44 ; 요 13:34-35). 이 명령을 따르는 그리스도인은 상대방에게 등을 돌려서는 안된다. 또 상대방과의 대화를 거부해서는 안된다. 나아가 적극적으로 상대방을 섬기고 도와야 하며, 교회전체의 유익을 생각하며, 열린 마음을 가지고 대화의 자리에 참여해야 한다. 이러한 관계가 이루어질 때 물질적인 문제도 합의에 이르기가 쉬워진다. 물질적인 문제를 해결하려면 서로에 대해 요구하는 것이 무엇인가를 파악해야 하고, 그 후에 절충과 협상이 필요하다.

둘째로 목사는 양편이 내세우는 입장(positions) 뿐만 아니라 그들이 왜 그 입장을 택하고 있는지를 면담을 통하여 들어보아야 한다. 곧 그들이 현재 가지고 있는 관심(concerns)과 그 입장이 관철될 때에 얻게 되는 현재와 장래의 이익(interests)에 대해 잘 파악해야 한다. 사람들은 그들이 내세우는 입장에 대해 왜 그것을 원하고 그렇게 되어야 한다고 믿고 있는지를 구체적으로 잘 설명하지 못하는 경우가 많다. 또 어떤 이해(利害)관계가 걸린 일일 경우에는 쌍방이 자기들의 속마음을 끝까지 감추려고 하고, 자기들의 입장만을 내세우고, 명분이 있는 관심과 유익만을 고집할 때도 있다. 따라서 목사는 여유를 가지고 생각해 보도록 그들에게 기회를 주고 글로써 그러한 이유들을 적어보도록 권유해야 한다.

갈등상황을 파악하기 위해서는 객관적인 입장에서 상황을 이해하며 덕(德)이 있는 사람들을 접촉해야 한다. 목회자는 한, 두사람의 이야기만을 듣고 섣불리 판단을 해서는 안된다(잠 15:22, 18:17). 많은 사람들이 전체적인 상황을 살피지 못하고, 자기 중심적으로 또 한 쪽으로 치우쳐서 이해하는 경향이 있기 때문이다.

자신의 위상을 파악하고, 영적인 능력을 갖추라

교회 안에서 발생한 갈등에 있어서 목사는 자신이 갈등에 연관되어 있는 사람들로부터 어떤 사람으로 인식되고 있는지를 생각해 보아야 한다. 그들이 자신을 목사로서 존경하고 자신의 말의 권위를 인정하고 잘 따라줄 것인지를 가늠해 보아야 한다. 갈등에 연관되어 있는 어느 한 편이 목사가 반대쪽 편과 사이가 좋고 또 목사가 그 쪽 편을 든다는 생각을 한다면, 목사는 그러한 생각이 불식되기 전에 개입을 시도하는 것은 도리어 상황을 더 어렵게 만들 수 있다. 이런 경우에는 목사는 중립적인 위치에서 관망하는 가운데 기도에 힘쓰면서 하나님의 은혜를 구해야 한다. 그리고 교회 안에 덕망있고 그 두 편을 중재할 수 있는 사람을 물색하여 그를 통하여 갈등을 관리하는 것이 바람직하다. 목사는 교인 사이에 갈등이 있을 경우 목사 자신이 직접 중재에 나서는 것은 가급적 피하는 것이 바람직하다. 예수님께서도 어떤 사람이 형과의 유산분배를 도와달라고 찾아왔을 때 직접적인 개입을 거부하셨다(눅 12:14). 그리고 신앙인으로서의 원칙 "삼가 모든 탐심을 물리치라"고 하시며 하나님께 대해 부요한 자로 살 것을 명하셨다. 목사가 이런 갈등에 개입할 때에 최소한 한쪽 편의 사람은 잃게 될 가능성이 높다.

갈등에 관련되어 있는 사람들은 부단히 목사가 어느 편을 들고 있는가를 살핀다. 그러므로 목사는 언행을 지극히 조심하여야 한다. 그리고 자신이 하나님 앞에서 공정하게 문제를 다루고 있음을 보여야 한다. 기도하면서 사람을 두려워하지 않고 하나님의 편에 서면 영적인 권위를 지닐 수 있다.

갈등에 연관된 사람들이 목사의 영적 권위를 인정하고 따를 마음의 준비가 되어 있을 경우 목사는 갈등을 관리하기 위한 구체적인 활동을 시작할 수 있다.

반응을 조절하라

교인들 사이에 갈등이 생기면 목사는 두 가지 반응을 보일 수 있다. 첫째는 방임(放任)하는 태도를 취하는 것이고(눅 12:13 이하), 둘째는 갈등상황에 개입하여 조정(mediation) 또는 중재(arbitration)하는 것이다. 조정은 목사가 양편의 사람들이 대화를 잘 나눌 수 있도록 분위기를 조성하고 조정안을 마련하여 제시하므로 그들이 합의에 도달할 수 있도록 하는 행위를 가리킨다. 중재는 양편이 대화하도록 도우며 합의에 도달할 수 있도록 돕기도 하지만, 합의에 이르기 어려운 상황에서 목사의 직권으로 구속력있는 해결책을 제시하고 양편이 이를 따르도록 하는 행위를 가리킨다. 목사는 그러한 자신의 방임 또는 개입이 갈등상황에 어떤 변화를 가져오며, 또 각각 어떤 결과를 가져오게 할 것인지를 예측해 보아야 한다.

일반적으로 문제가 간단하다고 판단되거나, 갈등에 관련되어 있는 사람들이 신앙적으로 성숙한 사람들이어서 문제를 자기들 스스로 해결할 수 있다고 판단될 경우 목사는 그 문제에 대해 방임하는 태도를 취하는 것이 좋다. 그렇다고 마냥 내버려 두라는 말은 아니다. 작은 불이 큰 불을 일으킬 수 있는 것이기 때문에 잠잠히 지켜 보면서 문제가 해결되어 가는지, 아니면 확산될 조짐을 보이는지를 주의깊게 살펴야 한다.

목사가 자기들의 갈등을 알고 있다는 사실을 분쟁의 당사자들은 가능하면 모르게 하는 것이 지혜롭다. 마치 아이들이 싸우고 있을 때에 어른이 "너희들 왜 싸우니?"하고 물으면 그들은 서로 자기가 옳다고 주장하며 서로를 더 미워하게 된다. 목사는 교인들 사이에 일어나는 세세한 문제에 대해 일일이 개입하려고 하기 보다는 장로나 권사의 심방과 상담을 통해 갈등을 해결하도록 하는 것이 바람직하다. 또 교인들에게 화목과 섬김과 협력을 미리 미리 가르치고 그러한 분위기를 교회 안에 만들어 갈등이 뿌리내리지 못하게 해야 한다.

그러나 갈등의 골이 더 깊어지고 그것이 교회 안에 확산될 징조가 보인다면 목사는 재빠르게 그 문제에 개입해서 조정하고 중재하는 역할을 해야 한다. 물론 앞의 단계에서 언급한 대로 개입할 경우에는 자신의 위상을 파악하고 영적인 권세를 소유해야 한다. 목사가 갈등상황에 개입해야 할 경우 어떻게 할 것인가?

갈등관리 스타일을 파악하고 그 과정과 결과를 예측하라

갈등상황에서 사람들은 다섯 가지의 반응을 보인다. 회피, 양보, 경쟁, 절충, 합력이 그것이다. 갈등관계에 있는 양편의 사람들이 각각 어떤 스타일을 보이고 있는가를 목사는 파악해야 한다. 그리고 그러한 스타일을 취할 때에 어떤 과정을 거쳐 어떤 결과를 가져오게 될지를 예상해 보아야 한다.

목사는 갈등에 연관되어 있는 양편의 사람들이 그리스도의 지체로서 무엇보다도 합력의 자세를 가지고 문제에 접근할 수 있도록 도와야 한다. 서로를 존중하며, 자기가 원하는 바를 분명하고 정확하게 제시하고, 또 상대방의 이야기를 적극적으로 들어주며 대화를 하도록 도와야 한다. 그럼으로써 서로 간의 오해가 풀어지며, 서로의 주장하는 바가 좁혀지며 합의에 도달할 가능성이 커진다. 나아가 문제가 해결되고 서로의 관계도 친밀하게 된다. 따라서 목사는 양측의 사람들이 합력의 자세로 문제에 접근하도록 가르치고 격려해야 한다.

양편 사람들을 만나라

갈등상황에서 사람들을 한 자리에 모이게 하여 이야기를 하게 하는 것은 문제해결을 더 어렵게 만들 수 있다. 왜냐하면 많은 사람들이 모이면 사람들은 자신의 정당성을 드러내기 위해 반대편의 잘못을 극단적으로 부각시키려는 유혹을 받기 때문이다. 사람들은 합리적인 이야기 보다는 선동적인 이야기에 마음이 쉽게 동한다. 사람들이 많이 모이게 되면 군중심리에 의해 쉽게 흥분하고 이성적인 판단 보다 감정에 치우치기가 쉽다. 따라서 목사가 현실을 바로 알기 위해서는 많은 사람을 모이게 하기 보다는 양편을 대표하는 소수의 사람을 개별적으로 접촉하는 것이 좋다.

목사는 상황파악을 먼저 하고 당사자들을 직접 만나서 이야기를 들어보면서 자기가 수집한 정보가 얼마나 정확한가를 확인해야 한다. 또 갈등에 연관되어 있는 당사자들이 얼마나 현실을 객관적으로 파악하고 있는가를 알아야 한다. 목사는 이야기를 들을 때에 그들의 감정을 잘 수용해 주어야 한다. 사실 보다 감정이 더 강하게 인간관계에 영향을 미치기 때문이다. 그러므로 목사는 그들이 오해하고 있는 일들을 고쳐주려고 시도하기 전에 그들의 아픔과 괴로움과 섭섭함에 대해 공감해 주고 위로해 주는 것이 필요하다. 사람은 자기의 감정섞인 이야기를 받아주지 않으면 말문을 닫아버린다.

  목사는 그들의 감정을 수용하면서 이야기를 듣고, 그들이 갈등상황이 어떻게 마무리 되어지기를 원하는가(목표)를 반드시 확인해야 한다. 가능하면 목사는 그들이 원하고 있는 바를 문서로 작성해 두는 것이 좋다. 이러한 그들의 요구는 상황이 바뀜에 따라 바뀌어 질 수 있다. 목표가 바뀌면 지난 번 것을 수정하여 다시 만들면 된다. 그러나 갈등상황이 교착상태(deadlock)에 빠지게 되면 해결하기가 곤란하게 된다. 갈등이 교착상태에 빠지고 심각한 상태로 발전하게 되는 가장 큰 이유는 갈등에 연관된 사람들이 자기들이 추구하는 건전한 목표를 잃어버리게 될 경우이다. 따라서 목사는 그들이 현재 소원하는 바, 목표가 무엇인가를 분명히 제시하도록 해야 한다.

갈등관리안을 만들라

  목사가 갈등에 연루된 양편의 사람들의 이야기를 듣고 확인한 후, 자기 나름대로 갈등관리안을 만들어야 한다. 또 양편의 대표자들에게 그들 나름대로의 갈등관리안을 각각 만들어 올 것을 부탁할 수도 있다. 이것은 일차적으로 양편이 합력의 자세로 문제를 해결해 나아가는 것을 전제로 한다. 또한 구체적인 일정이 그 안에 포함되어야 한다. 그러나 양측의 갈등관리안은 양편 사람들이 절대적으로 따라야만 하는 최종적인 것이 되어서는 안 된다. 다음 단계에서 보듯이 양편의 대표자들이 모여 그 안(案)에 대해 토의를 한 후에야 비로소 결정이 가능하기 때문이다.

해결책을 토의하라

양측의 사람들이 모일 때에 책상을 가운데 놓고 양편으로 나누어 앉는 것은 바람직하지 않다. 그러한 좌석배치는 서로에 대해 적대적인 감정을 부추길 수 있다. 가능하면 반원형(半圓形)으로 자리를 배치하고 그들의 앞에 칠판이나 화이트보드를 놓도록 한다. 문제를 해결하는데 있어서 그들이 공동전선을 형성하고 있는 동역자라는 사실을 간접적으로 시사(示唆)해 줄 필요가 있다.

함께 모여서 먼저 찬양을 하고 기도를 간절히 함으로써 하나님을 앙망하고 그의 은혜를 구하도록 한다. 성령의 충만함을 구하고 그리스도 안에서 한 몸을 이루고 있는 지체의식을 고양(高揚)시킨다.

양측에서 준비한 갈등관리안을 발표하게 한다. 그리한 후에 목사가 준비한 갈등관리안을 발표한다. 그리고 그 안에 대해 개인적인 의견을 발표할 기회를 준다. 또 양편이 각각 따로 모여서 의논할 시간을 준다. 이

표-9 토의를 위한 좌석배치

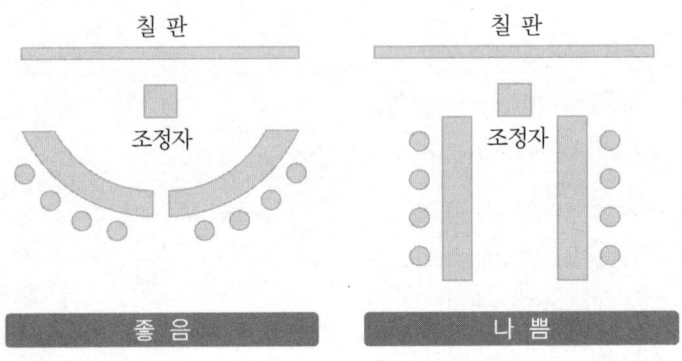

그룹별 모임에 목사가 왕래하면서 질문에 답하기도 하고, 더 나은 안(案)이 있으면 반영시킨다. 그리고 다시 전체가 모여서 최종안을 만든다.

목사는 최종안을 만들면서 하나님의 편에 굳게 서야 한다. 양측의 사람들에게 하나님의 뜻이 무엇인가를 생각해 보도록 촉구하면서 개인적인 유익 보다 교회 전체의 유익을 추구하도록 도전해야 한다. 당장의 유익 보다 장기적인 관점에서 선택하고 결정하도록 격려해야 한다.

목회자는 다음의 단어들이 모임의 분위기를 반영하도록 힘써야 한다.[1]

  하나님중심(God-centered)
  성경중심(Bible-centered)
  교회중심(Church-centered)
  합력적(Collaborative)
  미래지향적(Future-oriented)
  건설적/생산적(Constructive)
  발전적(Developmental)
  창의적(Creative)
  승/승(Win/win)
  세움/격려(Empowering)
  경제적(Economical)
  교육적(Educational)
  변혁적(Transforming)
  신뢰(Confidential)
  문제해결(Problem-solving)

함께 만나 토의를 할 때에 다음에 나오는 "2. 합력을 위한 의사소통"에서 소개하는 지침을 참고한다.

결정한 내용들을 문서로 남기고 점검하라

사람은 과거에 대해 정확하게 기억을 잘 못하는 경향이 있다. 또 자신은 정확하게 기억하고 있다고 할지라도 다른 사람은 그렇지 않을 수 있다. 따라서 토의를 통해 결정된 사항은 기록으로 남기는 것이 필요하다.

목사는 결정된 사항이 잘 지켜지고 있으며 합의한 대로 일들이 진행되고 있는가를 살펴야 한다. 이러한 합의가 지켜질 때에 비로소 서로에 대한 신뢰가 형성되고 동역자 의식이 회복될 수 있다.

2. 합력을 위한 의사소통[2]

합력을 이루기 위해서는 갈등에 관련된 사람들이 의사소통(커뮤니케이션)을 잘 해야 한다. 서로 간에 의사소통을 원활히 하기 위해 목사는 의사소통의 태도와 기술을 성도들에게 가르쳐야 한다. 자신이 직접 모범을 보이면 교회의 덕을 세우고 온 성도들이 하나되어 하나님의 영광을 드러낼 수 있다.

상대방을 섬기는 자세로 대화에 임하라

갈등상황에서 합력을 이루려면 상대방을 존중하는 자세가 필요하다.

특별히 교회 안에서 갈등이 발생했을 경우 예수 그리스도의 피로 값을 주고 산 형제이며 자매라는 사실을 기억하고 섬기는 자세를 잃지 말아야 한다. 그들도 교회의 유익을 위해 각각 성령님의 은사를 받은 자들이다. 교회 안에는 반대를 위한 반대를 하는 사람들이 혹 있다. 그런 사람들은 목사의 마음을 괴롭히고, 복장이 터지게 만든다. 그러나 목사는 마음을 잘 다스려야 한다. 모세가 가데스 바네아에서 당하였던 일을 기억해야 한다. 모세는 물을 달라고 공박하는 회중들 앞에서 혈기를 부리므로 하나님의 거룩하심을 나타내지 못했다. 그 결과 가나안 땅에 들어갈 수 없게 되었다.

목사는 불의에 대해 의로운 분노를 나타내야 한다. 예수님도 성전을 강도의 굴혈로 만드는 이들에 대해 의분을 보이시며 정결케 하셨다. 예수님의 분노는 절제되고 성령의 인도하심 가운데 이루어진 것이었다. 분노가 자신의 처지에 대한 비관이나 회중을 증오하는 마음에서 비롯된 것이라면 옳지 않다. 어쨌든 목사는 화를 내지 않는 것이 좋고, 끝까지 성실함과 온유함으로 성도들을 대하면서 이야기를 나누어야 한다.

상대방의 이야기를 경청하라

사람은 혼자서 모든 일을 정확하게 이해하기가 어렵다. 갈등에 관련된 사람들은 상황을 전체적으로 보지 않고 부분적으로 이해하는 경향이 있다. 대부분의 사람들은 자기의 처지에서 상황을 바라보고 자기 중심적으로 현실을 이해하고 있다. 그러므로 전체적인 형편을 자주 왜곡한다. 따라서 상대방의 말을 잘 들으면 자기가 알지 못하던 부분을 깨달을 수가 있고 전체 상황을 더욱 정확하게 이해할 수 있다.

여섯 명의 시각장애인에 관한 이야기가 있다. 그들은 코끼리를 만지면서 제각기 코끼리에 대해 말을 했다. 옆구리를 만져본 한 시각장애인은 코끼리는 담벼락과 같다고 했다. 엄니(tusk)를 만진 시각장애인은 코끼리를 창과 같다고 하면서 감탄하였다. 긴 코를 쓰다듬은 시각장애인은 코끼리를 구렁이와 같다고 하였다. 무릎을 안아본 시각장애인은 나무기둥과 같다고 말했다. 귀를 잡은 시각장애인은 부채와 같은 모양이라고 했다. 꼬리를 더듬어 만진 시각장애인은 코끼리를 밧줄과 같은 동물이라고 주장했다. 여섯 명의 시각장애인은 큰소리로 오랫동안 논쟁을 벌였으나 어느 누구도 자기의 주장을 굽히려 하지 않았다. 그들 각자는 부분적으로는 옳았으나 코끼리의 전체의 모양을 알아내는 데는 실패했다.[3]

상대방의 이야기를 경청하는 사람은 사물의 전체를 이해하는데 많은 도움을 얻게 된다. 만약 여섯 시각장애인들이 일방적으로 자기 의견을 고집하며 주장하는 대신에 상대방의 의견을 귀기울여 들었다면 어떤 결과가 났겠는가? 다른 사람의 의견을 무시하는 대신에 받아들이고 종합적으로 생각을 했다면 코끼리가 어떤 동물인지 보다 정확한 이해를 가질 수도 있었을 것이다.

목사는 성도들과 대화할 때에 그들의 말을 듣고 형편을 이해하려고 하기보다는 목사로서 그들에게 무엇을 가르쳐야 할 것인가에 더 신경을 쓰기가 쉽다. 상대방의 말을 잘 들으려면 그의 감정을 파악하고 공감해 주는 것이 필요하다.

중학교 2학년 아들이 학교에서 집에 돌아오자마자 책가방을 마루바닥에 내동댕이를 치며 씩씩거렸다. 아버지가 "야, 이 녀석이 미쳤나, 왜 이리 못되게 구냐?"라고 했다면 아들은 아무 말도 안하고 방문을 쾅 닫으면서 자기 방에 들어가 버릴 것이다. 그러나 아버지가 "오늘 너 학교에서 기분 나쁜 일이 있었나 보구나. 자 이리와 보렴!" 했다면 아들은 "그래요, 아버지"하면서 자기가 겪었던 일을 자초지종 이야기 할 것이다. 성도들이 비록 귀에 거스리는 말을 할지라도 목사가 먼저 "요즈음 마음에 괴로운 일이 있으신 모양이지요?" 하면서 그들의 감정을 수용해 주면 서로 마음을 털어놓고 이야기 할 수 있는 기회를 얻게 된다.

목사는 성도들이 이야기 할 때에 그들의 말이 어떤 점에서 틀리고 잘못되었는가를 먼저 지적하기 쉽다. 그리하면 대화가 쉽게 막혀 버린다. 그러나 이유를 들어보려고 하고 말하도록 격려를 하면 좋은 대화가 이루어지고 서로에 대해 신뢰가 자라며 생산적인 결과를 얻게 된다.

자신의 생각을 밝히라

목사는 가능하면 말을 아끼는 것이 좋다. 그러나 사실을 밝히고 자신의 감정을 표현하고 장래에 대한 비전을 피력해야 할 상황에서 어떤 두려움 때문에 그렇게 하지 않는다면 목회에 지장을 가져올 수 있다. 비판을 겁내고 실수를 두려워 할 것이 아니라, 자신을 개방하고 다른 사람의 의견을 들어보려는 마음으로 자신의 생각을 드러내면 발전이 있게 된다.

자기의 마음을 표현하는 데 사람들은 공격적인(aggressive) 자세로 하거나 아니면 자기주장적(assertive) 자세로 하게 된다. 공격적인 자세를 가진 사람은 상대방을 적이나 방해꾼으로 간주한다. 그리하여 자신이 이 대화에서 이기지 않으면 큰 손해를 볼 것처럼 생각하여 자기 표현을 극단적으로 하고 상대방을 모욕하는 말도 스스럼없이 한다. 자기주장적 자세를 가진 사람은 이에 비해 상대방을 존중한다. 자기의 생각을 분명히 드러내지만 자기가 의도하는 바를 정확하게 전하고 상대방의 동의나 반대

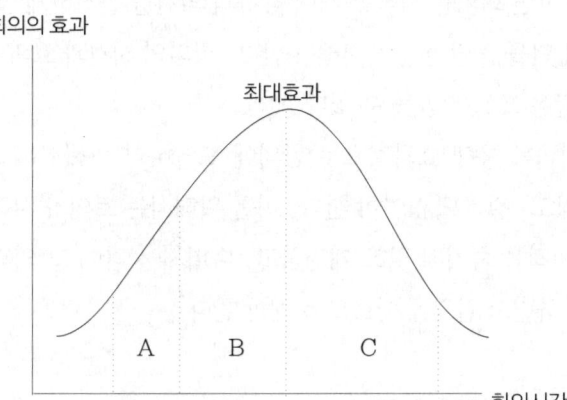

- 회의 초두에 의견을 가능한 한 많이 제출케 한다.
- 제출된 의견을 정리하고 의논하여 수렴한다.
- 결정하고 마무리 한다.

표-10 회의 시간과 효과

의 이유를 얻기 위해 그리한다. 이러한 자기주장은 합력의 단계로 나아가기 위해 필수적이다. 목사는 성도들이 자기의 마음을 알아주기를 바라고 그때까지 기다려야 하는 경우도 있다. 그러나 일반적으로는 자기의 생각을 지혜롭고 설득력 있게 말하고 반응을 구해야 한다.

  개인간의 대화나 여러 사람들이 모여 회의를 할 때에 어떤 안건에 대해 사람들이 의견을 내놓기를 주저할 때가 있다. 또 회의가 끝날 때쯤 갑자기 의견들이 쏟아져 나오거나 회의가 끝난 후에야 비로소 자기의 속마음을 표현하는 경우들이 있다. 이런 경우에 합의에 기초한 올바른 결정이 내려지기 어렵다. 대화나 회의를 통해 가장 바람직한 결정을 내리기 위해서는 가능하면 회의를 시작할 때에 각자의 의견을 솔직하게 말할 수 있는 분위기를 만들고 발언을 격려해야 한다. 회의의 시간과 효과에 대해 〈표-10〉과 같은 도표를 만들 수 있다.

대화나 회의를 통해 효과적으로 합의에 도달하기 위해서는 회의시간이 짧지도 않고, 길지도 않아야 한다. 이를 위해서는 토의가 시작할 때부터 각자의 의견을 숨기지 말고 개진하고, 나머지 시간에 그 의견들을 정리하고 수렴하면서 결정에 이르도록 해야 한다.

감정을 적절하게 표현하라

성숙한 사람은 자신의 감정을 드러내지 않아야 한다고 생각하는 경향이 있다. 그렇게 생각하는 사람들은 자신의 감정을 억제하려고 노력한다. 기분이 나쁜 상황에서 "내가 기분 나빠서 하는 이야기는 아닌데…" 또는 "내가 화를 내려고 하는 것은 아니지만…"이라고 말한다. 서로에 대해 신뢰할 수 없는 형편에서는 자신의 감정을 숨기는 것이 문제를 접근해 나아가는데 도움이 될 수 있다. 그러나 목사와 교인이라는 관계에서 감정표현은 서로를 깊이 알아가고 믿음을 쌓아가는데 유익할 수 있다.

감정은 표현하는 것 자체가 문제가 되는 것은 아니다. 감정을 어떻게 표현하는가에 따라 파괴적인 결과를 초래할 수도 있고 건설적인 결과를 가져올 수도 있다. 감정을 표현하는데 있어서 '나-대화법'(I-message)을 사용하는 것이 바람직하다. '너-대화법'(You-message)은 "너는 나쁜 사람이다", "이렇게 된 것은 다 너 때문이다", "목사님이 설교만 잘 하셨더라도 교인들이 이렇게 줄어들지는 않았을 것입니다", "목사님이 심방을 자주 하지 않아서 이런 일들이 발생한 것입니다"와 같이 문제를 만든 상대방을 지적한다. 문제에 관심의 초점을 맞추지 않고 사람을 공격하게 되면 공격을 당하는 사람은 당연히 기분이 나빠질 수 밖에 없다. 공격을 당한 사람은 이제 공격하는 사람의 약점을 찾아 보복공격을 하게 된다. 그렇게 되면 문제는 해결되지 않고 서로의 관계만 더 악화된다.

"나-대화법"도 원인제공자인 상대방을 지적하기는 한다. 그러나 그를 비난하려는 목적보다는, 그가 한 일로 말미암아 나에게 일어난 결과를 밝힘으로써 상대방의 이해를 구하고 문제를 해결해 나가는 것이 목표이다. "나-대화법"은 먼저 일의 상황을 설명하고, 그로 말미암아 자기에게 미친 결과를 드러낸다. 다음과 같이 이야기를 하는 것이다. "집사님이 화를 내니까 내 마음이 아픕니다", "장로님이 약속보다 한 시간이나 늦게 왔기 때문에 저는 기분이 나쁩니다", "권사님이 그렇게 저를 비난하시니까 저는 당황하게 됩니다"와 같이 표현한다. 이렇게 "나-대화법"을 사용하면 상대방은 대체로 자신의 행동이나 말을 되돌아 보게 되어 잘못을 인정하든지 화해를 하든지 해결책을 서로 이야기하게 된다. 목사는 지혜롭게 감정을 표현하며 "나-대화법"을 사용하므로 성도들과 더욱 깊은 사귐을 가지며 동역을 이루어 가야 한다.

우리의 언어습관은 오랜 시일에 걸쳐 형성된 것이다. 따라서 이러한 습관을 바꾼다는 것은 결코 쉬운 일이 아니다. 단시간에 고쳐질 수 있는 일이 아니다. 먼저 자신의 언어 습관이 잘못된 것을 인식해야 하고, 고치겠다는 결단을 내려야 한다. 그리고 실패에 실패를 거듭하면서도 "나-대화법"을 새로운 습관으로 익혀야 한다.

하나님중심, 성경중심, 교회중심의 원리를 따르라

사람이 오해를 받고, 부당한 대우를 당하면 혈압이 오르고 흥분하게 된다. 손에 땀이 나고 호흡이 거칠어지게 되며 목소리의 톤(tone)이 점점 높아진다. 이러한 신체적 감정적 변화는 이성적인 사고기능을 마비시켜 지금까지 절제해 오던 감정을 폭발하게 한다. 그래서 하지 말아야 할 욕을 하게 되며, 마음에 감추어 두었던 생각이나 비밀을 공개하여 두고두고 후회할 일을 저지르게 만든다.

목사는 무시를 당하고 모욕을 당할지라도 끝까지 하나님중심, 성경중심, 교회중심으로 사람을 대해야 한다. 이런 취급을 당하느니 할 말 다하고 교회를 사임하겠다는 생각이 들어도 하나님의 종으로서 감정을 통제하고 입에 파수군을 세워야 한다(시 141:3). 하나님을 바라고 의지하므로 하나님의 법도를 따라 말을 하고 행동을 할 때에 하나님의 은혜를 경험하게 되며 결국 성도들로부터 참된 목자로 인정을 받게 될 것이다.

하나님 중심이란 하나님 앞에서 먼저 자신을 돌아보는 태도이다. 상대방의 잘못을 찾고 자신의 무죄를 주장하는 가운데 상대방을 비난하고 공격하는 것은 자기중심적인 태도이다. 지혜로운 목사는 갈등상황을 만날 때에 하나님 앞에서 겸손히 자신의 부족함과 잘못을 살펴보고 회개한다. 하나님의 은혜를 구하면서 용서와 사랑의 마음을 유지한다. 하나님의 지혜를 구하므로 위기를 극복할 방법을 찾는다. 이것이 하나님 중심의 목사가 취해야 할 자세이다. 하나님 중심의 목사는 결코 인간적인 방편을 사용하지 않는다. 하나님 중심으로 목회하는 주의 종은 현실적인 판단을 고려하지만 영원을 염두에 두고 말하고 행동한다.

성경 중심이란 성경의 원리에서 좌로나 우로나 치우치지 않는다는 것이다. 어떤 형편에서도 자신의 감정이나 상황에 압도되어 말이나 행동을 그르치지 않는 태도이다. 말씀을 묵상하며 성령님의 인도하심을 의지하므로 말씀대로 행하는 은혜를 덧입을 수 있다. 그리스도인은 "눈에는 눈, 이에는 이"의 원리를 따라 사는 사람이 아니다. 예수님의 산상보훈에서 가르쳐 주시는대로 이웃이 오리를 가자고 하면 십리를 가고, 겉옷을 가지고자 하면 속옷까지 주는 사람이다. 목사는 상식 중심의 삶을 초월하여 성경 중심의 삶을 살아야 한다(마 5:38-42).

 교회 중심이란 교회의 유익을 위해 목사 자신의 유익을 희생하는 자세를 말한다. 아무리 옳다고 할지라도 목사 자신 때문에 교회가 분열되고 성도들끼리 다툼이 일어나면 목회지를 떠나는 것을 신중하게 고려해야 한다. 불의에 직면하여 목사가 이를 해결할 담대함이 없어서 또는 귀찮아서 교회를 사임하려 한다면 그것은 옳지 않다. 그러나 진리에 관한 문제가 아니라면, 또 자신이 떠남으로써 교회가 평안을 되찾을 수가 있고 후임자가 옴으로 교회가 계속적으로 성장할 수 있는 경우라면 목사는 자신의 사임을 신속히 결정해야 한다. 그것이 교회 중심의 태도이다.

 목사는 하나님 중심, 성경 중심, 교회 중심의 말과 행동을 어떤 상황에서도 충실히 견지해야 한다. 자신이 그러할 뿐 아니라 성도들이 그러한 자세를 가지도록 가르쳐야 한다. 성도끼리 서로를 적으로 생각하지 않고 그리스도 안에서 한 형제 자매임을 확인시켜야 한다. 그리고 우리의 싸움이 혈과 육에 대한 것이 아니요 공중의 권세 잡은 자, 마귀에 대한 것임을 깨달으면 성도가 하나되어 마귀를 물리칠 수 있다.

요약을 하고 질문을 하라

갈등상황에서 대화가 진행될 때에 같은 말이 반복되며, 서로의 주장이 평행을 이루어 결론 없이 시간을 끌게 되는 경우가 있다. 이를 방지하기 위해 중간 중간 지금까지 되어진 이야기를 요약하는 것이 필요하다. 또 자기 주장만을 펼칠 것이 아니라 상대방의 주장을 이해하기 위해 질문을 할 필요가 있다. 상대방의 의견을 자기의 의견과 다르다고 무시할 것이 아니라 진지하게 질문을 하면서 이해를 하고자 하면 합력을 통하여 모두가 기뻐할 수 있는 결론에 이르게 될 것이다.

의견을 교환하라

갈등을 해결하기 위해 모임을 가질 때에 양편이 마주 보고 앉는 것은 좋지 않다. 마주 보고 앉으면 서로를 적으로 간주하기 쉽다. 성도는 동역자이지 적이 아니다. 따라서 힘을 합해 문제를 해결해 나아가야지 적을 앞에 두고 성도끼리 분열을 해서는 안 된다. 의견을 교환할 때도 서로를 적으로 생각하면 자기의 의견을 더 많이 말해야 하고 목소리도 더 커야 한다고 생각하게 된다. 그러나 동역자로 생각할 때에 질서를 지켜 적당하게 순서를 따라 발언을 하게 된다. 경쟁적인 대화는 그리스도의 몸을 나누이게 만들지만 서로를 존경하는 중심에서 하는 질서가 있는 대화는 그리스도의 몸을 세우며 문제를 해결하게 만든다.

예절과 교양을 갖춘 언어를 사용하라

단지 6초 동안에 내뱉은 말이 60년 동안 가슴에 맺혀 있을 수 있다. 공격은 적을 만든다. 상처를 남기는 말은 또 다른 상처를 주는 말을 하게 만든다. 목사는 대화 중에 인신공격을 하거나 욕을 하는 사람의 발언을 중지시키고 공개적으로 사과하도록 만들어야 한다. 그렇지 않으면 문제를 해결하기 위한 대화의 모임이 도리어 분열의 골을 더 깊게 만들게 된다. 예절과 교양을 지닌 대화는 문제에 대한 해결책을 향해 합력의 기회를 제공한다.

맺음말

　사람은 갈등을 겪으면서 살아간다. 인생을 살아가는 동안 갈등을 겪는 것은 불가피한 일이다. 갈등은 아픔과 분열과 파괴를 가져오기도 한다. 그러나 사랑과 능력의 하나님을 의지하는 믿음과 그의 통치를 구하며 순종하는 자에게는 전혀 다른 결과가 주어진다. 성장과 발전과 화합을 통해 하나님께 영광을 돌리는 기쁨을 누리게 된다.

　교회는 그리스도의 몸이며 하나님의 자녀들의 공동체이다. 한 지체가 고통을 당하면 다른 지체도 고통을 당하게 된다. 한 지체가 영광을 얻으면 다른 지체도 영광을 얻게 된다. 그러나 오늘날 많은 목회자와 교인들이 이러한 지체의식, 공동체의식을 잃어버리고 자기중심으로 교회생활을 한다. 그리하여 교회가 혼란스럽고 교인들이 고통을 겪는 경우가 많다. 교회 안의 갈등은 다 승자(勝者)가 되든지 다 패자(敗者)가 되든지 둘 중의 하나의 결과만 낳을 뿐이다. 주변의 교회를 돌아보면 어리석게도 다 패자가 되는 길로 나아가는 경우가 많다. 온유하고 겸손하신 예수님의 멍에를 메고 갈등에 접근하기 보다 자신의 혈기와 눈앞의 유익을 좇아서 문제를 해결하려고 하기 때문이다.

이 책은 교회가 갈등으로 말미암아 겪는 아픔과 괴로움을 조금이라도 덜어주기 위한 목적으로 쓰기 시작했다. 말씀과 기도로 한 영혼을 돌보며, 공동체로서의 교회를 돌보는 목회자의 책임을 나름대로 정리해 보았다. 그리고 갈등이 발생하게 되는 원인과 종류와 기능들을 개괄적으로 살펴보았다. 또 목회자가 실제로 겪는 갈등을 분석하고, 이에 대처하는 방법들을 제시하였다. 갈등을 관리하는 목회자의 스타일을 점검해 보도록 하고, 또 갈등상황에서 이를 관리하는 과정에 필요한 지혜를 제시하였다.

이 책의 내용은 목회생활을 어느 정도 한 분들이라면 대부분 아는 내용일 것이다. 이 책은 이미 알려진 것들이지만 그것들을 체계화한 데 의의가 있다. 의사가 환자의 병을 정확하게 진단하면 효과적으로 치료할 수 있듯이 이 책도 교회 안에서 일어나는 갈등의 현상을 진단하는데 도움을 줄 것이다.

목회자가 갈등을 겪는 것은 선택사항이 아니다. 갈등에 직면한 목회자는 무엇보다도 먼저 하나님을 앙망하고 갈등을 온전히 기쁘게 여겨야 한다. 그럼으로써 갈등을 넘어 성장과 발전과 화합의 기회로 삼아야 한다.

갈등을 해결하는 열쇠는 목회자에게 있다. 목회자가 하나님 중심, 성경 중심, 교회 중심의 삶을 성도들에게 얼마나 정확하게 또 효과적으로 가르치며 본인이 그러한 삶을 살아가고 있는가 하는 것이 갈등관리의 열쇠이다.

  목회자는 교회 안에 일어나는 모든 갈등상황을 통해 하나님께 영광을 돌려야 한다. 하나님의 백성들은 갈등상황에서 화평케 하는 역할을 배우고, 세상에서 화평케 하는 자로서 살아가야 한다. 교회가 맛을 잃은 소금과 같이 사람들의 발에 밟히며 웃음거리가 되어서는 안된다. 교회는 마땅히 이 세상에 소망을 주며 위로를 주며 기쁨을 주는 산 위에 세운 동네가 되어야 한다. 이러한 소망을 가지고 충성하는 목회자와 교회들에게 우리 주님의 은혜가 함께 하길 기원한다.

  갈등을 넘어 의와 평강과 희락이 충만한 아름다운 교회가 되기를 기도한다. 오직 하나님께 영광!

주(註)

제1부 갈등과 목회현장

1) 이건숙, "눈물 없인 못가는 사모의 길"《스트레스》(두란노, 1991), 62-63.
2) Richard W. *De Haan, Your Pastor & You* (Grand Rapids, MI: Radio Bible Class, 1992), 3.
3) 목사가 교인들이 가지고 있는 불평을 듣고자 할 때에 모든 사람이 모인 앞에서 누구든지 말할 수 있도록 하는 것은 그리 바람직하지 못하다. 이럴 경우에 불평이 없던 사람들도 불평이 생길 수도 있고, 공개석상에서 발언하는 사람들은 극단적으로 또 과장해서 말을 하기가 쉽기 때문이다. 불평을 듣고자 한다면 교인들을 대표하는 몇 사람을 개인적으로 만나든지, 그들을 당회에 불러 이야기를 듣는 것이 효과적이다.
4) William Colyer Hill, *The Theme of Interpersonal Conflcit Traced Through the New Testament* (Wheaton, IL: Wheaton College, 1978), 2.
5) 앞의 책, II.
6) 유해무,《개혁교의학》(크리스찬 다이제스트, 1997), 545.

제2부 목사와 목회사역

1) John Calvin《한·영 기독교강요 IV》(성문출판사, 1996), II. "하나님께서는 이 교회의 품속으로 자녀들을 모으시기를 기뻐하시는데 이는 그들이 유아와 어린아이시절에 교회의도움과 봉사로 양육되도록 하기 위해서 뿐 아니라 그들이 성숙하여 신앙의 목표에 이를 때까지 어머니와 같은 사랑에 의해 인도를 받게 되도록 하기 위함이기도 하다."
2) 성도의 가정에서 출생하여 유아세례를 받은 언약의 백성의 경우 초기 단계가 다르다. 즉 그들은 구원의 약속은 이미 받았으나 구원의 효력은 보

류된 상태에 있다. 그들은 "불신자→교인→신자→제자→사역자"의 과정을 거치는 대신에 "언약의 백성(교인)→신자→제자→사역자"의 과정을 따르게 된다. 여기서는 불신가정에서 출생한 사람을 기준으로 생각한다.
3) 그레샴(Gresham)의 법칙. 금화와 은화가 동시에 유통이 될 때에 사람들은 금화(양화, 가치가 많은 돈)를 집에 보관하고 은화(악화, 가치가 낮은 돈)를 주로 사용하므로, 금화가 시중에서 사라지는 현상. 만일 새 돈과 헌 돈이 있을 때에 사람들은 물건을 산 후 헌 돈으로 값을 지불하고 새 돈은 될 수 있으면 간직하려는 데서 나타나는 현상과 비슷하다.
4) 이 부분을 더 자세히 알아보려면 정태기, 《위기와 상담》 (크리스찬 치유목회연구원, 1998)을 참고하라.
5) 김병원은 그의 책, 《목회학》 (개혁주의신행협회, 1985) 12면에서 임택진의 《목회자가 쓴 목회학》 (예장총회교육부, 1982) 14면을 인용하여, "'교역' 혹은 '목회'라 함은 광의로는 설교, 성례 집행, 교회의 관리 및 운영, 평신도 지도훈련 및 교육을 뜻하고, 협의로는 상술한 설교와 성례집행을 제외한 경우를 말한다"고 했다. 그러나 '목회'의 협의적 개념은 "설교와 성례집행을 중심한 목사의 활동"으로 정의함이 옳다.
6) C.P.Wagner, 이재범 역, 교회성장학 개론(나단, 1987), 105-106.
7) C.P.Wagner, 권달천 역, 교회성장원리(생명의 말씀사, 1980), 171 여하.
8) 피터 와그너 저, 명성훈 역, 《교회성장전략》 (나단, 1992), 128-135 참고.
9) 피터 와그너 저, 권달천 역, 《성령의 은사와 교회성장》 (생명의 말씀사, 1982), 191. 와그너(C. Peter Wagner)는 모든 사람이 전도해야 하나, 전도의 은사를 가진 사람들이 있다고 주장한다. 이것은 병자를 위한 기도에 비견할 수 있다. 병자가 있을 때에 성도는 누구든지 기도해야 하고 하나님이 그 기도에 응답하셔서 병이 낫게 되는 경우가 있다. 그러나 신유의 은사를 가진 사람이 간혹 있어서 많은 병자를 고치는 것을 볼 수 있다. 이와 같이 교회 내에서도 전도의 은사를 발견하고 계발하여 사역하는 사람이 10 퍼

센트 정도 만 되어도 교회가 크게 성장하게 된다고 와그너는 주장한다.
10) 빌 하이벨스 외 공저, 백순 외 공역. 《네트워크 은사배치 사역》(프리셉트, 1997)과 피터 와그너 저, 권달천 역, 《성령의 은사와 교회성장》(생명의 말씀사, 1982)을 참고하라.

제3부 갈등의 속성과 원인

1) 존 그레이 저, 김경숙 역, 《화성에서 온 남자 금성에서 온 여자》(친구미디어, 1993) 참고.
2) John T. Wallace, "Stress in Using Authority and Power" Brooks Faulkner, ed., *Stress in the Life of the Minister* (Nashville, TN: Convention Press, 1981), 77.
3) Martha M. Leypoldt 저, 권용근 외 공역, 《그룹활동을 통한 40가지 교수-학습방법》(대한예수교장로회총회출판국, 1979) 및 Walter R. Borg and Meredith D. Gall, *Educational Research* (New York: Longman, 1983) 참고.

제4부 갈등의 구조와 영향

1) 목회의 성공과 관련하여 켄트 휴즈, 바바라 휴즈 공저, 오현미 역, 《하나님 보시기에 당신의 목회는 성공적인가?》(나침반, 1992)를 참고하라.
2) Keith Huttenlocker, *Conflict and Caring* (Grand Rapids, MI: Zondervan Publishing House, 1988), 83-92.
3) 폴 터니에이, 《인간치유》(생명의말씀사, 1986) 참고.
4) William W. Wilmot, Joyce L. Hocker, *Interpersonal Conflict* (Boston: McGraw Hill, 1997), Fifth ed., 40 이하.
5) 박연호, 《인간관계론》(박영사, 1991), 185-187.
6) 조남홍은 그의 책, 《교회싸움》, 84-96에서 갈등의 발전단계를 "제4장 갈등의 제(諸)이론"에서 몇 가지로 다루고 있다. 먼저 "갈등의 단계"에서

"불만단계, 회피단계, 태업단계, 대결단계, 압력단계, 청원단계, 말기단계, 종결단계"의 여덟 단계로 나누고 있다. 또 "갈등의 강도"에서는 Sam Leonard가 주장한 지진의 진도(Richter Scale)에 비유하여 일곱 단계로 설명한다. 그리고 "갈등의 수준"에서는 Speed Leas의 주장을 인용하여 다섯 단계로 나누어 설명한다. 그것은 "수준 I-문제해결을 목표로 하는 단계, 수준 II-불일치를 경험하는 단계, 수준 III-경쟁하는 단계, 수준 IV-싸우거나 도피하는 단계, 수준 V-다루기 힘든 상황"이다.
7) Speed Leas, "종교적 갈등의 다양성," 에드워드 돕슨 외, 임상훈 역, 《갈등과 논쟁 어떻게 할 것인가?》(햇불, 1995), 102-116.
8) 앞의 책, 104.
9) 앞의 책, 108-109 참고.

제5부 목사가 겪는 갈등 1
1) 이만홍, "평신도와 교역자의 심리갈등,"《목회와 신학》(1990, 5), 66-67.
2) 이 문제에 대해서는 존 A. 샌포드, 심상영 역, 《탈진한 목회자를 위하여》(나단, 1995)의 제9장 "우리가 쓰고 있는 가면"(111면 이하)을 참고하라.
3) 유해무, 앞의 책, 556.
4) G. Douglass Lewis, Resolving Church Conflicts: *A Case Study Approach for Local Congregations* (San Francisco: Harper & Row, Publishers, 1981), 29.
5) 앞의 책, 16.
6) 앞의 책, 23.
7) Richard W. De Hann, *Your Pastor & You* (Grand Rapids, MI: Radio Bible Class, 1992), 13-14.
8) Lawrence J. Crabb, Jr., 윤종석 옮김, 《결혼건축가》(서울: 두란노, 1990)
9) Brooks R. Faulkner, "The Stress of Middle Age in Ministry"

Stress in the Life of the Minister (Nashville, TN: Convention Press, 1981), 129.

10) 임미영, "평신도 1,000명을 통해 본 한국교회 목회자상"《목회와 신학》, 1999. 6. 80-88. "목회를 위해 가정의 희생은 불가피하다고 생각하십니까?"라는 질문에 대하여 표본이 되는 평신도들 중 57.9%의 사람들은 둘 다 희생되어서는 안된다라고 대답하였고, 33%의 사람들이 어느 정도 희생이 불가피하다고 보았고, 2.4%의 사람들은 [전적으로] 불가피하다고 보고 있다. 또 "당신의 교회 목사님께서 부친의 병환으로 토요일에 시골로 내려가면서 주일예배 설교를 다른 목사님께 부탁했다면 어떤 생각이 드십니까?"라는 질문에 대해 아들로서 토요일에 내려갈 수 있다고 생각하는 사람이 45.3%, 주일저녁에 내려가야 한다는 사람이 30%, 그리고 모교회에서 주일을 끝까지 지켜야 한다는 사람이 8.2%였다.

11) 김도완, "1,000명의 신학생들을 통해 본 목회자상,"《목회와 신학》, 1999. 6. 89-99. 목회를 위한 가정의 희생에 대해 표본이 된 신학생들의 37%는 어느 정도 불가피하다고 보았고, 5.6%는 [전적으로] 불가피하다고 했다. 57.9%의 신학생들은 둘 다 희생되어서는 안된다고 하고 있다.

12) Marshall Shelly, *The Healthy Hectic Home* (Dallas, TX: Word Publishing, 1988), 11.

13)《목회와 신학》, 1990. 10. "사모가 그린 사모의 자화상."

14) 홍인종. "목회자와 사모가 겪는 갈등, 무엇이 문제인가?"《목회와 신학》, 1999. 5. 74-81.

15) Jerry Brown, "Stress in the Minister's Family," in Brooks Faulkner, ed., *Stress in the Life of the Minister* (Nashville, TN: Convention Press, 1981), 118.

16)《목회와 신학》, 1999. 5. 82-91. "PK(Pastor's Kid)들의 고백" 참조.

17) 어윈 W. 루쩌, 유재성 역,《목사가 목사에게》(서울: 나침반, 1989), 169.

제6부 목사가 겪는 갈등 2

1) 허순길, 《개혁교회의 목회와 생활》(총회출판국, 1994), 88.
2) 래리 오스본, "갈등이 일어나기 전 갈등을 막아라" 빌 하이벨스 외, 김창대 옮김, 《차세대 목회지도력을 위한 30가지 전략》(기독신문사, 1999), 110.
3) 척 스윈돌, "더 좋은 당회를 위하여" 빌 하이벨스 외, 김창대 역, 《차세대 목회지도력을 위한 30가지 전략》(기독신문사, 1999), 175-176.
4) 허순길, 앞의 책. 85.
5) 당회의 의사결정 과정에 대해 데이비드 고에츠의 "하나님의 말씀에 귀를 기울이는 당회" 빌 하이벨스 외, 김창대 옮김, 《차세대 목회지도력을 위한 30가지 전략》, 181이하를 참고하라.
6) 임택진, "갈등없는 목회, 바른 목회," 《목회와 신학》, 1990, 5. 77.
7) Jimmie Sheffield, "Stress and the Minister's Staff Relationships," Brooks Faulkner, ed. *Stress in the Life of the Minister* (Nashville, TN: Convention Press, 1981), 92-108 참고.
8) 윤순희, "신학생들이 갈등 속에 표류한다", 《목회와 신학》(1990, 5), 104-113.
9) Wayne Jacobson, "교회 내 교역자간의 갈등", 《교회 내 병적요소를 치료합시다》(나침반, 1996), 89-111.
10) 톰 홀랜드, "담임목사와 부교역자의 갈등, 성경은 이렇게 말한다", 《목회와 신학》(1999, 10), 110-113.
11) 물론 교인들이 많은 교회에서는 역할분담 차원에서 이런 일이 불가피한 일이고 또 마땅히 그렇게 해야 할 경우도 있다.
12) Wayne E. Oates, *The Care of Troublesome People* (Bethesda, MD: Alban Institute Publication, 1994).
13) 셸리는 '교묘한 용(龍)'(Well-intentioned dragon)으로 표현한다.
14) Marshall Shelley, *Well-Intentioned Dragons* (Minneapolis,

MN: Bethany House Publishers, 1994), 37-41.
15) 이만홍, 《목회와 신학》 (1990, 5), 61이하를 참고하라.
16) Marshall Shelley, 42.

제7부 갈등관리 스타일

1) Kenneth W. Thomas and Ralph H. Kilmann, *Thomas-Kilmann Conflict Mode Instrument* (Palo Alto, CA: Consulting Psychologists Press, Inc., 1974).
2) Speed B. Leas, *Discover Your Conflict Management Style* (The Alban Institute, Inc., 1984) 참고.
3) Norman Schauchuck, 《교회의 갈등과 목회》 (서울: 성지출판사, 1993), 42.

제8부 갈등관리의 과정

1) Sam Leonard, *Mediation: The Book* (Evanston, IL: Evanston Publishing Inc., 1994), 79.
2) William W. Wilmot and Joyce L. Hocker, *Interpersonal Conflict*, Fifth Ed. (Boston, MA: McGraw Hill, 1997), 48-49 참조.
3) Norman De Jong, *Education in the Truth* (Presbyterian and Reformed Publishing Company, 1969), 10-11.

참고문헌

1. 단행본

나침반. 《교회 내 병적요소를 치료합시다》. 서울: 나침반, 1996.
두란노. 《스트레스》. 서울: 두란노, 1991.
박연호. 《인간관계론》. 서울: 박영사, 1991.
송계성 편저. 《결혼, 그 이후》. 서울: 프리셉트성경연구원, 1993.
유해무. 《개혁교의학》. 서울: 크리스챤 다이제스트, 1997.
조남홍. 《교회싸움》. 서울: 선교문화사, 1999.
허순길. 《개혁교회의 목회와 생활》. 서울: 총회출판국, 1994.

Anderson, Neil T. and Charles Mylander. 엄성옥 역. 《교회문제 이렇게 해결하라》. 서울: 은성, 1994.
Bramson, Robert M. *Coping With Difficult People*. New York: A Dell Book, 1981.
Clinebell, Jr., Howrd, J. 이종헌 역. 《부부성장과정》. 서울: 대한기독교서회, 1990(1975).
Collins, Gary R. 정동섭 역. 《효과적인 상담》. 서울: 두란노, 1984.
Cosgrove, Charles H. and Dennis D. Hatfield. *Chruch Conflict*. Nashville: Abingdon Press, 1994.
Crabb, Lawrence. 윤종석 역. 《결혼건축가》. 서울: 두란노, 1990.
Dobson, Edward, G., Speed B. Leas, and Marshall Shelley. 임상훈 역. 《갈등과 논쟁, 어떻게 할 것인가?》. 서울: 횃불, 1995.
Faulkner, Brooks. ed. *Stress in the Life of the Minister*. Nashville, TN: Convention Press, 1981.
Fisher, Roger, William Ury and Bruce Patton. *Getting to Yes*. New York: Penguin Books, 1991.

Flynn, Leslie B. *Great Church Fights*. Wheaton, IL: Victor Books, 1976.

Hill, William C. *The Theme of Interpersonal Conflict Traced Through the New Testament*. Wheaton, IL: Wheaton College, 1978.

Howe, Reuel L. 《대화의 기적》. 서울: 대한기독교교육협회, 1965.

Hybels, Bill and Others. 《차세대 목회지도력을 위한 30가지 전략》. 서울: 기독신문사, 1999.

Hyles, Jack. 박희원 역. 《문제 성도, 이렇게 대하십시오》. 서울: 두란노, 1995(1988).

Kottler, Jeffrey. *Beyond Blame*. San Francisco: Jossey-Bass Publishers, 1994.

Langford, Daniel L. *The Pastor's Family*. New York: The Haworth Pastoral Press, 1998.

Leas, Speed B. *A Lay Person's Guide To Conflict Management*. Bethesda, MD: The Alban Institute, Inc., 1979.

Leas, Speed B. *Discover Your Conflict Management Style*. Bethesda, MD: The Alban Institute, Inc., 1984.

Leonard, Sam. *Mediation: The Book*. Evanston, IL: Evanston Publishing, Inc., 1994.

Lewis, G. Douglass. *Resolving Church Conflict: A Case Study Approach for Local Congregations*. San Francisco: Harper & Row, Publishers, 1981.

Lutzer, Irwin. 유재성 역. 《목사가 목사에게》. 서울: 나침반, 1989.

Malony, H. Newton. *Win-Win Relationships*. Nashville: Broadman & Holman Publishers.

Martin, Enos and others. 《교회 내 병적요소를 치료합시다》. 서울: 나침반, 1996.

McSwain, Larry L. and William C. Treadwell, Jr. *Conflict Ministry in the Church*. Nashville: Broadman, 1981.

Parsons, George and Speed B. Leas. *Understanding Your Congregation As A System*. Bethesda, MD: An Alban Institute Publication, 1993.

Pinkham, Wesley M. and William C. Hill. *Conflict: A Moment for Ministry*. Wheaton, IL: Wheaton Graduate School, 1979.

Sande, Ken. *The Peacemaker*. Grand Rapids, MI: Baker Books, 2004.

Sanford, John A. 심상영 역. 《탈진한 목회자들을 위하여》. 서울: 나단, 1995.

Schaller, Lyle E. *Survival Tactics in the Parish*. Nashville: Abingdon, 1977.

Seamands, David A. and Beth Funk. 김재서 역. 《상한 감정의 치유 워크북》. 서울: 예찬사, 1994.

Shawchuck, Norman. 황화자, 김기영 역. 《교회의 갈등과 목회》. 서울: 성지출판사, 1993.

Shelly, Marshall. *The Healthy Hectic Home*. Dallas, TX: Word Publishing, 1988.

Susek, Ron. *Firestorm*. Grand Rapids, MI: Baker Books, 1999.

Wilmot, William W. Joyce L. Hocker. *Interpersonal Conflict*. 5th ed, Boston: McGraw Hill, 1997.

2. 정기간행물

특집 "갈등있는 교회, 갈등 이긴 목회."《목회와 신학》. 1990, 5.
특집 "목회자 가정이 살아야 교회가 산다."《목회와 신학》. 1999, 5.
특집 "목회현장의 갈등, 어떻게 할 것인가?"《목회와 신학》. 1999, 10.
박인용 "목회자들의 부부생활 만족도."《목회와 신학》. 1994, 6.
윤순희 "신학생들이 갈등 속에 표류한다."《목회와 신학》. 1990, 5.

부록 1

가정생활 설문
(목회자용)

각 설문에 대해 1점(전혀 그렇지 않다)부터 10점(전적으로 그렇다)까지의 점수 중 자신의 형편에 합당하다고 생각되는 점수에 ○표하십시오.

전혀 그렇지 않다   전적으로 그렇다

1. 나는 현재 아내와의 관계가 매우 만족스럽다.   1 2 3 4 5 6 7 8 9 10

2. 나는 매주 아내와 함께 친밀하게 대화하는 시간을 평균 1시간 이상 갖고 있다.   1 2 3 4 5 6 7 8 9 10

3. 나는 매주 아내와 함께 기도제목을 나누고 기도하는 시간을 평균 1시간 이상 갖고 있다.   1 2 3 4 5 6 7 8 9 10

4. 나는 아내가 나의 목회에 더할 나위 없이 좋은 동역자라고 생각한다.   1 2 3 4 5 6 7 8 9 10

5. 나는 아내가 가정의 일을 잘 돌보고 있다고 생각한다.   1 2 3 4 5 6 7 8 9 10

6. 나는 아내를 위해 가정의 일들을 잘 도와준다.   1 2 3 4 5 6 7 8 9 10

7. 나는 자녀교육에 있어서 아버지로서의 책임을 잘 하고 있다.   1 2 3 4 5 6 7 8 9 10

8. 나는 아내와의 성생활에 매우 만족을 느낀다.   1 2 3 4 5 6 7 8 9 10

9. 나의 아내는 교인들로부터 인정을 받고 있다.   1 2 3 4 5 6 7 8 9 10

10. 나는 아내가 교회나 가정의 생활에 매우 만족을 느끼고 있다고 생각한다.   1 2 3 4 5 6 7 8 9 10

총 _____ 점

가정생활 설문
(사모용)

각 설문에 대해 1점(전혀 그렇지 않다)부터 10점(전적으로 그렇다)까지의 점수 중 자신의 형편에 합당하다고 생각되는 점수에 O표 하십시오.

전혀 그렇지 않다   전적으로 그렇다

1. 나는 현재 남편과의 관계가 매우 만족스럽다. 1 2 3 4 5 6 7 8 9 10

2. 나는 매주 남편과 함께 친밀하게 대화하는 시간을 평균 1시간 이상 갖고 있다. 1 2 3 4 5 6 7 8 9 10

3. 나는 매주 남편과 함께 기도제목을 나누고 기도하는 시간을 평균 1시간 이상 갖고 있다. 1 2 3 4 5 6 7 8 9 10

4. 나는 나 자신이 남편의 목회에 좋은 동역자라고 생각한다. 1 2 3 4 5 6 7 8 9 10

5. 나는 가정의 일들을 잘 돌보고 있다고 생각한다. 1 2 3 4 5 6 7 8 9 10

6. 나는 남편이 가정의 일들을 잘 도와준다고 생각한다. 1 2 3 4 5 6 7 8 9 10

7. 나는 남편이 자녀교육에 있어서 아버지로서의 책임을 잘 하고 있다고 생각한다. 1 2 3 4 5 6 7 8 9 10

8. 나는 남편과의 성생활에 매우 만족을 느낀다. 1 2 3 4 5 6 7 8 9 10

9. 나는 사모로서 교인들로부터 인정을 받고 있다고 생각한다. 1 2 3 4 5 6 7 8 9 10

10. 나는 교회나 가정의 생활에 매우 만족을 느끼고 있다. 1 2 3 4 5 6 7 8 9 10

총_____점

"가정생활 설문" 결과 분석

1. 자신의 점수를 아래 표와 비교해 보십시오.
    70-100점: 부부관계가 대체로 좋은 경우로, 계속적으로 마음을 열고 대화하며 잘못을 고쳐나가며 칭찬과 격려가 필요하다.
    40-69점: 부부관계의 개선이 필요한 경우로 대화와 동역을 위해 독서와 훈련이 필요하다.
    10-39점: 부부관계에 문제가 심각한 경우로 세미나 또는 상담을 통해 관계개선이 절실히 필요하다.

2. 두 사람의 점수를 합계하십시오. 합계: _____점.
    140-200점: 부부관계가 대체로 좋은 경우로서, 계속적으로 마음을 열고 대화하며 잘못을 고쳐나가며 칭찬과 격려가 필요하다.
    80-139점: 부부관계의 개선이 필요한 경우로서 대화와 동역을 위해 독서와 훈련이 필요하다.
    20-79점: 부부관계에 문제가 심각한 경우로 세미나 또는 상담을 통해 관계개선이 절실히 필요하다.

3. 각 항목마다 두 사람의 점수를 비교해 보시고 점수가 같은 항목에 대해서는 개선해야 할 점들을 구체적으로 이야기해 보십시오. (상대방이 말을 할 때에는 인내심을 가지고 끝까지 잘 들으십시오. 그리고 자신이 말할 기회를 얻었을 때에는 흥분하지 않도록 하시고 차분하게 이야기하십시오. 욕설이나 극단적인 말은 절대로 하지 마십시오.) 또 점수가 많이 차이가 나는 항목에 있어서는 그 이유를 서로 이야기해 보십시오. 그리고 서로에 대해 원하는 바를 나누고 실천해 보십시오.

부록 2

교역자간의 관계 설문
(담임목사용)

각 설문에 대해 1점(전혀 그렇지 않다)부터 10점(전적으로 그렇다)까지의 점수 중 자신의 형편에 합당하다고 생각되는 점수에 0표하십시오.

                                    전혀 그렇지 않다   전적으로 그렇다

1. 나는 부교역자와 성격적으로 조화가 잘 되고 있다. 1 2 3 4 5 6 7 8 9 10

2. 나는 부교역자의 의견을 묻고 그의 의견을 목회에 많이 반영하는 편이다. 1 2 3 4 5 6 7 8 9 10

3. 부교역자는 나와 신학적으로나 목회스타일에 있어서 동일한 입장에 있다. 1 2 3 4 5 6 7 8 9 10

4. 나는 부교역자의 개인적이고 가정적인 형편을 잘 알고 있고, 필요한 도움을 베풀고 있다. 1 2 3 4 5 6 7 8 9 10

5. 나는 부교역자의 장래에 대해 관심을 갖고 있으며, 그가 잘 준비되도록 돕고 있다. 1 2 3 4 5 6 7 8 9 10

6. 나는 부교역자의 현재의 사역에 관심을 가지고 살피며, 지도하고 있다. 1 2 3 4 5 6 7 8 9 10

7. 나는 부교역자와 함께 편안한 마음으로 식사를 할 때가 자주 있다. 1 2 3 4 5 6 7 8 9 10

8. 나의 아내는 부교역자의 아내와 좋은 관계를 가지고 지내고 있다. 1 2 3 4 5 6 7 8 9 10

9. 나는 부교역자에게 목회의 선배로서 좋은 모범을 보이고 있다고 생각한다. 1 2 3 4 5 6 7 8 9 10

10. 나는 현재 부교역자와 좋은 관계 속에 동역을 하고 있다. 1 2 3 4 5 6 7 8 9 10

총 _____ 점

교역자간의 관계 설문
(부교역자용)

각 설문에 대해 1점(전혀 그렇지 않다)부터 10점(전적으로 그렇다)까지의 점수 중 자신의 형편에 합당하다고 생각되는 점수에 O표하십시오.

	전혀 그렇지 않다 전적으로 그렇다
1. 나는 담임목사와 성격적으로 조화가 잘 되고 있다.	1 2 3 4 5 6 7 8 9 10
2. 담임목사는 나의 의견을 묻고 나의 의견을 목회에 많이 반영하는 편이다.	1 2 3 4 5 6 7 8 9 10
3. 담임목사는 나와 신학적으로나 목회스타일에 있어서 동일한 입장에 있다.	1 2 3 4 5 6 7 8 9 10
4. 담임목사는 나와 나의 가정적인 형편을 잘 알고 있고, 필요한 도움을 베풀고 있다.	1 2 3 4 5 6 7 8 9 10
5. 담임목사는 나의 장래에 대해 관심을 갖고 있으며, 내가 잘 준비되도록 돕고 있다.	1 2 3 4 5 6 7 8 9 10
6. 담임목사는 나의 현재의 사역에 관심을 가지고 살피며, 지도하고 있다.	1 2 3 4 5 6 7 8 9 10
7. 담임목사는 나를 식사에 초대하여 함께 편안한 마음으로 식사를 하게 할 때가 자주 있다.	1 2 3 4 5 6 7 8 9 10
8. 나의 아내는 담임목사의 아내와 좋은 관계를 가지고 지내고 있다.	1 2 3 4 5 6 7 8 9 10
9. 담임목사는 나에게 목회의 선배로서 좋은 모범을 보이고 있다고 생각한다.	1 2 3 4 5 6 7 8 9 10
10. 나는 현재 담임목사와 좋은 관계 속에 사역을 하고 있다.	1 2 3 4 5 6 7 8 9 10

총 _____ 점

"교역자간의 관계 설문" 결과분석

1. 자신의 점수를 아래 표와 비교해 보십시오.
   70-100점: 관계가 대체로 좋은 경우로서, 계속적으로 마음을 열고 대화하며 잘못을 고쳐나가며 칭찬과 격려가 필요하다.
   40-69점: 관계의 개선이 필요한 경우로서 대화와 동역을 위해 독서와 훈련이 필요하다.
   10-39점: 관계에 문제가 심각한 경우로서 세미나 또는 상담을 통해 관계 개선이 절실히 필요하다.

2. 두 사람의 점수를 합계하십시오. 합계: 점.
   140-200점: 관계가 대체로 좋은 경우로서, 계속적으로 마음을 열고 대화하며 잘못을 고쳐나가며 칭찬과 격려가 필요하다.
   80-139점: 관계의 개선이 필요한 경우로서 대화와 동역을 위해 독서와 훈련이 필요하다.
   20-79점: 관계에 문제가 심각한 경우로서 세미나 또는 상담을 통해 관계 개선이 절실히 필요하다.

3. 각 항목마다 두 사람의 점수를 비교해 보시고 점수가 같은 항목에 대해서는 개선해야 할 점들을 구체적으로 이야기해 보십시오(상대방이 말을 할 때에는 인내심을 가지고 끝까지 잘 들으십시오. 그리고 자신이 말할 기회를 얻었을 때에는 흥분하지 않도록 하시고 차분하게 이야기하십시오. 욕설이나 극단적인 말은 절대로 하지 마십시오). 또 점수가 차이가 나는 항목에 있어서는 그 이유를 서로 이야기해 보십시오. 그리고 서로에 대해 원하는 바를 나누고 실천해 보십시오.

부록 3

갈등스타일 확인표

아래 각항의 번호에 맞추어 A와 B 중 당신이 설문지에 ○표한 곳에 다시 한번 이곳(확인표)에 O표를 하십시오.

	경쟁 강요	합력 문제해결	절충 타협	회피 빠져나감	양보 무리안함
1				A	B
2		B	A		
3	A				B
4			A		B
5		A		B	
6	B			A	
7			B	A	
8	A	B			
9	B			A	
10	A		B		
11		A			B
12			B	A	
13	B		A		
14	B				
15	B			B	A
16	A		B		A
17				B	
18			B		
19		A		B	
20		A			
21		B			A

	경쟁 강요	합력 문제해결	절충 타협	회피 빠져나감	양보 무리안함
22	B		A		
23		A		B	
24			B		A
25	A				B
26		B	A		
27				A	B
28	A	B			
29			A	B	
30		B			

종렬(縱列)로 ○표 친 숫자를 세어서 아래 밑줄 친 곳에 써 넣으시오.

경쟁 강요	합력 문제해결	절충 타협	회피 빠져나감	양보 무리안함
___	___	___	___	___

위의 각 숫자는 ○으로부터 12 사이의 숫자가 될 것이다. 이 숫자가 가장 큰 항목이, 당신이 갈등상황에 부닥칠 때에 그 갈등에 대처하는 주된 스타일로 볼 수 있다. 그리고 두 번째로 큰 숫자가 적힌 항목은 첫 번째 스타일을 사용하기가 어렵다고 생각될 때에 당신이 사용하는 방법이라고 하겠다.

주제색인_supplement

가족 17, 58, 110, 177-186
가치관 42, 53, 71, 83, 92, 116, 151
갈등
    개성과 관련된 109, 111
    관리스타일 219, 220, 226, 228,
        240, 243, 249, 250, 260
    관리의 목적 27
    구조 114, 120
    목사가 겪는 17
    발전단계 132
    속성과 원인 68
    연구의 유익과 한계 29
    영향과 기능 120
    요소 72, 257
    원리와 관련된 111
    원인 75, 77
    정의 70
    종류 97
    확산 17, 260
갈등유발자 206-208, 210
갈등관리단계 252
감독과 조정 63

건설적 진행 131
계획수립 60, 61
공동체돌보기 45
관계성 19, 111
교육 27, 28, 42, 45, 48, 50, 53, 54,
    58, 60, 74, 78, 80, 130, 147,
    156, 157, 179, 183
교인 14-17, 32, 34, 35, 40, 48, 49,
    51, 53, 66, 67, 74, 79-82, 84-
    87, 89, 91, 92, 104, 110, 111,
    117, 126, 130, 131, 135, 139,
    143, 203-207, 235, 245, 248,
    253, 254, 259, 260, 270, 277
교제 15, 27, 28, 45, 48, 49, 52, 58,
    60, 82, 87, 89, 120, 130, 230
교회의 기능 45
기호 83, 91, 96, 116

내적갈등 97, 98, 99, 101, 103

당회 62, 63, 71, 84-87, 89, 112,
    121, 122, 230, 232, 234, 235,

238-240

동역 238, 248, 263, 265, 271, 274

리더쉽 49, 58, 59, 65, 66, 88, 105

목표 28, 53, 54, 57, 59, 60, 63-65, 70, 71, 73, 74, 83, 92, 106, 107, 111, 116, 121, 129, 132, 136, 142, 226, 243, 244, 262, 271

목표설정 59

목회 14, 18, 30, 32-34, 37, 40-45, 53, 54, 61, 79, 84, 85, 87, 89, 90, 101, 102, 111, 125, 133, 162, 169, 170, 172, 173, 175, 178-183, 185, 186, 190, 191, 195, 196, 202, 204, 216, 238, 248, 253, 257, 264, 268

발달위기 175

봉사 27, 37, 39, 45, 53, 57-60, 130, 188, 193, 210, 238

부교역자 17, 80, 89, 104, 105, 158, 175, 183, 195-205

비합영갈등 113

사단 21, 67, 75, 82, 83, 102, 107, 135, 141, 147, 183, 202

선교 27, 45, 55, 57, 59, 60, 106, 130, 156, 157, 188, 197, 201, 234, 238

성격 47, 65, 71, 83, 92, 95, 116, 130, 146, 156, 158, 168, 169, 174, 179, 182, 196, 204, 208, 216, 236

신념 83, 94, 95, 111, 116

양보 47, 58, 75, 96, 113, 217, 231-235, 260

양육 28, 37, 38, 40, 41, 167, 174, 187, 188, 191, 192, 200, 201

예배 20, 21, 27, 28, 33, 34, 37, 45-49, 53, 58, 60, 63, 89, 91, 92, 117, 130, 156, 188, 216

욕구 25, 26, 76, 77, 79, 100, 103, 129, 168-170

위기 32, 40-44, 66, 175, 228, 272

위기관리 40

의사소통 129, 164, 195, 265

자기점검 249, 250

자원 27, 59, 61, 65, 66, 71, 83, 84, 86, 92, 116, 194
장로 16, 18, 62, 69-71, 74, 85, 87, 88, 91, 94, 95, 122, 137, 133, 138, 154-160, 187-194, 230, 231, 233, 235, 271
재정운용 64
전도 27, 28, 32, 33, 36, 38, 39, 45, 53, 55-57, 59-61, 101, 108, 121, 130, 203, 216, 229, 256
절충 226, 227, 240-243, 257, 260
정체감 134, 195-199
조정 59, 63, 167, 173, 189, 259, 260
조직 62, 71, 85, 86, 96, 106, 114, 127-129, 158, 165, 247, 248
죄성 26, 76-79, 81
중재 135, 143, 258-260
지분 85
지역주민 162, 215, 216

창조질서 21

파괴적 진행 129
파워 83, 85, 86, 88-91, 116, 191, 210
평가 41, 59, 63-66, 74, 80, 101, 102, 126, 132, 231

협력 96, 113, 114, 220, 226, 227, 236, 243-251, 260-262, 264, 265, 269, 274, 275
합영갈등 112, 113
행정 45, 58, 59, 111, 238
회피 24, 126, 130, 226-230, 243, 250, 260